MW00562024

Latina Kama Sutra
La Guía Absoluta Para
Citas,
Sexo
y
Placeres Eróticos

Dra. Charley Ferrer

Publicado por
The Institute of Pleasure
PO Box 60985
Staten Island, NY 10306

Derechos Reservados 2012
Dra. Charley Ferrer

Todos los derechos reservados

ISBN: 0-9770063-7-9
International ISBN: 978-0-9770063-7-3
E-Book (Kindle) ISBN: 978-0-9770063-2-8

Número del Catálogo del *Library of Congress* Pendiente

Traducción al español
Melanie Slone, TransEdita

Diseño de la portada: Sean Williams

Arte y fotografías
Ed Fabry, Felix Natal, Jr.,
Steven Speliotis, y RoByn Thompson

Ninguna parte de este libro puede ser reproducido, guardado ni subido a un sistema para retiro posterior, ni puede ser transmitido en ninguna forma o por ningún medio (electrónico, mecánico, fotocopia, grabación, u otro) sin el consentimiento por escrito y conseguido con anticipación de la editorial.

www.instituteofpleasure.org ,   www.doctorcharley.com
www.institutodeplacer.com

Derechos Reservados Dra. Charley Ferrer

Para cada hombre y cada mujer que se atreva a soñar que hay
más
en el amor y las relaciones de lo que se nos ha enseñado.

Vive con pasión,

Dra. Charley Ferrer

*Aunque este libro se escribió desde una
perspectiva heterosexual, puede aplicarse a cualquier orientación
sexual.*

Lo que se dice de la Dra. Charley

Para La Mujer Sensual
Ganador del Premio del
Latino Literary Hall of Fame
para mejor libro de auto-ayuda en 2002

"¡Un libro que hacía mucha falta!"
El Comité del Premio Benjamín Franklin

"Después de leer, *Para la Mujer Sensual,*
me sentía cómoda al tomar el control de mi sexualidad."
Sylvia , Chicago Illinois

"Tu libro abrió la puerta hacia una nueva comprensión
sexual con mi esposa."
Samuel, Los Ángeles, California

"¡La Latina Dra. Ruth!"
Revista La Salud Hispania

"¡Un libro para cada librería y biblioteca!"
Para La Mujer Sensual
Críticas

"Tus presentaciones me hicieron creer nuevamente en mí
misma."
Jasmine, Houston, Texas

"Como dices, 'Vive con pasión', ¡ahora yo también puedo!"
Awilda, Brooklyn, Nueva York

"*Para la Mujer Sensual* me ayudó a reconstruir el ardor del
amor en mi matrimonio."
Sandra, Cancún, México

A la Dra. Charley se le invitó presentarse ante el
Congreso Mundial de Sexología

Contenido

Para Empezar

Introducción 9
Capítulo Uno: Por el placer de verte, ¡mujer 13

Citas Amorosas

Capítulo Dos: Qué hacer y no hacer durante
las citas amorosas 29
Capítulo Tres: Regla de *90 días* 45
Capítulo Cuatro ¡Bésame!..53
Capítulo Cinco: Comunicando tus deseos 65

Seducción

Introducción a la seducción 79
Capítulo Seis: Entrenamiento en la seducción 85

Sexo y Sexploración

Introducción 99
Capítulo Siete: *Manos de Oro* 101
Capítulo Ocho: Sexo oral 109
Capítulo Nueve: Posiciones sexuales 121
Capítulo Diez: Juguetes sexuales 149

Placeres Eróticos

Capítulo Once: *Rapiditos*—Esos deliciosos aperitivos
sexuales 173
Capítulo Doce: Sexo y juegos con los senos 179
Capítulo Trece: Sexo anal 187
Capítulo Catorce: Imaginación sensual 201
Capítulo Quince: Dominación y sumisión—Los placeres
prohibidos 209

Algo Extra

Capítulo Dieciséis: Secretos de hombres 223
Capítulo Diecisiete: Sexo y espiritualidad 233

Una nota personal:

Yo nací en Puerto Rico y me criaron en la ciudad de Nueva York. Aunque aprendí a hablar el español, nunca se me enseñó a leer ni escribirlo. Tristemente, el analfabetismo es un grave problema en los Estados Unidos y países latinos y debemos ayudar a otros a superarlo. Durante los últimos años me he estado enseñando a leer y escribir en español y, aunque ya puedo leerlo, todavía no soy muy buena para escribirlo. Gracias a Dios un amigo me recomendó a Melanie Slone de TransEdita y ella ha ayudado a convertir este libro en una realidad. Como Melanie ha vivido muchos años en México, yo con cariño digo que este libro fue escrito por una portorriqueña y una mexicana. Como todos sabemos, algunas palabras tienen un significado ligeramente distinto entre los países latinoamericanos. Por lo tanto, toma la libertad de usar la palabra o frase que mejor vaya contigo. Además, muchos de los libros a los que me refiero aún no están disponibles en español. Desafortunadamente, no he podido encontrar otros comparables al publicarse este libro. Espero que a futuro sí los haya.

Vive con pasión,

Dra. Charley Ferrer

Para Empezar

Introducción

¡Olvida todo lo aprendido!

¡Olvida todas las reglas!

Olvídate de todas las posibles consecuencias que desde la niñez te hayan metido en la cabeza sobre las "niñas buenas" haciendo "cosas malas" y acepta la verdad. ¡Ya eres una mujer! Una mujer capaz de enfrentar el mundo y tomar tus propias decisiones. Desde hace años lo haces, consciente o no. Es hora de tomar el control del aspecto más importante de tu vida—tu sexualidad. Es hora de empezar a escuchar a la mejor consejera, *a ti misma.*

¿Has notado que las cosas no siempre salen bien cuando haces caso a tus amigas o sigues las reglas amorosas de las "niñas buenas"? Piensa en una vez que considerabas cómo enfrentar una situación y estabas tan segura de ti misma, pero una amiga con las mejores intenciones te ofreció consejos o tu amante te comentó algo, y te dejaste convencer. Ahora es tu oportunidad para empezar de nuevo y tomar el control. Para aprender unas cuantas cositas más y agregarlas a tu experiencia sexual. Para volverte más segura de ti misma.

Ya lo sé…te preguntas si yo no seré más que otra experta en el sexo que busca decirte qué hacer y cómo comportarte y que intenta influir en lo que consideras correcto o no. Tal vez creas que te presentaré con otra lista de "lo que no hacen las niñas buenas". O que criticaré las decisiones que has elegido para tu estilo de vida. Tal vez creas que predicaré sobre el infierno y la condenación—esto hasta a mí me hace temblar. La respuesta a todas estas dudas es un retumbante "¡No!"

No, mujer, yo jamás haría eso. No soy así.

9

Lo que sí haré es compartir contigo algunas de mis experiencias y conocimiento. Es mejor que sepas desde el principio que he vivido varios problemas con las relaciones y con la sexualidad, que he tenido que brincar obstáculos para establecer las relaciones y situaciones amorosas que he deseado, que he tenido mis propios miedos y errores, mis prejuicios, y gracias a Dios, mis éxitos. Tal vez así me permitas compartir contigo algo de conocimiento que he adquirido a través de los años como **Sexóloga** Clínica, Terapeuta y otra latina apasionada *como tú.*

He aprendido que las latinas incorporamos y asimilamos la información sobre el sexo primero filtrándola por las paradigmas de nuestra cultura, agregando la culpa y la vergüenza de nuestra religión y **transpirándola** por las tradiciones y las supersticiones, para finalmente toparnos contra las restricciones del machismo, para lograr un ejemplo plausible de nosotras mismas. Como latina, comprendo la lucha que enfrentamos. Como Sexóloga Clínica, veo la destrucción que algunas de estas creencias "bien intencionadas" han causado, llevando a la comunidad hispana hacia la epidemia de VIH que hoy encara. Como mujer, quiero compartir algunas opciones.

Como el original *Kama Sutra* de Vatsyayana, no las versiones adulteradas que se enfocan solamente en las posiciones sexuales, *Latina Kama Sutra: La Guía Absoluta Para Citas, Sexo y Placeres Eróticos* es un manual para las citas amorosas y el sexo.

Sin embargo, *La Latina Kama Sutra* te lleva mucho más lejos. Incluye los juguetes sexuales, proporciona información valiosa sobre cómo agregar entusiasmo y aventuras excitantes a **tu** experiencia sexual y proporciona muchos ejemplos eróticos que puedes explorar al **reclamar tu sensualidad y sexualidad** divina.

La Latina Kama Sutra te demuestra cómo tomar el control de tu sexualidad de una manera sexy y divertida que a lo mejor tú nunca antes habías considerado y que hace mucha falta. Por primera vez, exploramos varios aspectos del sexo **tomando en cuenta** nuestra cultura, **nuestra** religión y el machismo. Prepárate para una gran sorpresa, **porque** esta "Latina Dra. Ruth" va a abrir la puerta de la recámara, prender **la luz** y mostrarte lo divertido que puede ser el sexo.

La Latina Kama Sutra no se trata solamente del sexo—¡se trata de las relaciones, las emociones y el auto-estima! Se trata de cómo te sientes desnuda ante el espejo. Se trata de coquetear y lograr que él se fije. Se trata de la seducción y de la rendición. Y lo mejor de todo es que se trata de la diversión y los juguetes y de la imaginación sexy de la latina.

Desde hace décadas las latinas son acusadas de ser "objetos sexuales". Ahora aprenderás cómo convertir esta idea en realidad al aceptar la latina apasionada dentro de ti.

Espero que aprendas que la vida y el amor representan una apuesta que vale la pena hacer—un juego al azar que puede traerte gran felicidad y satisfacción cuando te mantienes fiel a ti misma. Y una apuesta que, con sabor, alimentará y realzará el ardor sensual y sexual dentro de ti que espera ser liberado o llevado a otro nivel. Quien nada arriesga, nada gana.

Debo avisarte que creo que no existe *una manera mala* de ser sexual, aunque sí hay restricciones legales. Por lo tanto, ya seas una latina heterosexual, una lesbiana, una latina que disfruta de la dominación y la sumisión o de otro estilo de vida alterno, seas una latina retacada, o vivas una mezcla de estas descripciones, eres totalmente normal y no estás sola. Somos miles o hasta millones. Y todas somos "niñas buenas"—depende nada más de quién juzga y cuándo.

No es mi lugar enseñarte la moral ni intentar obligarte a aceptar mis creencias religiosas o liberales. Repito que no soy así. Además, ya has decidido por ti misma cuáles son y al seguir creciendo emocionalmente, espiritualmente y sexualmente, podrían cambiar. Sin embargo, abarcaré y disiparé algunos mitos y tabúes que abundan en nuestra cultura y que han provocado un sinfín de problemas para latinas y latinos. Estos mitos y tabúes aumentan las posibilidades que tú como latina contraigas una enfermedad sexual y si no lo sabes, las latinas son las personas que más contraen el VIH en Estados Unidos y en los países latinos, sin mencionar que estos mismos mitos y tabúes nos dejan frustradas y desdichadas.

Igual como con todo en esta vida, te imploro no seguir ciegamente. Toma lo que quieras y haz que funcione para ti, y deja atrás lo demás. Con suerte *Latina Kama Sutra: La Guía Absoluta Para Citas, Sexo y Placeres Eróticos* despertará tus deseos de aprender más y crearás tu propia *Biblioteca Sensual* donde agregues más libros que te ayuden a crecer.

Como sucede en todos los aspectos importantes de tu vida, debes buscar el conocimiento para lograr tu potencial. Tu sexualidad no es menos valiosa. En realidad, tu sexualidad es el área que afecta toda tu vida, y es la parte de tu vida que muchas veces dejas abandonada. ¿No es hora de cambiar esto?

Si ahora no, ¿cuándo?

Sapare Aulde
Atrévete a conocer

Capítulo Uno

Por el placer de verte, ¡mujer!

Dime, dime, espejito, espejito
¿Hoy me gustará mi cuerpo...un poquito?

¡Las latinas no somos muñecas de *Barbie*!
Ni las blanquitas logran este falso sentido de la perfección.
En realidad, pocas nos parecemos a Cameron Díaz, a Jennifer
López, a Salma Hayek ni a Penélope Cruz, sin mencionar
siquiera a Julia Roberts, Jennifer Aniston o Viveca Fox. Como
latinas tenemos muchas formas y muchos tamaños, desde
flaquitas hasta gorditas. Tenemos curvas y caderas y traseros
grandes o somos planas y sin cadera; y podemos ser desde
blanquitas hasta morenas. Somos benditas con la variedad. Otras
mujeres quisieran tener nuestra tez, nuestra cadera, nuestro
trasero, nuestro cabello. Tenemos que dejar de compararnos con
las demás y estar orgullosas de nuestro cuerpo único.

Para arrancar este viaje de auto-descubrimiento hacia la
naturaleza sensual y sexual, para poder ser la seductora mujer
que siempre has soñado ser, primero tienes que contar con un
conocimiento básico de tu cuerpo. Así que aguántame mientras
pasamos por unas cosas técnicas—te prometo que lo demás será
divertido, tentador y a veces erótico.

Desnúdate mujer

Desnúdate mujer, es hora de mirar tu cuerpo desnudo. Mírate
en el espejo—mira todo tu cuerpo. Voltea hacia la derecha.
Voltea hacia la izquierda. Dóblate hacia delante. Dóblate hacia
atrás. Ponte sobre las manos y las rodillas y mira la diferencia.
¿Cómo te ves? Este ejercicio no es para que te juzgues. Es para
que conozcas tu cuerpo. Si ves algo que no te gusta, trabaja para
mejorarlo o acéptalo como está. Eres hermosa seas flaca o
gordita. Mándate un beso en el espejo—así eres en toda tu gloria.

Tus senos

Haz círculos en tus senos con tus manos. No sientas vergüenza, ¡son tuyos! Levántalos. Apriétalos uno contra el otro. Moldéalos. Ve lo realmente hermosos que son. Oprime con tus dedos la piel sensible y descubre la sensación. Dóblate por la cintura y mira cómo oscilan. Vístelos con sostenes de encaje o joyería. Conócelos. Puedes hacer lo que quieras con ellos—hasta compartirlos con un amante.

Los senos y los pezones varían de tamaño y se hacen más grandes con la edad. Recuerdo que yo tenía un pecho plano hasta los veinte años, y luego milagrosamente pareció que creció durante la noche. Apriétate los pezones y revisa si hay flujo. No lo debe haber. Sin embargo, algunas mujeres entre los 20 y los 30 años de edad (años para dar a luz) pueden tener un flujo amarillento. Con las mujeres que están amamantando es obvio que habrá un flujo; sin embargo, no debe oler. Asegúrate de consultar con un médico para determinar si hay algún problema. Mientras que aprietes y descubras los senos, fíjate en cualquier cambio o bulto. El cáncer de mama es una de las enfermedades que más mata a las latinas. No formes parte de la estadística.

Es una decisión personal si quieres aumentar el tamaño de tus senos. Habla con otras mujeres que hayan aumentado sus senos y escucha las ventajas y desventajas. Pregunta si puedes tocarles los senos para ver qué tan naturales se sienten. Bueno, puede ser un poco vergonzoso, pero todas estamos hechas de carne y huesos. Es algo con lo que vas a vivir durante mucho tiempo y para lo que pagarás mucho dinero, así que asegúrate de que te guste cómo se sienten.

Si juegas con las sensaciones y el dolor erótico—también llamado *Intercambio de Poder*, el *Sadomasoquismo-Ligero*, o BDSM—o si te gusta que te pellizquen, aprieten o atormenten sensualmente los pezones, tal vez deberías reconsiderar tu decisión de aumentar tus senos ya que puede que algunos implantes no aguanten este tipo de juego. No tengas miedo de platicar de manera libre sobre tus juegos sensuales con tu cirujano plástico ya que él tendrá que considerar esta información antes de darte su mejor consejo sobre lo que funcionará para ti. Después del aumento, tal vez no puedas participar en estas actividades durante varios meses, o tal vez un año, debido a la sensibilidad de tus pezones. Es otra cosa que tal vez quisieras considerar, sobre todo si para ti es muy importante jugar con tus senos y tus pezones.

Tristemente, mientras envejecemos nuestros senos empiezan a colgarse, sobre todo si no tenemos buena condición física; sin embargo, no permitas que la edad te detenga. Una vez vi el par más hermoso de senos en una mujer en el sauna. Cuando le pregunté si eran reales, se rió y me dijo que ella había deseado tener senos hermosos toda su vida y que a la edad de cincuenta y cinco por fin se los había comprado.

Para las mujeres, nuestros senos tienen más significando que cualquier otra parte de nuestro cuerpo. Nuestros senos nos hacen conscientes de nuestra feminidad. Si has sufrido la pérdida de uno o ambos senos debido al cáncer, otras enfermedades o un accidente, el determinar lo que te hace una mujer ayudará en tu recuperación y tu aceptación de ti misma. Muchas latinas creen que el tener senos y ovarios les hace una mujer, pero el ser mujer viene de lo más profundo del alma. Es el orgullo que sientes de ser un ser humano femenino. Los senos pueden hacer que una mujer se sienta sexy y alimentan a sus hijos, pero los senos no son el total de lo que hace una mujer, y tampoco lo es el útero. Solamente son símbolos. La verdadera esencia de una mujer viene de la belleza y el orgullo que ella siente al ser ella misma—con todo y fallas.

Tu vulva

Vamos a ser un poco más íntimas para descubrir tu vulva—¡sí, tu *toti*, tu concha! Así que toma un espejo y empecemos. Hay espejos diseñados específicamente para este propósito, pero un espejo común sirve. Puedes apretarlo entre tus muslos para que tus manos estén libres para explorar. Asegúrate que tengas suficiente luz y mueve el espejo para poder ver todas tus partes *íntimas*. Empieza tu descubrimiento sola o compártelo con tu pareja. Haz un dibujo de tu vulva y cuélgalo en la pared o pégalo en tu diario, reclamando tus derechos a tu divinidad sensual y sexual.

Todos saben que las mujeres tenemos una vagina; sin embargo, tenemos mucho más. Tenemos una vulva que incluye una vagina, un clítoris, una capa del clítoris, los labios externos, los labios internos, el uretra (donde se expulsa la orina) y el monte de Venus.

Baja el espejo un poco más y verás un trozo de piel que va desde la parte inferior de la vagina hasta el ano. Es el perineo. Tócalo. Descubre por ti misma lo increíblemente sensible que es al tocarse. Durante el sexo oral y anal, la estimulación de esta área puede realzar dramáticamente tus orgasmos. Cada mujer es diferente, así que descubre lo que-funciona mejor para ti. Durante diferentes días del mes la intensidad de este delgado trozo de piel cambiará según los niveles de hormonas, tu ciclo menstrual y hasta tu estado anímico. Estos factores cambiarán la sensibilidad de esta área y de otras partes de tu cuerpo también. Recuerda explorar en momentos diferentes.

Fíjate en la textura de tu vulva. Deber ser lisa, sin bultos, decoloraciones, ampollas ni ronchas. La parte interior de tus labios vaginales debe tener un color rosado claro. Las mujeres trigueñas o morenas notarán un color un poco más rojo. Si ves bultos, ronchas o decoloración, un color rojo-morado en la vulva o partes sensibles comunícate de inmediato con tu médico porque podría ser una reacción alérgica. En ocasiones, es algo tan simple como cambiar de detergente para la ropa, jabón para el baño, la marca de toallas sanitarias que usas, o hasta de papel higiénico. Si el problema persiste, pide una consulta con un especialista.

Tu auto-descubrimiento aún no ha acabado. Separa tus labios vaginales y mira hacia adentro. Si eres virgen, puede que veas una capa delgada de piel que tapa la apertura a tu vagina. Se llama el himen. No te preocupes si no se encuentra; por lo general el himen se rompe con las actividades vigorosas o accidentes donde te hayas lesionado la vulva, como caer sobre los manillares de una bicicleta. A veces el himen no se rompe durante la actividad sexual y puede causar problemas tales como el dolor y la incapacidad de lograr la penetración. Si tienes dudas, habla con tu médico.

Mete lentamente tu dedo adentro de tu vagina. Mueve tu dedo de un lado a otro. Siente la textura. No te apures ni te abochornes; ésta es tu vulva, conócela ¡Es tuya! Los músculos que sientes apretar tu dedo tienen la textura de papel cartón corrugado. Estos músculos ayudan a jalar el pene más profundo adentro de tu vagina. Aprieta tus músculos vaginales para sentir lo fuertes que son. Es lo que tu amante sentirá cuando su pene está dentro de ti. Si el músculo no está fuerte, no te preocupes. Lo arreglarás cuando empieces a hacer tus Kegels. Mete tu dedo más profundo en tu vagina. La vagina se extiende hacia adentro unos tres o cuatro pulgadas y tiene un ancho de más o menos ¾ de pulgada. Si sientes dolor durante las relaciones sexuales que no se debe a una falta de lubricación y que continúa durante más de un mes, consúltalo con tu médico. Lee también mi primer libro, *Para la Mujer Sensual*, que proporciona información maravillosa sobre cómo superar las disfunciones sexuales. Este libro también proporciona información valiosa respecto a lo que provoca los problemas sexuales, y te enseña a dejarlos atrás para aumentar tu potencial para llegar al orgasmo. ¡Es un requisito para tu *Biblioteca Sensual*!

Retira tu dedo de tu cuerpo. Podrías notar un poco de humedad. Tu cuerpo produce un flujo blanco nubloso, lechoso o sin color. Es normal. A veces será más espeso cuando ovulas. Un flujo gris-blanco, verde amarillento o con bultos es señal de problemas. Siempre habla con tu médico o ginecólogo si te preocupa algo. Si tu médico no te hace caso, busca uno que si lo haga.

Pon tu dedo frente a tu nariz y huélete. Cada mujer tiene un olor femenino extraordinario. Este aroma es provocada por feromonas en tu cuerpo que ayudan a atraer a tu pareja y a futuros amantes. Me opongo al uso de sprays desodorantes femeninos. ¡Una mujer debe oler como una mujer y no como un spray desinfectante o como polvo! Es irónico pensar que el mismo olor que se te pide tapar (tu olor femenino almizclero) es un producto que las empresas de perfumes venden en varios millones de dólares—feromonas femeninas. Tal vez las mujeres se sientan atraías por los hombres equivocados debido a estos olores falsos.

Solamente te hace falta lavar la parte exterior de la vulva. Si tienes un fuerte olor femenino (sobre todo durante la menstruación), lávate más seguido. La irrigación femenina puede provocarte problemas, entre éstos infecciones de tus ductos urinarios e infecciones vaginales con el equilibrio natural pH de la vagina. Ésta es una de las áreas más limpias del cuerpo, ya que se lava varias veces cada minuto. La irrigación también puede hacerte más susceptible a las enfermedades sexuales. No se recomienda que te irrigues dentro de las 72 horas después de la relación sexual porque puede provocar un embarazo si la esperma se eyaculó adentro de tu vagina y el condón se rompió.

Las toallas sanitarias, los tampones o hasta el papel higiénico y los detergentes pueden provocar una irritación en tu vulva que puede incluir sensibilidad, heridas, barros o ronchas—sin mencionar todo el problema con la dioxina. Un maravilloso libro que trata lo intricado del cuerpo de la mujer y que cada latina debe agregar a su *Biblioteca Sensual* es *The V Zone: A Woman's Guide to Intimate Health Care* por Colette Bouchez.

Cuando hay dudas, resuélvelas, es mi eslogan. Nunca arriesgues tu salud por la vanidad o el miedo. ¡Eres muy valiosa!. Una simple cita con tu ginecólogo, aunque a veces resulta vergonzoso, puede ahorrarte mucho dolor y preocupación. Si hay un problema, siempre es mejor tratarlo inmediatamente en vez de dejarlo supurar y convertirse en catástrofe.

Cada mujer debe descubrir su belleza íntima. ¡Tus genitales son tan únicas y hermosas como lo eres tú! Nunca permitas que nadie te diga otra cosa ni que te haga sentir que son malvados o feos. La gente que quiere decirte estas mentiras tiene problemas aceptando su propia sexualidad. Y no nos olvidemos que la cultura latina tiene docenas de tabúes y mitos respecto al cuerpo y que las organizaciones religiosas han culpado a las mujeres por cada pecado y enfermedad conocidos, entre éstos el darle al hombre el regalo del conocimiento. Mira, yo lo veo así—si Eva no le hubiera dado a Adán una probadita de la manzana, él todavía sería un tonto colgándose de un árbol. Y si Dios realmente odiara y despreciara el cuerpo de la mujer como a veces se nos hace creer, *Él* jamás nos habría confiado el honor de traer vida a este mundo. La gente desdichada quiere estar acompañada; ¡no permitas que te arrastren a la desdicha!

La realidad del punto G
Vamos a explorar un poco más. Vuelve a introducir tu dedo en tu vagina. Esta vez vamos a hablar de las sensaciones. El punto Grafenberg, o punto G, es una área de tejidos esponjosos que rodean la uretra. Todas tenemos uno. Pero la sensación en esta área varía entre las mujeres y no todas disfrutan cuando se estimula. La mejor forma de hallar tu punto G es sentarte sobre el excusado o en una silla alta. Abre tus muslos un poco más y introduce tu dedo más largo, que por lo general es el dedo del corazón, en tu vagina. Estimula la pared frontal de tu vagina al frotar tu dedo hacia arriba, hacia tu abdomen como si señalaras

18

"ven aquí". Con tu otra mano aprieta tu abdomen para crear todavía más fricción. Algunos investigadores afirman que el punto G se encuentra a unas dos pulgadas adentro de la vagina aunque varía un poco en cada mujer. Puede que sientas la necesidad de orinar cuando se estimula tu punto G. Esta sensación pasará dentro de unos cuantos segundos. La estimulación del punto G puede causar la eyaculación femenina, que puede resultar vergonzosa para algunas mujeres, sobre todo si no saben en realidad lo que es la eyaculación femenina.

Tu pareja puede ayudarte a ubicar tu punto G o tú puedes enseñarle a él (o a ella) donde está y el tipo de estimulación que disfrutas ahí. Experimenta con las diferentes sensaciones que la estimulación del punto G puede provocar sola o con tu pareja. También existen varios juguetes sexuales diseñados específicamente para estimular el punto G y con los que puedes sentir mucho placer.

Cada mujer percibe las sensaciones del punto G de manera distinta. Si lo disfrutas—excelente; si no, intenta otra cosa.

Siempre recomiendo que intentes una nueva técnica sexual al menos tres veces para estar segura si te gusta o no. Por lo general la primera vez que intentas algo sexual quedas sorprendida o avergonzada. Esta vergüenza o inhibición puede provocar que dejes a un lado la actividad muy pronto. La segunda vez que intentas la actividad, a lo mejor no te avergüenza tanto ni te da sorpresa y ves que la disfrutes más. Para la tercera vez, si descubres que todavía no te gusta y la has intentado con ganas, entonces ponla en tu lista de "cosas que he hecho" y déjala atrás. La regla de tres veces sólo se queda a un lado si la actividad te parece degradante o asquerosa, y no meramente vergonzosa.

La eyaculación femenina

Durante la relación sexual, los hombres llegan el clímax y eyaculan, o, como a ellos les gusta decir, se vienen. Pues, ¡las mujeres también pueden venirse! Esta repentina liberación de líquido que sale para bañar a tu pareja cuando llegas al orgasmo se llama la eyaculación femenina. La eyaculación femenina es algo totalmente natural y ocurre en algunas mujeres, pero no en todas. Puede que las mujeres que tienen la eyaculación femenina no la tengan en cada encuentro sexual. La mayoría de las mujeres y de los hombres equivocadamente confunden este proceso natural con la orina de la mujer. Podría interesarte saber que varios textos ancianos hablan del semen del hombre y el de la mujer que se mezclan para crear a niño—así describen la eyaculación femenina.

La estimulación del punto G puede provocar la eyaculación femenina. Muchos hombres y mujeres piensan que es muy erótica y placentera. Otros son más tolerantes una vez que entienden que es algo natural y que no es orina. Es una liberación para el cuerpo, como lo es para el hombre cuando él eyacula.

Los investigadores han descubierto que el líquido eyaculatorio femenino se libera mediante la uretra y consiste en fosfato prostático ácido mezclado con un poco de orina. Otros investigadores argumentan que no hay orina en el líquido expulsado. Por lo general no hay olor y el líquido no tiene sabor. (Me río cuando pienso en lo que el famoso psicólogo, Sigmund Freud, diría respecto a su teoría de la envidia del pene y la eyaculación basado en esta evidencia reconocida.)

La cantidad de líquido expulsado durante la eyaculación femenina varía desde una cucharada hasta un cuarto de taza a la vez. La eyaculación femenina puede darse durante el orgasmo inicial o con los orgasmos subsecuentes. He descubierto que el uso de los vibradores y estimuladores a una velocidad alta puede contribuir a y causar la eyaculación femenina.

Algunas mujeres no se permiten llegar al orgasmo a propósito porque temen eyacular. Una manera de ayudar a prevenir o calmar este temor es orinar antes de las relaciones sexuales.

La eyaculación femenina es una plática que todas las parejas deben tener ya sea que la tengas ya o no. Nunca sabes cuándo puede ocurrir. Es esencial para tu salud sensual y sexual platicar de este logro natural con tu pareja si no te sientes cómoda. ¡No debes sentirte avergonzada! No finjas que no sucede. Es como fingir que no hay un elefante color rosado en la sala cuando todo mundo lo ve. Tu pareja podría sorprenderte y hasta podría disfrutarlo pero no ha querido platicarlo contigo porque no quiere que tú pienses que *él* es raro. Repito, muchos hombres lo encuentran erótico o al menos consideran la eyaculación femenina como una función natural de tu cuerpo. También debes verla así. Después de todo, es tu cuerpo—¡y es un milagro!

Otra cosa que deben considerar las mujeres que nunca han eyaculado o que solamente lo hacen a menudo, es que podrías darte cuenta que una posición o actividad en particular te hace más propensa a la eyaculación femenina. Por lo tanto, si no deseas eyacular, no hagas esa actividad. Si la haces, pues disfruta. También, la intensa estimulación de un vibrador o estimulador en posición alta contra tu clítoris puede provocar la eyaculación femenina. Por lo tanto, no te sorprendas si luego de años de felicidad sexual sin percibirla ni una vez, de repente lo hagas.

¡Nunca te niegues un orgasmo porque temes la eyaculación femenina! Acéptate como el ser humano sensual que eres, disfruta, y no olvides las toallas.

Recomiendo que leas el libro *El punto G y otros descubrimientos sobre la sexualidad humana* por Alice Kahn Ladas, Beverly Whipple y John D. Perry para más información sobre la eyaculación femenina y tu punto G. Es una adición muy buena para tu *Biblioteca Sensual*.

Discúlpame por recomendarte libros en inglés, pero no he encontrado otros libros en español sobre estos temas. A lo mejor para cuando leas este libro, ya lo habrán traducido. Este libro, *La Latina Kama Sutra*, es el primero escrito específicamente para la comunidad latina. Si encuentras libros sobre estos temas en español, por favor déjamelo saber.

Ejercicios Kegel

Los Kegels son ejercicios recomendados para fortalecer la pared de tu vagina y tu músculo pubococcígeo (PC). Son los mismos ejercicios recomendados a las mujeres después de dar a luz y a las que sufren de incontinencia urinaria. Tu músculo PC va desde la parte frontal de tu pared vaginal hasta la parte trasera de tu ano. Cuando estornudas o te ríes y un poco de orina se expulsa, este músculo es el responsable. Esto ocurre cuando el músculo está débil. Muchos individuos que tienen incontinencia urinaria pueden aliviar sus problemas (sin cirugía) al fortalecer este músculo. Tu músculo PC también juega un papel en mantener en buen estado la integridad de los órganos femeninos al mantenerlos en el lugar apropiado.

Si no estás segura si estás aislando el músculo correcto, intenta este ejercicio: Al orinar, detén el flujo. Esto es el músculo PC trabajando. Para mantenerte enfocada al hacer tus Kegels,

21

inserta tu dedo, el pene de tu pareja, o un vibrador—consolador—y aprieta varias veces. También existen juguetes sexuales diseñados para los ejercicios Kegel. No te desalientes si al principio no notas las contracciones; esto es normal, especialmente si tu músculo PC se ha atrofiado o se ha debilitado.

Para ejercitar tu músculo PC y volver a hacerlo sano, contráelo y cuenta hasta cuatro y luego relájalo y cuenta hasta cuatro. Realiza tres repeticiones de ocho, tres veces al día, e incrementa por una repetición cada semana. Debes poder realizar al menos diez repeticiones tres veces al día. Asegura de relajar las contracciones por cuatro segundos también, ya que ayudará notablemente durante la penetración anal, y es esencial para las mujeres que sufren de *vaginitis* o *disperunia* (dolor durante la relación sexual).

Notarás que tu vagina y tu ano se aprietan al mejorar el músculo PC. Es normal y es señal de una vagina sana. Al mejorarse tu músculo PC, puedes sentir como si tuvieras dos músculos PC. De cierta manera es cierto; tienes el principio y el final. Cuando te haces experta en Kegels, podrás aislar el músculo pubococcígeo, al endurecer en frente o atrás como desees. Otro beneficio de los Kegels es que mejorarás tu potencial orgásmico y esto siempre es algo bueno. Además, hará apretado tu canal vaginal—como el de una virgen.

Puedes realizar Kegels donde y cuando sea ya que nadie más que tú se de cuenta de lo que sucede. Suelo hacer los míos en los semáforos y los altos. Luego de treinta días, debes notar una tonificación significativa de tu músculo PC y orgasmos más fuertes hasta durante la masturbación. Si sufres de incontinencia urinaria, esto debe aliviar el problema o ayudar a minimizarlo.

La belleza y el beneficio muchas veces no considerados de los Kegels es que realzan el potencial orgásmico de la mujer. Y para las mujeres que sienten dolor durante las relaciones sexuales o las que tienen interés en el sexo anal, los Kegels son un ejercicio invaluable.

¿Afeitarse o no afeitarse íntimamente?

A algunas mujeres les gusta una vulva—toti, concha—afeitada, y otras lo hacen para darle placer a su amante. A otras les gusta con mucho vello púbico o con el vello púbico recortado. Si te afeitas, asegura de no cortar tus labios vaginales. Los cortes en tu vulva pueden tardar más de lo normal en sanarse, así que asegura de mantener limpia el área para proteger contra las infecciones. También podrías preferir dejar de usar ropa interior unos cuantos días para permitirte sentir todas las sensaciones nuevas y sentirte un poco más liberada. Nadie lo sabrá más que tú—y las personas con las que quisieras compartir tu travesura. (Volverás loco a tu amante si le compartes esta información.)

Si nunca te has afeitado antes, primero corta tu vello púbico con tijeras, y tal vez sólo quieras llegar hasta aquí esta vez. Si quieres afeitar todo o crear una forma linda como un corazón o una flor, hazlo. ¡Diviértete! Si te das cuenta que no te gusta tu vulva afeitada, deja que el vello púbico vuelva a salir. A lo mejor por unos cuantos días sentirás algo de irritación. Haz un esfuerzo por dejar de rascarte. No uses ropa interior ni pantalones los primeros días para minimizar el deseo de rascarte. Pon humectante de sábila en tu monte de Venus para mantenerlo liso. No pongas humectante en la parte interior de tus labios porque esto tapará las glándulas y provocará problemas no deseados.

Algunas mujeres usan productos para quitar el vello. Asegura de probarlos en una parte pequeña de tu vulva y tu monte de Venus antes para ver si tienes reacciones alérgicas. Nunca uses dentro de la vagina un producto para quitar el vello púbico. Acuérdate que tu vulva es bien delicada. Si tienes una reacción alérgica, consulta a tu médico o ginecólogo inmediatamente. Querrás continuar afeitándote durante los próximos tres días y posiblemente quieras usar cera para ayudar a mantenerlo liso. Sabes que la aspereza provocada por esos puntos que te salen en las piernas cuando el vello empieza a crecer no se siente bien, y menos en la zona genital.

Es mejor esperar al menos uno o dos días después de afeitarte antes de tener relaciones sexuales para que la piel se sane. Además, no quieres tener una cortada abierta que te expondría a una posible enfermedad sexual.

Las mujeres que nunca se hayan afeitado la vulva antes podrían experimentar una falta de sensación en el monte de Venus. Esto es normal. Es sólo porque desde hace tanto tiempo tienes vello púbico ahí y el cuerpo tiene que reorientarse. Volverás a tener sensación dentro de unos días. Además, el aire frío en tu sensible piel íntima puede ser la puerta a un nuevo despertar sensual.

El mito de la virginidad

El himen es una capa delgada de piel que ha provocado tantos problemas para las mujeres a través de los siglos, y sigue haciéndolo hoy. Se supone que el himen debe ser la prueba de virginidad de la mujer. El mito y la información errónea que rodean el himen están tan metidos en nuestra cultura que las mujeres han tenido cirugía para reemplazar su himen roto—un procedimiento innecesario, doloroso y costoso. Hasta he oído de una mujer que tuvo una cirugía reconstructiva antes de su cuarto matrimonio porque quería ser virgen otra vez para su marido. Si te preocupa que tu vagina no es lo suficientemente apretado, haz tus Kegels sin falta.

Es un mito y muy poco probable que una mujer mantenga el himen intacto durante su vida y hasta su primera experiencia sexual. El himen por lo general se rompe cuando realizas tus actividades normales, como montar a bicicleta, correr, montar a caballo, realizar deportes u otras actividades. La niña o la mujer puede romperse el himen con algo tan simple como caerse sobre la barra en el centro de la bicicleta o usar tampones.

Sí es cierto que el himen se rompe y una mujer sangra—unas cuantas gotas—durante su primer encuentro sexual, pero solamente *si el himen sigue intacto*. **Pero repito que a la mayoría de las mujeres el himen ya se les ha roto naturalmente antes de su primera relación sexual. Por eso los hombres y las mujeres harían bien en recordar que aun cuando una mujer no sangrara durante su primera relación sexual, esto no significa que no es virgen.**

La mayoría de las mujeres sienten algo de dolor y molestias durante sus primeras relaciones sexuales en diferentes grados; más si su amante no le dio la suficiente estimulación preliminar y no se aseguró que ella estuviera bien lubricada antes de la penetración. Este dolor es causado por el estiramiento de la vagina y posiblemente por los nervios de la mujer que la llevan a apretar el músculo PC.

Contrario a la creencia popular, NO es cierto que todos los hombres quieran o requieran que su mujer sea virgen—y esto incluye a los latinos. Estamos en el nuevo milenio—ya no sacrificamos a las vírgenes. Es hora para que las mujeres (y los hombres) acepten su naturaleza sexual—solamente tú puedes juzgar lo que esto es para ti.

Ahora que hemos visto lo básico, vamos a pasar a lo divertido—y sexy—lo erótico que tiene que ver con las citas amorosas, el sexo y los placeres eróticos.

Citas amorosas

Capítulo Dos

Qué hacer y no hacer
durante las citas amorosas
¡Las reglas de las niñas no son para las mujeres!

Hay tantas reglas que se supone debes obedecer cuando sales con una pareja que es difícil recordar lo que es permitido hacer y lo que no. Una regla dice que puedes aceptar una cita amorosa para un fin de semana solamente si él te llama antes del miércoles, pero no debes aceptar ninguna cita amorosa de última hora. Se supone que debes saber cuándo llamar, cuánto tiempo hablar, y qué decir—y más importante—qué no decir. Hay una regla respecto a si en la primera cita "aflojas" o no, y qué tanta libertad debes permitirle en citas subsecuentes: que te bese la mejilla, que te acaricie los senos, que te dé una probadita íntima—o, como muchos le llaman, primera, segunda o tercera base.

Por supuesto, hay reglas respecto a cuándo llamar al terminar la cita y el obligatorio tiempo de espera de dos o tres días antes de volverlo a llamar; después de todo, no quieres que él piense que estás muy ansiosa. Y la lista sigue y sigue. Hay tantas reglas que recordar, que se me olvida quién debe estar arriba—ah, espérate, ése es otro grupo de reglas.

Con tantas reglas y restricciones, me sorprende que podamos comunicarnos con los hombres, mucho menos lograr una cita. Con razón muchas sentimos que nos han utilizado para jugar. Al seguir estas reglas y seguir el juego, una persona no puede sentirse de otra forma.

¡Bota todas esas reglas y haz las tuyas!

Haz tus reglas realistas y apropiadas, basadas en lo que es cierto para *ti*. Recuerda que lo que funciona para ti no necesariamente funciona para tus amigas y viceversa. Además, todas esas reglas son meras guías y no deben ser incambiables. Usa tu sentido común, improvisa y haz lo que creas mejor.

Finalmente, la persona que tiene que vivir con estas reglas eres tú, así que usa lo que mejor funcione para ti en el momento.

A continuación hay unas cuantas sugerencias que a mí me han funcionado bien. Usa las que quieras, cámbialas para cumplir con tus necesidades y desecha las demás. No te preocupes si te equivocas. No hay nada que puedas hacer que por lo general no pueda arreglarse con un poco de comunicación. Admítelo cuando estés insegura y hasta pídele su consejo respecto a lo que a *él* le funcione mejor; después de todo, es él a quien quieres llamar la atención y seducir, y ¿quién más puede darte mejores consejos? Lo demás es sentido común.

Aceptando una cita amorosa

Una vez leí un manual sobre las citas que decía que una mujer no podía aceptar una cita después del miércoles y jamás una hecha a última hora. Si siguiéramos esa regla, nunca saldríamos. Aceptémoslo, todos estamos ocupados y a veces nuestros planes cambian a última hora y nos queda tiempo de sobra para pasarlo con alguien a quien quisiéramos conocer mejor. El poner requisitos de cuándo él puede invitarte a salir o de cuándo aceptarás es una tradición de la escuela secundaria que ya no existe en tu vida; y si bien recuerdas, tampoco funcionaba entonces. Mira chica, la realidad es que él pensó en ti y que quiere pasar tiempo contigo. Sal, aunque sea a última hora. Él pensó en ti—quiso estar contigo—¡eso es lo importante! Cuando estás con él puedes decirle de manera dulce que te encantaría volverlo a ver y que tal vez si él pudiera planear la cita con anticipación eso te daría tiempo para arreglarte y *impresionarlo de verdad*. Él entenderá y además, lo hará. Tus palabras también lo asegurarán que eres flexible y que estás dispuesta a negociar para hacer la relación entre los dos más amigable.

Llamándolo

Si él te llama y te deja un mensaje, llámalo. No quieres dejarlo diez mensajes en un día. Dos o tres están bien si son alegres, o si se tratan de cambios en los planes, o si le dices cuánto lo extrañaste y que él es sexy y que piensas besarlo y hacerle el amor toda la noche.

El llamar después de una cita es complicado. No quieres que él piense que estás desesperada y que por eso no quieres ser la primera en llamar, así que arregla esto antes que acabe la cita. Dile que lo llamarás mañana más o menos a cierta hora y luego hazlo. (Aunque no lo creas, los hombres también esperan junto al teléfono.) Si prefieres que él te llame a ti, dile de manera dulce que te la pasaste muy bien y que anticipas su llamada el día siguiente o pasado mañana. Esto le da la iniciativa y le quita las dudas.

También puedes romper el padrón de anticipación nerviosa al asegurarle que no simplemente te comportabas de una manera amable ni fingías que él te gustaba y puedes dejarle un mensaje (en el teléfono de su casa y no el celular) poco después de la cita ya que él podría preguntarse si realmente te gustaba o si fingías porque no querías ser grosera y querías tu cena con langosta. Aunque esto podría parecer muy a la manera de la escuela secundaria, te sorprenderías si supieras cuántos hombres se preocupan por esto—sin mencionar que así le haces sonreír.

Una llamada después del sexo es un poco más complicada. Las mujeres quieren que el hombre llame primero. Quieres estar segura de que a él realmente le importabas, que no eras una mujer de una sola noche y por eso sufres al preguntarte si él llamará. Repito, decidan quién llamará y cuándo antes de dejar su casa. La ambigua frase "Te llamaré" no funciona. Sé específica. Dile que lo llamarás mañana o avísale si estarás viajando pero que llamarás al regresar. (También es un buen consejo para él.) Recuerda que a él también le preocupa si querrás volver a verlo después de su *desempeño*, especialmente si él fue muy rápido y se ganó el apodo *El hombre del minuto* contigo.

Es una pena que tantas relaciones se hayan deshecho debido a una falta de comunicación por una llamada. No permitas que te suceda. Toma la iniciativa. Estamos en el nuevo milenio. Los hombres disfrutan perseguir—y ser perseguidos. Hazlo sentirse seguro. Dale la oportunidad de tomar la iniciativa, y después compórtate según tus acciones.

¿Quién paga la comida?

Mi regla para la paga de la cena es simple—¡quien invita paga! Si tú lo invitas a cenar, entonces paga. Si él te invita, él debe pagar. Si no estás segura o si tienes dinero limitado, pregúntale si él piensa pagar la comida antes de aceptar, y si él te pide que compartan el costo, acepta o no, pero no lo culpes. Tienes que ser realista. Hasta una comida no muy cara cuesta de $30 a $50 dólares, sobre todo si beben. Él puede tener otras obligaciones y no puede cubrir todo el costo, especialmente si te invita a salir más de una vez por semana. Tal vez puedas sugerir un picnic mejor. Puedes tener muchos picnics y no son muy caros. Otro gran beneficio de compartir el costo o de invitarlo a salir es que se da cuenta de que él no solamente significa para ti una comida gratis. Muchos hombres se sienten así, y, tristemente, tienen razón.

¿Su casa o la tuya?

En lo personal, a menos que lo conozcas muy bien, no te recomiendo ir a ninguna de las dos sitios. Si es la primera cita, siempre vete con él en un lugar acordado mutuamente y donde haya otra gente. Nunca sabes con quién te reúnes. Siempre déjate llevar por los instintos, sobre todo para las citas a ciegas, aunque un amigo jurara que él es una buen persona y muy amable. La manera en que se proyecta hacia los demás no es siempre cómo tú lo verás. Además, no quieres que algún loco sepa dónde vives. Te recomiendo esperar de tres a cinco citas antes de dejar que un hombre sepa dónde vives, sólo como precaución. Ya para la tercera a quinta cita, tendrás una idea si quieres ser amigos, amantes o sólo conocidos.

Otra razón para no ir inmediatamente a su casa ni la tuya es la tensión sexual subliminal que le agrega a la relación. Uno de los dos o ambos podrían sentir que el sexo es un requisito y llevar la relación a donde no quieres todavía. Otra razón es que no quieres tener la costumbre de estar "adentro". Quieres salir y explorar. Comparte diferentes lugares y encuentros con él. Vayan a un museo, al parque, a la tienda, a una obra de teatro, etc. Sí, la comunicación es maravillosa, pero tienes que descubrir cosas sobre las que pueden comunicarse.

La principal razón por la que no deben ir a su casa o la tuya todo el tiempo es que te pones cómoda al *no* salir y pasas todo el tiempo adentro. Es aceptable si se comunican o si no pueden dejar de tocarse, como suele suceder durante los primeros meses. Pero si él va a tu casa solamente para ver la televisión y los dos no interactúan ni física ni verbalmente, pones el padrón para una relación poco sana a futuro. Está bien ver unos programas favoritos juntos, pero ver horas de tele no lo es. Es mejor leer un libro. De esta manera pueden platicarlo después. Además, siempre es romántico que él te lea mientras estés acostada sobre su pecho y entre sus brazos.

El alcohol y las citas
Beber durante una cita es una espada de doble fila. Es algo que muchos hacen en la adolescencia y de veintitantos años porque experimentan o probablemente están rebelando contra antiguas tradiciones. Bebe si quieres, pero hazlo con sensatez. Pon un límite de dos o tres bebidas máximo en una cita porque no quieres estar tan tomada que no puedas cuidarte ni tomar tus propias decisiones.

Si te hace falta una bebida para relajarte, darte confianza, deshacerte de las inhibiciones o pasártela bien, tal vez lo que vayas a hacer no es buena idea. El beber reduce tus inhibiciones y se te hace más difícil tomar buenas decisiones. También te pone en una posición para estar manipulada con facilidad, y si tienes relaciones sexuales puedes olvidar el tan importante preservativo y abrir la puerta a riesgos para tu salud como el sida y el embarazo y tantos otros problemas.

Demasiadas mujeres se arrepienten la mañana siguiente de las decisiones que han tomado al estar borrachas. Limita este arrepentimiento para ti. Aunque a veces es bonito ponerte un poco tomada, asegúrate de no estar tan tomada que no puedas llegar a casa o que te permitas ser usada de formas que no quisieras recordar el día siguiente. Tristemente muchas mujeres han perdido la virginidad o se les ha convencido realizar actividades sexuales cuando están tomadas. A algunas hasta las han violado su pareja.

"Date rape" (violación por una persona con quien la víctima sale) es un término legal que se usa para describir una violación que ocurre cuando una mujer "sale" con un hombre. Independientemente de que si hayan estado involucrados en actividades sensuales (besos o caricias sexuales), una vez que tú se lo hagas claro a la persona que deseas detenerte, cualquier cosa que suceda a partir de ese momento se hace sin tu consentimiento y es un crimen. El beber o tomar drogas puede hacerte vulnerable a un acontecimiento desagradable si estás con alguien que no es honesto. Si esto sucede, sigue siendo un crimen, hubieras dado besos o no. En el momento que dices,

"¡No!" se supone que él (o ella) debe detenerse. (Los hombres también pueden ser violados.)

Asegúrate de estar con una amiga confiable si piensas beber o hacer fiesta (y tomar drogas sin receta médica). Hagan un trato antes donde tu amiga te llevará a casa y viceversa. Y por supuesto respeta el compromiso que hayas hecho con ella, aun cuando él fuera muy guapo.

Si te das cuenta de que necesitas beber o tomar drogas para aguantar que él te toque, o si te das cuenta de que tomas en exceso, busca a un consejero capacitado quien pueda ayudarte a volver a tomar el control de tu vida. El consejero—terapeuta—no está ahí para juzgarte, sino para ayudarte a encontrar soluciones que funcionen mejor para ti.

Caricias sexuales en las primeras citas

Cuando una relación es maravillosa es delicioso tocar y ser tocada—todo el tiempo. Sin embargo, al empezar a salir con alguien, tú decides cuándo y dónde. Si sales por primera vez con alguien y él intenta agarrarte antes de que le insinúes que te gustaría tal conducta, o si él no se controla cuando le comunicas tus reservas, ¡acaba con la cita! Aunque el ser amoroso en una cita es una cosa, los avances no apropiados son otra. Es cuestión de respeto.

Dar y recibir caricias sexuales es una decisión personal. Es la regla de la primera, segunda y tercera base. ¿Hasta dónde lo dejas llegar y cuándo? ¿Le permites acariciarte a través de la ropa o que meta la mano por debajo? ¿Se permiten las caricias solamente en los senos en la primera cita y por los muslos y lugares más íntimos en citas subsecuentes? Repito, ésta es una decisión de cada quien, una que no tiene una respuesta correcta o mala.

No te mentiré ni fingiré que tus aventuras sensuales no tendrán consecuencias. Según con quién salgas (y su edad y grupo social—por ejemplo, universitario, o sus organizaciones sociales) puedes terminar con una mala reputación. Sí, aun en esta época, a la mujer todavía se le ve de manera menos positiva si ella toma el control de su sensualidad. Hasta te pueden cargar una mala reputación aun cuando no hayas hecho nada. Por lo tanto, hayas o no tomado el control de tu sexualidad, o hasta salido en citas, puede haber rumores. Tú sabes la verdad. Tú decides lo que es correcto para ti.¡El hombre que te ama debe amarte por quién eres y no por tu virginidad o falta de la misma!

No te culpes si te hayas equivocado o si te arrepientas del nivel de intimidad que hayas compartido con alguien. Sólo porque él resulta ser un patán no significa que hubiera nada malo en tu decisión. Tú hiciste lo que era lo mejor para ti en una situación dada. Permitiste tu libertad sexual o la restringiste como tú consideraste ser apropiado. No tiene sentido llorar por tonterías. Cada experiencia es una oportunidad para aprender.

Y en cuanto a hacerte la difícil, como adulto me imagino que ya habrías terminado con juegos de la secundaria. Sin embargo, puede ser bonito crear el misterio y el deseo y dejarlo en ascuas por un tiempo. Mejor aún, comunica tus deseos y ve si él está dispuesto y capaz de satisfacerlos.

Las relaciones de una sola noche

Lo tentador de las relaciones de una sola noche es que no volverás a verlo. Por lo tanto, puedes ser tan salvaje—aventurada y erótica como siempre lo hayas deseado sin tener que preocuparte por volver a enfrentarlo en la mañana. Te permite la libertad sexual que te ha faltado en otras relaciones, ¡la emoción de la pasión desenfrenada! En esencia aceptas a esta persona independientemente de sus fallas como él te acepta a ti—y es una gran ganancia. Además no hay una carga de comprometerse a una relación completa—algunas mujeres también evitan los compromisos.

Siempre usa un preservativo para el sexo con penetración o el sexo oral durante estas aventuras. Seamos honestas. Lo más probable es que no vuelvas a verlo y no quieres que una noche de pasión te persiga en forma de enfermedades sexuales o un embarazo. Como no quieres dejar que esta deliciosa oportunidad se te pase cuando se presenta, siempre carga un preservativo en tu bolsa. El hacerlo no te hace una puta, te hace una mujer inteligente.

Nunca dependas de un hombre para protegerte ni le dejes la responsabilidad sólo a él en esta situación. Toma el control de tu vida. ¡Protégete! No importa cuánto él te diga que es seguro, aun cuando no mintiera, si él no te enseña una nota con fecha actualizada de su médico que compruebe que no está infectado de una enfermedad sexual, que incluye el VIH, no puedes estar segura—y él tampoco. Las latinas son las personas que más contraen el VIH en Estados Unidos y los países latinos. No formes parte de la estadística. Como dijo Susan B. Anthony, "A las mujeres se les debe enseñar a protegerse". Es cierto sobre todo respecto a nuestra sexualidad.

Yo cargo un pequeño equipo que se parece a esas pequeñas latas de estaño que se usan para cargar dos bolsas de té o a los recipientes de plástico para un rollo de película de 35mm, que contiene dos preservativos y un pequeño tubo de lubricante en mi bolsa—cartera—todo el tiempo. Así estoy preparada cuando quiero ser sexual o si mi pareja olvida su preservativo—condón.

Si te atrae la pasión del momento y deseas ser libre para disfrutar sexualmente pero no tienes un preservativo a la mano entonces usa tus dedos para la penetración. Si no tienes disponible una presa dental, puedes usar un pedazo de envoltura de plástico (que se usa para envolver la comida) como barrera para el sexo oral. No uses la envoltura de plástico para microondas porque tiene agujeros. *Trojan*, una marca de preservativos, acaba de sacar un preservativo con sabor a menta para el uso oral y por supuesto también hay otros sabores.

Si te das cuenta de que te arrepientes de tu conducta y de lo que hiciste con él a la mañana siguiente, no te regañes al respecto. Aprende de lo que pasó y toma otra decisión en el futuro. Todas descubrimos nuevas verdades de nosotras mismas cada día con cada nueva experiencia. No juzgues. Sólo aprende, acepta y sigue con la vida.

¿Cuándo decir, "Te amo"?

Sólo tú puedes decidir cuándo decirle que lo amas. Aunque existe la posibilidad del amor a primera vista, es raro y por lo general lo que sientes en realidad es lujuria. Las amigas muchas veces te aconsejarán que no le digas a un hombre que lo amas de inmediato, o te dirán que esperes hasta que él lo diga primero, o requerirán que pospongas el sexo hasta que él haya declarado su amor. Estos antiguos mandatos no tienen lugar en una relación entre adultos. El sexo no se trata de lo que puedes "conseguir de él"—¡se trata de lo que deseas compartir con él!

Si el amor es un factor importante para ti, determina tú misma tu nivel de afecto por él y hasta dónde estés dispuesta a llegar. Si no estás segura si sientes amor, platícalo con una amiga, o nada más dile a él que crees que lo amas y asegúralo que él no tiene que decírtelo también (al menos, no por ahora).

El amor sin condiciones es la verdadera esencia de una relación aun cuando solamente durara un tiempo muy limitado. Si necesitas una guía para ayudarte a determinar el mejor momento para decirle que lo amas para poder estar segura, te sugiero que esperes unos dos o tres meses.

Si eres honesta contigo misma y con él y expresas tus sentimientos de manera positiva y alentadora y comprendes que ambos cometerán errores en el camino, tendrás muchas relaciones sanas y divertidas en tu camino por la vida.

Recuerda, la mayoría de las relaciones que tendrás serán por tiempo limitado. Muchas de las relaciones, sean amistosas o sexuales, sólo existen para darte la oportunidad de aprender y crecer, para que cuando tu verdadero amor llega, sabrás qué hacer, o al menos no cometerás tantos errores como antes.

El amor es un regalo que te das a *ti misma*—los demás sólo comparten los premios. Nunca es tonto. Lo que haces con él define quién eres. Ama seguido. Ama profundamente. Ama mucho. Y cuando ese amor acaba, vuelve a amar.

El sexo por teléfono e Internet

El sexo por teléfono o por Internet es una manera divertida de interactuar con tu pareja y otras personas que te interesen. Te permite cautivar la imaginación uno al otro y compartir tus fantasías. Además, el que no estés parada frente a él le agrega un poco de libertad sexual y reduce tus inhibiciones.

Lo emocionante del sexo por teléfono e Internet es que puedes asumir roles y convertirte en la valiente Amazonas o la aventurada pirata que satisface la lujuria con su amante, excitándolo y haciendo que él responda a sus exigencias amorosas. Por Internet, puedes ver si su imaginación va de acuerdo con la tuya mientras que satisfagas tus deseos y determines si él es compatible contigo sexualmente. Por teléfono, oyes su necesidad, su excitación, mientras que él se toca según tus mandos o te dice qué hacer por él.

El sexo por teléfono es un maravilloso regalo cuando tu amante está fuera o lejos de ti y quieres compartir un momento íntimo con él. Haces que él te desee tanto que jadea por teléfono al pedirte más—o tal vez eres tú quien ruega. Usa un vibrador—estimulador—o consolador al participar en el sexo por teléfono o Internet para hacerlo más real y erótico. A algunos hombres les encanta saber que usas un vibrador o que te tocas para ellos. Hazlo saber cómo quieres más, cómo tu cuerpo desea que él lo toque, como tu espalda hace arco levantándote hacia él. Lo bello y benéfico del sexo por teléfono e Internet es que tienes que describir cómo tu cuerpo reacciona. Esto te ayudará a realizar tus deseos.

Si te sientes incómoda o apenada platícalo con él. Tal vez no te molesten las tentaciones e insinuaciones pero cuando él se pone más gráfico pierdes el interés. O disfrutas tentarlo y excitarlo y ponerlo duro pero sólo hasta cierto punto y luego quieres parar. O tal vez te encante oírlo gemir y venirse por teléfono pero no estás lista todavía para el sexo cara a cara. Todos son sentimientos normales. La clave para asegurar que tu relación no sufra es comunicar tus sentimientos y expectativas.

A menos que seas cómoda con la persona, recomiendo que no participes en sexo por teléfono o Internet. Si tu llamada empieza con él describiendo lo que quiere hacerte y te sientes presionada, dile que se detenga. Si no lo hace, cuelga y tacha ese hombre en tu lista. Igual como con las relaciones sexuales cara a cara, tienes el derecho de decir "no" en cualquier momento. ¡Él también!

Es importante entender que sólo porque describes una escena deliciosamente erótica a tu pareja, no significa que tendrás la fuerza para probarla ni que quieras hacerlo en vivo, y lo mismo es cierto para él. Si lo intentas en vivo, puedes descubrir que lo erótico del pensamiento y la realidad del acto son dos cosas muy diferentes. Está bien. Algunas cosas pueden quedarse como fantasías.

A veces podrías desear ser la agresora y a veces te encanta que él lo sea. Creo que mientras disfrutes, sonríe, sonroja, gime y comparte. Eres adulta. ¡No hay nada tabú!

Los deseos sexuales

¿Exactamente cuándo debes compartir tus fantasías y deseos sexuales con él?

Una regla generalizada es que lo hagas antes de acabar el periodo de la Relación de 90 días—es decir, antes de su día 91 juntos. (Este concepto se cubre en el capítulo tres.) Si no puedes ser honesta con él respecto a tus necesidades sexuales, siempre faltará algo en tu relación. Es mejor saber desde el principio que no son compatibles sexualmente que desperdiciar meses o años en una relación que nunca será totalmente satisfactoria para ti y que podría llevar a la infidelidad por parte tuya o suya o de ambos.

Sí, hay deseos sexuales qué él podría desear contigo y otros que no. Y por supuesto, algunas necesidades sexuales podrían requerir de tiempo y confianza para lograrse. Dentro de los primeros 90 días tendrás una buena idea de cómo es él. Encuentra un momento para platicar de algunos de tus deseos y necesidades sexuales con él y ve si hay un punto de encuentro o un acuerdo al que pueden llegar. Si no lo hay, considera seriamente si ésta es la relación para ti.

Yo conocía a una pareja que seguía con problemas con sus necesidades sexuales luego de quince años de matrimonio y aunque se habían acostumbrado el uno al otro y ninguno quería irse, estaban desdichados. El matrimonio es un compromiso para toda tu vida—cinco, diez, veinte, treinta, cincuenta años. ¿Quieres pasar tanto tiempo sin encontrar la satisfacción sexual?

Si son diferentes en sus deseos, intenten encontrar un acuerdo razonable para sus necesidades sexuales. Si hay cosas que son un "no" definitivo, considera negociar respecto a otras. Por ejemplo: A veces permitir que él encuentre la satisfacción con otra, aunque sea de forma mental por Internet, con una revista o video y que no involucre una relación sexual es una posibilidad.

Otro ejemplo: Si él disfruta las nalgadas y tú no—el intercambio de poder—¿por qué no permitirle satisfacer su deseo sensual con otra que le permita darle nalgadas—palmitas—sin esperar nada a cambio? Hasta podrías acompañarlo si deseas supervisar y observar. Por otro lado, puedes descubrir que disfrutas observarlo o darle instrucciones mientras satisfagas tus deseos de voyerismo.

El visitar juntos un club sexual siempre es un premio erótico para una pareja y le permite agregarle sabor a la relación y aprender ideas nuevas. Es normal excitarse por algunas cosas y sentirse repelida por otras. Si no te gusta algo que ves, entonces cierra los ojos, mira a otra pareja o vete. Si te gusta algo que ves, díselo a tu pareja. Puede que regreses la otra semana para volver a ver.

Recuerda la regla de tres veces que dice así: la primera vez que pruebas algo nuevo sexualmente, eres sorprendida e insegura; la segunda vez que lo pruebes, eres curiosa o tal vez te guste un poco; la tercera vez decidirás si te gusta o lo dejas a un lado. Siempre puedes volver a intentar en el futuro pero por ahora, sólo olvídalo.

La sexualidad es cuestión de niveles. Comunica tus necesidades. Al construir confianza y comodidad, las barreras cambiarán. Pero si has comunicado tus necesidades y él no puede satisfacerlas (o tú no puedes satisfacer las de él) es hora de decidir si la relación es suficiente o si necesitas abrir la puerta a otras aventuras y parejas. También tienes que decidir si ésta es la relación para ti o si es mejor seguir como amigos solamente.

Los celos y la infidelidad
Ay, ese genio latino… ¡cuánta pasión!

¿Para qué desperdiciarla con los celos?

Aunque creo que un poco de celos es sano en cualquier relación, pelear con él o con otra mujer—sobre todo a golpes—no es aceptable. En primer lugar, si peleas con otra mujer porque ella lo besó o porque él salía con ella al mismo tiempo que contigo, *NO* es culpa de ella, ¡sino de él! Fue él quien tuvo que haber dicho que no. La falta de respeto fue por parte de él, no de ella. Déjalo a un lado y sigue tu camino. ¡Bota el *sapo!* No te hagas menos al comportarte mal—mantén tu orgullo y dignidad.

Si no estás lista o dispuesta a dejar la relación por cualquier razón, averigua qué fue lo que lo llevó a buscar fuera de la relación. ¿Por qué salió con ella? ¿Qué faltaba en ti y en la relación que él sí obtuvo de ella? ¿Puedes darle lo que él necesita? ¿Se lo dabas?

Si es la primera vez que ocurre, ¿puedes perdonarlo y trabajar para mejorar la relación? ¿Requerirás que él asegure que no volverá a suceder? ¿Cómo puede él tranquilizarte? ¿Ayudará si él te llama al dejar la oficina, que lave los trastes todas las noches, que pase más tiempo contigo? ¿Permitirás que estas medidas sean suficientes? ¿Fue una ofensa de una sola vez o es su infidelidad un acto continuo que estás dispuesta a tolerar para quedarte con él? ¿Quieres abrir la relación para el *Intercambio de Parejas?* ¿Usas preservativos para protegerte de posibles enfermedades sexuales que él podría contagiar de otra mujer? ¿Él se ha realizado pruebas luego de esta desliz?

He aconsejado a demasiadas mujeres—a demasiadas latinas—quienes descubrieron que se habían infectado del VIH por un contagio de su marido o amante y del cual él contagio por su infidelidad. Sólo porque crees que tolerarás su infidelidad no significa que tengas que ponerte a riesgo. Déjalo saber que le permitirás tener a sus mujeres si usará un preservativo *contigo*. Además, ¡nunca puedes estar segura de que él usa preservativos con ella!

Un último comentario respecto a los celos: Aunque es divertido darle celos y remover las cosas un poco, nunca uses a uno de sus amigos—y definitivamente a su mejor amigo—para hacerlo. Muestra una falta de honestidad por parte tuya. Destruyes una amistad que él valora para conseguir atención y no es aceptable. Si sientes la necesidad de lastimarlo mucho, tal vez sea mejor dejar la relación. Las relaciones no deben ser cuestión de venganza; son tonterías de la secundaria y tú ya eres adulta.

Las relaciones abusivas

¡Nunca debes tolerar el abuso de tu novio o pareja! Y tampoco debes pasarlo a otros. Durante el *Estudio de la Sexualidad Latina* que realicé en 2001, descubrí que más del cuarenta por ciento de las latinas que respondieron indicaron que habían estado en una relación abusiva. Muchas latinas se quedaron con su pareja o en el matrimonio porque no sabían a dónde ir. En muchos casos, la mujer se quedaba en una relación mala porque le había dado su virginidad y pensaba que no le quedaba nada y nadie la querría en el futuro por haber perdido su virginidad. ¡Esto no es cierto!

Como latinas, se nos ha inculcado que debemos aguantar cualquier cosa que suceda en nuestras relaciones, especialmente el matrimonio. Se nos ha enseñado que no somos nada sin nuestros hombres y que nuestras necesidades de salud y de sentimientos están en segundo lugar tras ellos y nuestra familia. Patrañas, ¡no es cierto! Para lograr una relación sana, una latina debe serle fiel *a sí misma* PRIMERO para poder compartir su orgullo y amor propio con su pareja e hijos.

Si estás en una relación abusiva por tus hijos, tienes que considerar seriamente qué es lo que les enseñas. Por ejemplo, le enseñas a tu hijo que es aceptable que un hombre abuse de una mujer aun cuando digas que no lo es. ¡Los actos hablan más fuerte que las palabras! Le enseñas a tu hija que una mujer tiene que sonreír y aguantar, que acepte el abuso en sus relaciones.

Si necesitas ayuda para dejarlo, comunícate con un albergue o refugio para mujeres en tu área. La operadora por lo general tiene estos números listos. Sí, sé que es difícil vivir con el abuso y es todavía más difícil dejar a alguien a quien amas debido al abuso. Sin embargo, mientras sigas en una relación abusiva, nunca podrás tener la relación amorosa que Dios quiso para ti.

No confundas el abuso y la violencia doméstica con el *sadomasoquismo-ligero* y la dominancia y sumisión, el lado erótico y diferente del sexo. (Explico más sobre el *sadomasoquismo-ligero* y el BDSM en el capítulo quince.)

Hay una enorme diferencia entre la violencia doméstica y el *sadomasoquismo-ligero* o el BDSM. En la violencia doméstica el abusador no se detiene cuando tú le pides o ruegas que lo haga—en el sadomasoquismo-ligero, lo hace. En la violencia doméstica hay maldad tras sus actos, y en la dominancia y sumisión y el *sadomasoquismo-ligero* sólo hay un deseo de compartir un placer erótico **consensual** contigo.

Las latinas que prefieren que un hombre tome el control y sea tosco con ellas muchas veces encuentran a un hombre abusivo en vez de uno dominante. ¡Escápate de los que son falsamente dominantes! El hacerte miembro de una organización BDSM (de dominancia y sumisión) te ayudará a entender la diferencia y te proporcionará el tipo de hombre que buscas. Encontrarás al adecuado para ti; puede que tome un poco de tiempo.

¡El amor nunca se da sin el consentimiento de los dos ni es abusivo!

Nunca debes ser un saco de arena para un ser amado. Si él te golpea o te lastima, no puede amarte como tú te mereces. Si lo amas y no quieres dejarlo, insiste en que los dos consigan ayuda con terapia para corregir la situación antes de que se convierta en un asunto de seguridad y amenace tu vida. A veces un hombre tiene que aprender a controlar su genio y descubrir alternativas para su agresión.

En lugar de considerar una relación abusiva como un relación fallada de tu parte (el nombre punitivo para ésta), como otro momento en el que a nadie le importabas, o no te amaban lo suficiente, o como otra ocasión en la que echaste a perder algo maravilloso, considera estas relaciones como oportunidades para crecer y aprender de ti misma y de lo que realmente quieres en una relación y sobre todo de lo que no quieres.

En lo personal, yo estuve casada una vez con alguien que resultó ser abusivo. En vez de admitir que la relación no era lo que yo había esperado, me quedé en el matrimonio. No quise admitirle a nadie que me había equivocado. Sobre todo no quería que mi familia supiera del abuso porque siempre me habían visto como la que "metía la pata" y como una "niña salvaje". En una cosa más iban a tener la razón. Así que permití que mi orgullo me dominara, y en silencio aguantaba el dolor físico y emocional, así como el daño que le provocaba a mi auto-estima y sentido de valor. Fue cuando aprendí que el verdadero amor nunca es abusivo. Como lo hice yo tú tienes que decidir por *ti misma* cuánto tiempo estás dispuesta a aguantar una relación que no funciona o que no está bien para ti. Cuando estés lista, tú también te irás y si necesitas ayuda—¡búscala!

¡El amor nunca es desperdiciado! Es un regalo que te das a *ti misma*, sólo que ellos se quedan con parte de los beneficios. No tienes que hacerte sentir mal; sólo aprende de las que no funcionaron y sigue.

Capítulo Tres

Las Relaciones y la Regla de *90 días*
La soledad es sólo el deseo de amor y ser amada

¡Las relaciones son difíciles!

Recuerdo decir estas precisas palabras a una pareja que aconsejaba desde hace cuatro meses cuando mi vida empezó a imitar la suya y de repente me veía sin la capacidad de comunicarme con mi pareja. Ya no era una observadora imparcial, sino una partícipe activa en el melodrama llamado una relación. Sentía el mismo enojo, las mismas frustraciones y el mismo dolor, junto con la pareja. Sus sesiones de terapia se convirtieron en un recordatorio para mí que siempre era mucho más fácil dar consejos que vivir con ellos.

Un principal problema en todas las relaciones es que las parejas repiten las mismas discusiones y luchas por poder durante meses, hasta años. Pelean por los mismos asuntos que parecían estar resueltos pero que no lo estaban porque se rehusaban a abordarlos, o los tapaban, y una persona cedía con desgana, lo que provocó el resentimiento más tarde. En algunos casos, la pareja se casó o tuvo hijos con la esperanza de que esto resolviera los asuntos y descubrió que así empeoraron.

Mira mujer, sé lo que es guardar rencor. Conozco el miedo y la angustia generados por una decisión de dejar de hablarle a alguien que te importa o a quien tal vez ames porque el hacerlo solamente duele más y parece destruir una parte de ti. También sé qué tan devastador es esto para una relación, sin mencionar tu auto-estima y valor propio, el tener la misma pelea por el mismo asunto año tras año tras año. Llega un momento en el que es mejor irse que continuar. La clave es saber cuándo. (Es cierto tanto en las relaciones románticas como las platónicas.) Por eso inventé la *Regla de 90 días*.

Por lo general las relaciones llegan a su auge dentro de *90 días*. Dentro de los primeros *90 días* tendrás la capacidad de ver lo que el famoso psicólogo Carl Jung llamó la personificación individual—la falsa máscara que él o ella presenta. Es cuando muestra su mejor conducta. Y no olvides que tú también lo haces. *Noventa días* es más o menos el máximo de tiempo que cualquiera puede seguir con una personalidad falsa. No es que ninguno de los dos quisiera ser un mentiroso, sino que quieren mostrar su mejor cara ya que no quieren asustar a un nuevo amante—al menos no desde el principio.

Todos tenemos diferentes personalidades que presentamos ante el mundo. Son como los zapatos en el armario. Tienes un par para descansar en la casa y estar cómoda, uno para el trabajo, otro para arreglarte y por supuesto otro para las especiales noches sexy. Lo mismo sucede con la personalidad que presentas ante tu familia, tus amigos, tus compañeros de trabajo, tus amantes, un extraño, etc.

La belleza de la *Regla de 90 días* es que desvías esta lucha por poder y los típicos juegos que todos nos acostumbramos a jugar al hacer un compromiso desde el principio. Al darle a la relación *90 días*, te enfocas en convertirla en un éxito y una relación alegre en vez de persistir en un limbo donde no estás segura si te importa lo suficiente como para ponerle todo. No significa que tengas que quedarte con él para siempre ni casarte, sólo que durante esos *90 días* él será alguien especial en tu vida. Te sorprenderías si supieras el número de parejas que he aconsejado que llevan juntos cinco, diez, hasta veinte años y aún no se han comprometido el uno con el otro. Tú eres una mujer adulta; toma el control de tu vida en este mismo instante. Pasa muy rápido como para perderla a la deriva en el mundo del "tal vez".

Al final de los *90 días*, tienes tres opciones. Antes de darte esas opciones, te digo que hay sólo una regla que observar—tienes que comprometerte totalmente en la relación. Este requisito es tu responsabilidad solamente. No hay ningún requisito que él (o ella) haga este compromiso contigo.

La regla funciona así:

Dentro de dos semanas (máximo cuatro semanas) de salir con alguien con quien deseas más que sexo casual o una amistad, debes entrar a la mentalidad del compromiso de *90 días*. Por supuesto, puedes hablarlo con la otra persona pero no es necesario. Te sorprendería saber que he descubierto que muchos hombres desean un compromiso de frente pero temen pedirlo. Al pedirle un compromiso, asegúrate que sepas cuáles son las reglas con las que quieres que él se comprometa.

Por ejemplo, es ser monógamo, o simplemente verse contigo dos o tres veces por semana a una hora indicada, o formar parte de ciertos clubes o realizar ciertas actividades juntos, o lo que sea importante para ti. Es esencial comunicar tus requisitos específicos para evitar malos entendidos. ¡Apúntalos! No puedes cambiar ni agregar cosas después. Cualquier anexo tendría que esperar hasta que acabe el periodo inicial de *90 días*, y entonces puedes darle a la relación otros *90 días* para trabajar esos asuntos.

Ahora vamos a aclarar los requisitos de compromiso que *TÚ* debes considerar. Primero, debes dar tu palabra a *TI* misma que darás todo para que esta relación funcione.

Segundo, que serás totalmente abierta y honesta; esto incluye permitirle ver tu lado vulnerable. Estás de acuerdo en no esconder cuando tienes miedo o vergüenza, sino en buscar la manera de compartir todo lo tuyo con él. Esto incluye esos secretos que has escondido o esas fantasías de niña mala. Bueno, está bien, puedes guardar las más aventuradas fantasías para la extensión de los *90 días* pero no más tiempo.

Recuerda, quieres ser verdadera con él siempre. Déjalo ver el verdadero tú en todo. No significa que abras las compuertas al drama. Sólo sé quién eres en realidad, honesta, vulnerable. Si él no te ama o si es mucho para que él lo acepte y él no está de acuerdo en negociar ni trabajar contigo, ¿realmente quieres entregar otros tres meses de tu vida cuando podrías dejar la puerta abierta para que el hombre adecuado llegara?

Y tercero, así como tienes que ser específica respecto al compromiso que deseas de él, también debes serlo respecto a lo que estás dispuesta a darle. Es donde se pone a prueba tu honestidad como tienes que respetar el acuerdo, sobre todo cuando preferirías irte porque las cosas se pusieron difíciles y te frustraste.

Por supuesto, es obvio que si ves la necesidad de terminar con la relación antes del plazo de *90 días* por cualquier cuestión de seguridad, como por ejemplo él es abusivo, o has aprendido que mintió y que en realidad está casado, o él no es una elección sana por la razón que sea, puedes terminar tu relación con él inmediatamente.

Ahora lee las tres opciones que tienes para el final de los *90 días*.

Opción 1:

Decides que la relación fue muy problemática o no vale la pena, y las cosas nunca funcionarían entre los dos y te vas. Puedes irte en cualquier momento durante los *90 días* si él es abusivo o su estilo de vida no es lo que esperabas o no es lo adecuado para ti. Recuerda que es mejor amar y perder que vivir con un loco durante el resto de tu vida.

Opción 2:

Decides que tienes muchas ganas de seguir con él (o ella), pero tienen algunos problemas que deben trabajarse. Estos problemas podrían ser financieros, emocionales o sexuales.

Como una mujer inteligente, buscas la ayuda que necesitas de una amiga, pariente o terapeuta capacitado y le das a la relación una extensión, otros *90 días*. En esencia empiezas una nueva relación, con la misma persona, pero a un nivel más profundo.

No quieres incapacitarte en la duda. Si decides buscar ayuda, debes estar segura de que sea un esfuerzo comprometido por parte de ambos. ¡Están en esto juntos! Lo que le afecta a uno, le afecta al otro. No querrás terminar como esas parejas de las que hablé que llevaban años dando vueltas, inseguras de su compromiso o de su miedo de buscar ayuda. No sé tú, pero para mí la vida es muy valiosa para desperdiciarla. Aunque pueda estar dispuesta a entregar *90 días* con la esperanza de encontrar a mi verdadero amor y *alma gemela*, no estoy dispuesta a dar un año ni cinco años o más debido al orgullo malintencionado.

Opción 3:

Te das cuenta de que todo es maravilloso y quieres seguir. Como con la opción 2, tomas la decisión consciente de comprometerte con él durante *90 días* más, y repones el reloj. El tomar la decisión de comprometerte con él y cumplir con tu compromiso te permite tener más confianza. Aprenderás más de lo que te hayas imaginado, sobre ti misma, y sobre tu pareja. Aun cuando terminaran más tarde, puedes llevar este nuevo auto-conocimiento a la siguiente relación y a la siguiente hasta que encuentres a la persona correcta para ti.

Al entregarte totalmente y permitirte ser vulnerable, evitas lo que yo con afecto denomino el *"Síndrome regresar con él"*. Estoy segura que sabes cómo es esto; lo has visto con tus amigas y me atrevo a decir que tú misma lo has hecho. El *Síndrome regresar con él* es cuando terminas y luego regresas con él y luego terminan una y otra vez. Cada vez que terminan juras que será la última vez; luego te llegan las dudas:

     * Tal vez si hubieras sido un poco más comprensiva las cosas habrían sido diferentes

     * Tal vez si no hubieras tenido miedo de decirle que él te importaba él no se habría ido

     * Tal vez si hubieras hecho lo que él te pedía, seguirían juntos—en realidad no era para tanto, ¿o sí?

La lista sigue y sigue. Sin embargo, al comprometerte por completo, sabes que al final de los *90 días* habrás dado todo y por eso no hay porqué regresar. No quedó nada por hacer.

He descubierto que quienes siguen la *Regla de 90 días* en realidad son más felices en sus relaciones, y que si deciden irse lo hacen de manera más amigable.

Solamente porque los primeros *90 días* funcionaron bien y los dos quieren seguir, no creas que puedes sentarte y relajarte. Ahora vuelve a comenzar el trabajo duro. Ahora descubrirás más de él y de ti misma. Explora nuevos placeres y permite que la aventurera dentro de ti salga a jugar mientras creas la vida que deseas. Las relaciones son una elección que haces todos los días. Las buenas no llegan tan seguidas. Las maravillosas son tu creación.

¡Hablemos ahora del sexo!

     ¿Qué papel tiene el sexo en la *Regla de 90 días*? ¿Le cuentas de inmediato todas tus fantasías dentro de los primeros *90 días*? ¿Cuánto debes compartir con él sobre tus necesidades y deseos sexuales?

A diferencia de las relaciones de una sola noche donde en realidad no te importa si él te cree una loca, quieres que las relaciones de *90 días* tengan éxito. Por lo tanto, hay un alto nivel de aprehensión y miedo de que él te rechace si aprende cuál es tu verdadera naturaleza sexual y que no eres una tímida virgen sino una mujer sensual.

Ya para que lo sepas, sé que hay vírgenes que disfrutan besar, acariciar y frotar a su pareja con toda la ropa puesta. Así que la tímida virgen de épocas pasadas puede ser un poco más aventurada en lo sensual. Me encantaba acercarme hasta donde me atrevía a lo "obsceno" cuando era virgen sin llegar al sexo con penetración. Así que decide por ti misma si tendrás relaciones sexuales en primer lugar durante los primeros *90 días*. Es una decisión totalmente personal.

Si decides no hacerlo, asegúrate de platicar el aspecto sexual con él; así aumentas la anticipación para los meses a futuro. Puedes platicar de tus deseos y de los de él. Puedes usar estos primeros *90 días* para permitirle a él (y a ti misma) realizarse pruebas contra las enfermedades sexuales, entre éstas el VIH, el herpes, la gonorrea y las verrugas genitales. (También debes exigirle a una amante femenina que se haga pruebas.) Esto no significa que no usarás a futuro un preservativo (o presa dental). Sólo significa que él es seguro y tú también. Recuerda que los preservativos no están seguros al 100%. Pueden romperse. Además, algunas enfermedades sexuales son muy contagiosas, tales como las verrugas genitales, y el virus del herpes se pasa del cuerpo aun cuando no hay heridas visibles.

He tenido potenciales novios que se han rehusado a hacerse pruebas y por eso de inmediato los dejé a un lado. Es una manera de prueba para ver qué tan comprometido él está contigo en realidad. También filtra los *sapos*. He aconsejado a muchas mujeres que contrajeron el VIH y otras enfermedades sexuales de alguien en quien confiaban y a quien amaban. Si él no puede respetar tu petición y si no le importa lo suficiente como para mitigar tus miedos, ¡déjalo!

El sexo es una decisión personal y solamente tú puedes decidir hasta dónde quieres llegar al principio—y en cualquier momento. Sea cual sea tu decisión, durante el periodo de los *90 días* deben discutir tus necesidades sexuales. A pesar de la antigua creencia que aconseja no platicar de tus tendencias sexuales con tu pareja, el no hacerlo es engañar y mentir. Si temes que tu pareja no te acepte porque no eres virgen, o porque disfrutas del *sadomasoquismo-ligero* y del sexo BDSM (la dominancia y la sumisión) o porque eres lujuriosa, pregúntate ¿cuánto tiempo quieres vivir una mentira? ¿Esperas que dentro de seis meses, un año, dos años, él te ame lo suficiente que tus deseos sexuales no importarán y él te aceptará más? ¿Qué sucede si él no te acepta entonces? ¿Buscas fuera de la relación para satisfacer esas necesidades? ¿Lo hace él?

Sí, nuestra sexualidad y deseos cambian al pasar de los años y crecen; sin embargo, si a él le gusta el la dominancia y sumisión, como se dice en inglés, ser *kinky*, y a ti no o viceversa, ¿estará bien para alguno de los dos buscar fuera de la relación para satisfacer sus necesidades? ¿Es mejor tenerlo como amigo con beneficios y seguir buscando al que te hará sentir completa? A final de cuentas, es una decisión que solamente tú puedes tomar.

He visto a cientos de parejas en mi consultorio privado y seminarios donde la infidelidad era el problema porque un o el otro no sentía que sus necesidades sexuales se satisficieran. Sí, por lo general es el hombre quien busca fuera de la relación debido a su miedo a ser rechazado, pero también lo han hecho muchas mujeres a las que he aconsejado.

Mira mi amor, si él no te acepta durante los primeros seis meses de la relación (dos periodos de *90 días*), puede que no sea la persona idónea para ti. Tal vez sea mejor despedirte en vez de tratar de negociar, lo que podría crear resentimiento y dolor para los dos. Él también debe ser honesto contigo y compartir sus deseos sexuales.

Ya sabes lo que quiero decir.

¡Trátalo!

Explora.

Sexplora.

Descubre lo que es no tener inhibiciones. Tú puedes ser *la dama en público y la puta en la cama*. A la mayoría de los hombres les encanta eso. Y cuando él se pone un poco tenso sobre qué tan dispuesta estás a probar tantas cosas tan deliciosamente aventuradas, recuérdalo que lo haces solamente porque él te importa. Quieres que la relación funcione y que sea lo mejor posible en todas las áreas. Satisfaces sus fantasías más alocadas y él satisface las tuyas. Aunque no es una garantía para que se queden juntos para siempre, es la garantía de una relación sana con él y más importante *contigo misma.*

La decisión siempre es tuya. Haz que funcione para ti. Nunca lo sabes, puede que te guste ser alocada y libre. Y por supuestos si lo pruebas y no te gusta, hay otras cosas que hacer y probar aunque sólo se trate de dejarte abrazar por él y sonreír con afecto.

Capítulo Cuatro

¡Bésame!

¡El beso lo dice todo!

El beso lo dice todo, desde una promesa hasta una disculpa; desde la atracción hasta el afecto y el amor. Cada beso conlleva su propio premio—y su propia verdad. Un beso puede ser el principio de un amor profundo o el fin de una relación. Para los latinos, hasta representa una tradición y una aceptación de nuestra cultura; piensa en todas las ocasiones en las que hayas tenido que dar un beso de saludo al llegar a casa de alguien o darles un beso a todos al dejar una fiesta. Con tantos significados tras este acto tan sencillo, con razón nuestro primer beso es tan memorable.

Un beso pone el tono en la relación. Si el beso es malo, pero realmente disfrutas la persona y quieres darle una oportunidad, habla con él. Recuerda que la comunicación es la clave para una relación. Ya no eres una niña que tiene que esconder sus necesidades. Compártelas con él. Muéstralo cómo quieres que te bese. Toma la responsabilidad por tu sexualidad. Sé la latina poderosa y confiada que naciste para ser—la *Científica Sensual*. (Una *Científica Sensual* es una mujer que está dispuesta a explorar su sensualidad y sexualidad divinas.)

La única regla para un beso es hacerlo como tú quieras. Comparte tus deseos y tu sensualidad con cada beso. Permítete la libertad de ser libre y experimenta. Hazlo sensual para ti misma y ambos disfrutarán de los beneficios. Practica con tu brazo o mejor aún con él, y déjalo saber qué forma de besos más te gusta y cuándo. Comunica tus deseos. No te avergüences. Deja un día a la semana, o al mes, y desígnalo "El día para besar".

Aprender a besar

53

Aunque besas desde hace muchos años, ¿cómo puedes estar segura de que lo haces bien? ¿Cómo te calificas a ti misma? ¿Eres experta? ¿Sensible? ¿Apasionada? ¿Busca escaparse él o te agarra con un fuerte abrazo y desea más?

¿Cómo te conviertes en una experta en dar besos que hará que él regrese por más? ¿Tendrás que abrir tu propio puesto para besos y besar a docenas de hombres para aprender unos trucos sencillos? ¿Necesitas una pareja especial para besar para no sentirte tonta con la persona que te interesa? La respuesta a todas estas dudas es no.

Para aprender lo básico, sólo hace falta tu brazo—así es, tu brazo. Recuerdo que cuando era niña me besaba el brazo y fingía que éste era un muchacho que me gustaba. Intentaba descubrir todas las posibles formas de besarlo. Cuando por fin besé a un muchacho por primera vez, lo hice bajo el agua. Bueno…no es el mejor comienzo pero sin duda es un beso que nunca olvidaré. He aprendido mucho desde entonces; ahora hasta doy besos fuera del agua…para oírlo gemir.

Hay muchos tipos y niveles de besos. A continuación hay algunas técnicas que te transportarán al reino de Afrodita. Aprenderás diferentes estilos y técnicas para besar y mordisquear que además de tentar, también realzarán tu apetito sexual y despertarán el suyo. Estas técnicas además de anexarse a tu experiencia sensual y sexual, también lo sacarán del sillón y el televisor y de regreso a tus brazos—o donde quieras tenerlo a él y a sus labios.

Cada tipo de beso puede mezclarse con el siguiente al aumentar tu placer, y el placer de tu pareja. Practica estas técnicas con una pareja dispuesta, en tu brazo o frente al espejo. ¡El objetivo es practicar! Aun cuando no tuvieras actualmente una pareja, puedes practicar muchas de estas técnicas sola.

Un punto que debes tomar en cuenta: Sólo porque él es hombre no significa que haya aprendido a besar. A veces tenemos que enseñarles a nuestros hombres todo, y esto incluye los besos, si queremos que lo hagan excelente o que nos besen justamente como nosotras quisiéramos para que lo sentamos hasta en los dedos de los pies. Recuerda que la comunicación es esencial. Al principio es vergonzoso y no quieres lastimar su ego, pero si la relación es importante para ti—y para él—empiézala bien. No quieres verte sesenta días más tarde frustrada y gritándole, "Ah, sí, pues tú besas mal".

El tentador

Roza tus labios suavemente contra los suyos. Lenta y suavemente pasa tu lengua contra sus labios para seguirles la forma. El lamer no significa un largo chapoteo con tu lengua sino una lenta y suave caricia. Querrás que tu toque sea tan suave como el de una pluma. Es casi como una tímida satisfacción de la cual rápidamente te escaparás. Cuando él separa sus labios, nuevamente roza tu lengua delicadamente por la apertura de su boca. Sigue con tu lengua la parte inferior de sus dientes, lo que crea una increíble sensación y hasta puede hacerlo reírse ya que provoca en él una sensación de cosquilleo. Pasa tu lengua por encima de la suya antes de retirarla y regresar a sus labios. Aún no es momento de probar más profundo. Toma tu tiempo para permitir que tu lengua vuelva a saludar la suya. Por un segundo, moldea su labio inferior sensualmente antes de dejar de besarlo.

Sonríele. Suelta una risita se quieres. Este beso se trata de divertirse. Puedes atormentarlo hasta que ninguno de los dos aguante más.

El beso francés

El beso francés no es solamente meter tu lengua a la boca de tu novio e intercambiar con él la saliva, como algunos creen. Se requiere de un poco más de delicadeza. Tienes que incorporar la respiración y la pasada de la saliva para que no se baboseen. Cuando sientes la necesidad de pasar saliva o de respirar, échate un poco hacia atrás y mordisquea delicadamente sus labios, y luego vuelve a besarlo con pasión. Podrías descubrir que se te olvida respirar y terminas jadeando. Está bien. Sólo hazle saber que te quita la respiración, literalmente, y sigue como desees.

Desliza tu lengua sobre la suya, pidiendo que la suya se te meta a la boca o permitiendo que la tuya se quede en la boca de él. ¡El truco está en no tener prisa! Permite que tu cuerpo haga presión contra la suya, y mantén tu cuerpo ligero al principio—nada más que un roce. Cuando el beso aumenta en pasión, presiona contra él con un poco más de fuerza. Pasa tus manos por su cabello. Acaríciale la nuca. Abrázalo por la cadera y permite que tus brazos se paseen por su espalda, subiendo hasta que te aferras a él y el beso te baña los sentidos—o bajando para jalarle la cadera contra la tuya.

Recuerda que besar involucra todo el ser. Fíjate en lo que sucede con tu cuerpo. Toma nota de tu respuesta, y de la de él. Permite que alimente tu pasión y la suya. Murmura contra sus labios cuánto lo amas y lo deseas. Susurra por él.

Al seguir besando con pasión, jala su lengua adentro de tu boca. Chúpala. Mueve tus labios en los suyos para jalarlo más profundo adentro de tu boca. Cierra tus dientes suavemente en su lengua, atrapándolo, permitiéndole sentir cómo lo agarras y luego raspa suavemente su lengua con tus dientes mientras que él se escapa de tu agarre o tú lo sueltas para volver a chuparle la lengua con fuerza. Continúa explorando tus deseos al besar y experimenta con él para llevar el beso hasta donde tú quieras. Estoy segura que no le molestará. De hecho, será el primero en darte ánimos.

El adueñamiento

El beso de *adueñamiento* es precisamente lo que el nombre implica. Es donde tú tomas lo que te pertenece y le dejas tu marca. Como adolescentes muchas veces dejábamos marcas a propósito en nuestros novios para hacerlo muy claro que *él nos pertenecía*, para hacer una reclamación. Mientras crece tu deseo por él, muéstrale tu necesidad agresiva. Mantén su cabeza firmemente en su lugar para que puedas reclamar sus labios jalándolos hacia ti mientras que los mordisquees y chupas con exigencia. Al besarlo con pasión, cierra tus dientes en su lengua suavecito. No es para morder sino para agarrarlo y permitir que él entienda lo que quieres decir y para después pasar tus dientes sobre su lengua y jalarlo hacia tu boca una vez más como lo hiciste con el beso francés. Agarra su cabello con más fuerza—más pasión—mientras que se encienda tu pasión y la suya. Podrías descubrir que él te jala hacia su cuerpo y que te hace lo mismo.

Jálale el cabello hasta que incline la cabeza hacia atrás. Déjalo sentir tu respiración, la textura de tu lengua que frota su piel expuesta, lo que le da una sensación de vulnerabilidad y aumenta su deseo mientras que tú paseas tu lengua por su garganta, su pulso. Agrega el erotismo sensual de mordisquear y morder; déjate llevar por tu fetiche por los vampiros y muerde un poco más fuerte o chupa por su pulso y jálale la piel. Pasa tus dientes por su piel y mordisquea, muerde. Deja tu marca en él, un chupete. Baja tu boca; ponla en su pecho, sus pezones, donde quieras. Mordisquea. Muerde. Chupa. ¡Su cuerpo es tuyo! Toma lo que te pertenece. Márcalo. Aduéñate. Deja atrás tus marcas de pasión.

La esencia del beso *adueñamiento* no es tanto dejarle un chupete, sino hacerle saber que podrías hacerlo si quisieras. Si no quieres dejar un chupete visible por su cuello, lo que no es tan atractivo cuando somos mayores de edad, debes practicar jalar su piel entre tus dientes y morder y chupar sólo lo suficiente para que él lo sienta pero sin marcar su piel. Requiere de práctica para perfeccionar esta técnica, pero vale mucho la pena. Sobre todo lo vale cuando él sigue sintiendo tu marca en su cuello unos días después, y la toca constantemente, la frota, y está seguro que dejaste una marca, pero cuando se ve en el espejo ve que no es así. Su memoria recuerda exactamente cómo llegó a sentirse así, y gemirá al recordar el placer.

Un beso de *adueñamiento* se trata de reclamar lo que es tuyo. Es uno de los besos más apasionados y eróticos que puedes dar y que le demuestra tu necesidad y tu deseo y lo alienta a hacer lo mismo. Por supuesto, al igual que con todos los besos, lleva éste a donde desee tu humor.

Si deseas aprender otras formas de besar, puedes conseguir un libro al respecto. Aunque no lo creas existen unos cuantos libros en el mercado sobre los besos, y hasta los abrazos. Creo firmemente en aprender todo lo que pueda sobre algo que realmente me encanta, nuevas y viejas técnicas. Por lo tanto, cuando tengo tiempo encuentro libros nuevos y antiguos, escritos antes de 1900 (con amor les llamo viejitos) sobre la sexualidad y las relaciones. Es asombroso lo que puedes aprender de diferentes culturas y épocas. Usa lo que te funciona y desecha lo demás.

Naciste siendo un ser humano sexual. Aprendes la sensualidad al crecer, ¡y usarla bien requiere de práctica! Hazlo una prioridad aprender y probar algo nuevo cada mes—cada semana. Te asombrarás de los resultados, no sólo para ti sino para tu pareja también. Más importante son las sensaciones de poder que logras al mejorar tu auto-estima. Y tú lo vales.

¿Qué tipo de amante es él?
¡Ahora hablemos de él y de sus besos!

Puedes darte cuenta qué tipo de amante un hombre será por sus besos. Si te agarra e intenta tragar tu cara mientras que su lengua se mete y se sale de tu boca sin darte la oportunidad de ponerte a su nivel, será un amante avaricioso y te dejará deseando más e insatisfecha. Si sus besos no son más que besitos con la boca cerrada y sientes que tienes que abrirle los labios a la fuerza para probarlo y sentir su deliciosa lengua contra la tuya, será reservado y no te dará el tipo de afecto que necesitas de una pareja y tendrás que comunicarle muchas cosas para que él te satisfaga. Por otro lado, si sus besos al principio te tientan y te atraen, si te seducen hacia un beso más profundo y fuerte, si te dejan jadeando aire veinte minutos después, este amante satisfará muchos de tus fantasías sexuales y compartirá algunas de las suyas.

¿Cómo puedes darte cuenta si él será un amante apasionado, avaricioso, muy caliente, reservado o peor—egoísta? Más importante, ¿qué puedes hacer al respecto?

Antes de empezar, quiero notar dos cosas:

Primero, ¡tú finalmente juzgas lo que es mejor para ti! Muchas veces permites que otros afecten tu decisión—todas lo hacemos—porque tenemos equivocarnos. Sin embargo, solamente tú tienes que vivir con la decisión que tomas. Tú eres la que está en la relación. Por eso sólo tú puedes decidir si lo quieres lo suficiente como para trabajar lo que se requiere en la prueba de los *90 días*, o irte sin invertir más tiempo y energía emocional.

Segundo, recuerda este dicho y que se convierta en una verdad trascendental para ti: *"Es mejor haber amado y haber perdido que vivir con el loco el resto de tu vida"*.

Si te das cuenta de que él no es el hombre para ti, o si te has cambiado de opinión, termínalo. Es prerrogativa de la mujer cambiarse de opinión. En vez de aceptarlo como un negativo, abrázalo como la herramienta poderosa que es. Has analizado la situación; tomaste una decisión basada en información o hasta seguiste tus instintos y te cambiaste de idea. Punto.

Ahora hablemos de los cinco diferentes tipos de besos y de cómo revelan el tipo de amante que es un hombre. A estos besos y al hombre que los da, les doy estos nombres: el *Sapo*, el amante avaricioso, el amante egoísta, el amante reservado y el amante apasionado. A los primeros tres hay que regresarlos *al charco de Sapos*. Los últimos dos valen mucho.

El Sapo

El beso del *Sapo* muchas veces es chapucero y mientras él mete la lengua en tu garganta a la fuerza tú te preguntas si debes jalarle hacia atrás por el cabello para ponerle fin al beso y darle gracias a Dios que ya haya acabado. A veces hasta puede babosear durante el beso. Una vez un tipo me besó así. Debo admitir que tuve que controlarme para no mostrar mi repulsión. Pero no pude evitar limpiarme la boca con la palma de mi mano. Qué asco.

Otra pista para saber si es un *Sapo* es si tienes que trabajar doble para quedarte al tiempo de sus manos errantes y constantemente debes redirigirlo. Oye, me encanta acariciar a mi pareja y que él me acaricie, pero odio que me toquen en la primera cita sin permiso. O lo que es peor, que él intente hacerme sentir culpable para que acepte sus avances.

Si te gusta este papito chulo, toma su cara entre tus manos para que él sepa que no lo rechazas y luego explícale que te gustaría ir un poco más lento. Comunícale con tacto que su beso es un poquito sucio y que te gustaría volverlo a intentar. Tal vez interrumpir el beso un poco más seguido para respirar y pasar saliva también ayude.

El amante avaricioso

Estos hombres están muy ocupados disfrutando ellos mismo para darse cuenta de lo que tú quieres o notar que tú quieres terminar con el beso hasta que empujas contra su pecho y gritas bastante. Son muy parecidos al *Sapo,* pero cuando el *Sapo* está dispuesto a aprender, este patán—idiota—te dirá cuántas otras quisieran estar en tu lugar. Podría intentar retarte a que sigas o hasta forzarte a aceptar sus avances. Al *amante avaricioso* no le importa lo que tú desees. Regrésalo al *charco de Sapos* y sigue en tu búsqueda del Príncipe Azul. Recuerda, el Príncipe Azul no puede encontrarte si hay un *Sapo* en tu cama, así que deja al *Sapo* rápido. No desperdicies meses ni años de tu valiosa vida al tratar de llevar a la fuerza una relación que no funcionaba en primer lugar.

Si ya estás involucrada en una relación a largo plazo con uno de estos hombres, te recomiendo que veas a un terapeuta—consejero—que les ayude a los dos a trabajar sus problemas. Finalmente tienes que decidir si deseas vivir tu vida con un *amante avaricioso* durante los próximos tres meses, cinco años o hasta treinta años. ¿Realmente es el tipo de hombre con el que quieres envejecer?

El amante egoísta

Este tipo de hombre te dará un besito en la mejilla cuando quieres un beso apasionado y te dejará frustrada y deseando más. Aunque la anticipación hace latir el corazón y te hace desear que te toque, muchas veces descubrirás que el *amante egoísta* da la vuelta cuando lo besas en vez de girar hacia ti. Es un golpe a tu auto-estima. Quedarte con él en una relación durante un tiempo prolongado te llevará a dudar de ti misma y preguntarte cómo alguien podría amarte. Lentamente aceptarás la culpa por las insuficiencias en la relación cuando esto es lo más lejos de la verdad. Hasta podrías discutir con tus amigas que intentan hacerte creer que no es cierto, esto es si te atreves a compartir lo que percibes como fallas con tus amigas en primer lugar.

¡Sal corriendo de esta relación!

Estos hombres tienen sus propios problemas, con el auto-estima y con la intimidad. Aunque estés en una relación para amarse y apoyarse, no estás para ser su terapeuta.

Puedes descubrir que con el paso del tiempo estás frustrada porque el no quiere o no puede mostrar un verdadero afecto, o nada de afecto. Él hasta podría rehusar a tomar tu mano en público al caminar en la calle. O tal vez descubras que luego de hacer el amor él se levanta y quiere estar solo o se da la vuelta y se duerme.

Si ya estás en una relación con un *amante egoísta*, toma nota si su conducta se limita a la recámara—la relación sexual—o si forma parte de toda la relación. Si solamente es egoísta en la recámara, no todo está perdido y puedes buscar una terapia para él y para ti para ayudar a mejorar la relación. La calidad de vida que llevas depende de ti. Tienes que tomar la responsabilidad de ésta y no solamente culparlo a él. Arréglalo o vete, ¡es así de simple!

El amante reservado

Este hombre es muy apropiado en público. Te besa con pasión pero termina el beso antes de que tú quieras. Si es un beso francés, lo más probable es que él no comparta contigo su lengua mucho tiempo o que nada más te deje sentir la punta. Puedes descubrir que le agarras las manos y las pones donde tú quieres y donde las necesitas porque él no entiende sutilezas. O estarán dándose caricias sexuales y él de repente se convierte en un caballero. En la cama, él usará las básicas posiciones del misionario y de repente te abraza desde atrás. Será retacado para probar cosas nuevas y lo más probable es que no quiera participar en actos donde se crean roles. No te desesperes— ¡en realidad este hombre es un maravilloso partido!

Lo más probable es que este hombre se haya considerado un *nerd* toda la vida, que no tiene un lugar preciso con los demás, aunque como hombre es hermoso en tus ojos. Todos cargamos equipaje y inseguridades de la niñez. Tal vez él es muy tímido. Esto es dulce en un hombre. Imagina lo divertido que será enseñarle lo traviesa que puedes ser y lo sexy y experimental que quieres ser con él—una deliciosa cantidad de posibilidades.

No permitas que su naturaleza reservada te apague el interés. He descubierto en mi consultorio como terapeuta, y también en mi vida personal, que debajo de ese exterior reservado estos hombres son los amantes más sensuales y amorosos que encontrarás jamás. Él sólo necesita un poco de aliento.

Lean libros eróticos juntos. Vean videos pornográficos. Compartan sus fantasías. Asegura de ser verbal al hacer el amor. Hazlo saber qué te excita. Hazlo saber que eres una mujer con poder y confianza en ti misma y que lo deseas, que lo necesitas dentro de ti, amándote. Una vez que él haya dejado atrás algunos de sus reservas, aunque sea solamente en privado, se sentirá con más confianza para experimentar contigo y así él mismo se convertirá en un *Científica Sensual*.

¡El sexo se trata de darse ánimos!

Compartir sin juzgar.

Conocer las rarezas del otro.

Si es necesario, hablen con un terapeuta especializado en sexología por unas cuantas citas o sesiones. Esto no muestra nada malo en ninguno de los dos. En realidad hace más sólida la relación y le demuestra tu compromiso a tu pareja. Comunícate—ayúdalo a convertirse en el amante apasionado que siempre has soñado.

Uno de los peores efectos del machismo en nuestros hombres es que requiere que ellos tengan todas las respuestas.

Como latinas, nuestra cultura nos ha inculcado buscar las respuestas con nuestros hombres, pero nuestra sociedad no alienta ni ve con buenos ojos la búsqueda de un hombre de conocimiento sexual, ya que espera que él "ya" sepa todo al respecto. No les permite a los hombres sentirse cómodos al comunicar sus dudas—ni rechazar el sexo. Nuestros hombres se vuelven reservados, con miedo a mostrar su ignorancia y aprehensivos para mostrar su deseo y disposición a aprender—a explorar. Es hora de romper el silencio y hacerlo aceptable tanto para los hombres como para las mujeres aprender del sexo y permitirnos disfrutar de nuestras vidas.

Si ahora no, ¿cuándo?

El amante apasionado

Este tipo de hombre tomará tu cara entres sus manos, pasará su lengua sobre tus labios, los mordisqueará hasta que le ronronees y le abres la boca, te aferras a él y juntas tu cuerpo con el suyo mientras que él te besa con tanta pasión que la sientes hasta en los dedos de los pies.

¡Este hombre es para ti!

¡Aprécialo!

Es el súper macho… el Príncipe Azul que has esperado. El hombre que no teme dejar atrás los mandatos del papel tradicional del macho y compartir sus preocupaciones e inseguridades. Este hombre es el *amante reservado* antes de encontrar su confianza completa.

Puede que sonrojes, avergonzada por el deseo que él despierta en ti. Tal vez sea el mismo deseo que tú despiertas en él. Como sea, ambos ganan. Con este tipo de hombre, sentirás más confianza para explorar en lo sexual. Pero no pienses ni por un momento que, como es un *amante apasionado*, no habrá momentos repentinos en los que no será cómodo explorar algunas de las aventuras más extrañas y eróticas que ambos podrían desear. Para lograr que él y la relación sigan creciendo hacia nuevas alturas de felicidad, la comunicación es esencial. No permitas que los viejos tabúes gobiernen tu sexualidad ni tu deseo de explorar. Ustedes son adultos; ¡no hay nada prohibido!

Con este hombre, las cosas sólo pueden mejorar. Sin embargo, no puedes solamente ponerte cómoda, relajarte y disfrutar de los premios durante los meses y años que vienen. Es muy fácil tomarlo como dado y dejar las cosas para mañana cuando podrían arreglarse hoy. Recuerda que una relación es una decisión que tomas todos los días. Tienes que trabajarla, apoyarla, ayudarla a crecer. El orgullo te deja en la soledad; no permitas que gobierne en tus relaciones ni que te restrinja mostrarle que él te importa.

Nunca olvides que el Príncipe Azul se irá si él determina que tú acabas siendo un *Sapo* en vez de la reina que él buscaba. Y sí, las mujeres también forman parte de las categorías de besos mencionadas arriba de *Sapo, amante avariciosa, amante egoísta, amante reservada y amante apasionada.* ¿Cuál serás tú?

Capítulo Cinco

Comunicando tus deseos
Si me amara, ¡él haría esto…!

Es asombroso cómo todos hablamos el mismo idioma pero no podemos comunicarnos. Cada palabra parece tener su propio significado, su propio contenido emocional para cada uno de nosotros. Hasta las palabras *compromiso, amor, sexo* y *lealtad* significan algo ligeramente distinto para cada uno.

Muchas veces suponemos que nuestra pareja o la persona que nos interesa piensa igual que nosotras. Esperamos que él entienda totalmente lo que queremos aunque no lo hayamos platicado con él. En algunos casos, ni sabemos qué es lo que queremos. Esperamos que él nos lea la mente y luego nos desilusionamos o nos enojamos cuando él se equivoca. Es como pedirle que guise el arroz y enojarnos al descubrir que usó una marca popular de arroz instantáneo en vez de guisar el arroz a la manera tradicional. Mujer, si no fuiste específica, ¿cómo lo iba a saber él? No es psíquico.

Pasamos por la vida creyendo el viejo dicho, "si me amara, él haría esto…" cuando eso no funcionaba ni en la escuela secundaria. Como una mujer adulta tienes que cambiar ese dicho y hacerlo más realista. Tal vez un dicho mejor sería, "Si me amara, Y YO SE LO DIJERA, él haría esto…" Es más lógico, ¿no crees? Y por supuesto, lo que pides siempre es razonable, ¿verdad? El entender bien este único concepto asegurará que evites innecesarios malos entendidos. También te permite realzar la relación y hacerla una de felicidad constante en vez de agitación constante.

En nuestra cultura se espera que el hombre lo sepa todo. Se supone que él debe ser el mejor amigo, el mejor amante, el que mejor provee para su familia, y nosotras la mujercita sumisa. Los hombres no tienen que vivir con tal carga. Es injusto y poco realista.

La latina de hoy tiene que tomar el control de su vida, de su sexualidad y de su hombre. ¡Y la comunicación es clave!

Es esencial platicar con tu pareja las cosas específicas en tu relación, hasta lo que significan ciertas palabras. Muchas veces los hombres y las mujeres se sienten engañados o que se les haya mentido cuando en realidad fue un significado distinto que cada quien le dio a una palabra lo que llevó al malentendido.

Por ejemplo, la palabra "amor" podría decirse con un sentido físico, espiritual o platónico. Sólo porque amas a alguien no significa que quieras pasar el resto de tu vida con él ni que él sea la persona adecuada para ti.

¿Qué significa el compromiso? ¿Cómo se manifiesta en una relación? ¿Qué límites lo rodean? ¿Ambos conocen los límites? ¿Han hecho un contrato real verbal o escrito donde mencionan las cosas específicas de la relación, o lo tomas como dado que tu pareja sabe exactamente lo que quieres decir? ¿Qué significa la palabra "lealtad"? ¿Qué exactamente significa la lealtad para ti? ¿Significa que nunca puedes volver a ver a otro hombre ni tener interacciones sexuales con otros hombres, pero que las interacciones sexuales con las mujeres son aceptables?

¿Qué significa la palabra "sexo"? Si le dices a tu pareja que quieres hacer el amor esta noche, ¿él (o ella) entiende exactamente lo que quiere decir? ¿Significa veinte minutos o menos con las luces apagadas? ¿Esperas tener sexo oral, sexo anal o es solamente la penetración entre pene y vagina? ¿Vas a querer que él te abrace después—y si es así, ¿por cuánto tiempo? O tal vez prefieras bañarte luego de terminar y quieres que él se vaya inmediatamente después del sexo (si no viven juntos).

¿Qué sucede si él no te satisface sexualmente? ¿Es aceptado que uses un consolador o vibrador hasta que logres el orgasmo? ¿Se quedan en la cama para que él te abrace, o te levantas y vas al baño y terminas sola, lo que aumenta tu frustración?

Hay cientos de formas en que la falta de comunicación y los malos entendidos pueden surgir, éstas son sólo unas cuantas. Por lo tanto, es preciso hablar de manera cándida con tu pareja sobre todos estos asuntos y ser específica sobre los significados que les das a palabras comunes como "amor", "compromiso" y "lealtad". Hasta las palabras como "pareja", "esposo" y "esposa" tienen un significado diferente para cada quien. No dejes las cosas a la deriva. Si surgen malos entendidos arréglalos de inmediato. No permitas que se nutran ni arriesgues tu relación.

Hay varios asuntos que cada relación debe abordar para prosperar. Además de la comunicación y el amor, cada relación sexual debe abordar el deseo, la satisfacción y las enfermedades sexuales. El ochenta por ciento de todos los problemas en una relación nacen de una pobre vida sexual. Arregla tu vida sexual, o al menos lleguen a una negociación mutuamente aceptada, y tu relación prosperará. No lo hagas y podrás enterrarla junto a tu corazón roto.

Las enfermedades sexuales

Un aproximado del setenta por ciento de todos los casos nuevos de enfermedades sexuales reportadas ocurrió en relaciones monógamas. Esto no significa necesariamente que alguien engañó y fue infiel. Probablemente se debe al hecho de que un miembro de la pareja empezó la relación ya con algún tipo de enfermedad sexual (por ejemplo: VIH, herpes o verrugas genitales) y no lo sabía. O lo que es peor, esta persona lo sabía pero no se lo dijo a su pareja porque temía perder a la persona o que se le rechazara.

He aconsejado a cientos de mujeres—muchas de ellas latinas—que se han infectado de VIH u otra enfermedad sexual por alguien a quien amaban porque no usaron preservativos o porque a ella le daba pena, se abochornaba, o tenía miedo de insistir en que él se pusiera uno.

La comunidad latina vive una epidemia del VIH que los medios y nuestros líderes culturales y religiosos se rehúsan a reconocer del todo. Todavía más exasperante es el hecho de que **las latinas son las que más contraen el VIH y enfermedades sexuales en Estados Unidos y países latinos.** Esta epidemia silenciosa y mortal podría controlarse y eliminarse si nuestros líderes políticos y religiosos se involucraran y mostraran su verdadero apoyo hacia sus congregaciones al ofrecer una verdadera educación sobre la prevención y el conocimiento en vez de solamente propaganda de abstinencia que no funciona y que deja a nuestros seres queridos y a nuestros hijos vulnerables e ignorantes. ¿Recuerdas el viejo adagio que dice que "la maldad prospera cuando los hombres buenos no hacen nada?" Pues, lo mismo es cierto con las enfermedades sexuales—¡**las enfermedades sexuales prosperan cuando los hombres y las**

mujeres buenos no hacen nada!

Para mostrarte lo común que son las enfermedades sexuales entre los latinos—en 2003 en la Ciudad de Nueva York casi la cuarta parte de quienes se diagnosticaron con VIH eran latinos. En 2003, oficiales de Nueva Jersey afirmaron que uno de cada cuatro casos nuevos de VIH era latino. Las latinas compusieron más del 55% de las estadísticas entre la comunidad latina. En ambos casos, los latinos compusieron menos del 16% de la población. ¿Cuáles son las estadísticas en tu estado—en tu ciudad—en tu país? ¿Las conoces?

Es tiempo que las latinas aprendan a protegerse ellas mismas. Nunca esperes que alguien lo haga por ti. Acuérdate, si no estás hablando de su historia sexual puedes estar acostándote con "la muerte", como ves en el retrato a continuación.

Si estás en una relación comprometida, asegura de hacerte pruebas al principio y luego cada tres meses. Esto asegurará que no hubo nada llevado de una relación anterior, como la mayoría de las enfermedades sexuales tardan unas semanas en desarrollar anticuerpos que se verán en el flujo sanguíneo. Si tienes dudas respecto a la honestidad, fidelidad o compromiso de tu pareja, siempre usa preservativos. Nunca permitas que él te convenza de no usar preservativos porque él quiere "sentirte*" o lo que es* *peor, porque dice que no exigir que él use uno prueba que lo amas.*

Las manipulaciones, sobre todo donde tu amor se usa en tu contra, son una bandera de advertencia para mí. Tú mereces alguien que te ama y a quien le importa lo suficiente tu salud como para querer protegerte y asegurarte siempre, nunca a alguien que manipula o abusa de tu amor.

Una regla para las citas que recomiendo que adoptes y que exijo a los hombres con los que deseo tener una relación sexual (y que siempre cumplo), es que él se haga pruebas para enfermedades sexuales que incluyen el VIH, el herpes, las verrugas genitales y la gonorrea. Y si lo deseas tanto que no puedes esperar por los resultados del médico, ahora venden pruebas rápidas de VIH por unos US$25 a US$50 que puedes usar personalmente. Por desgracia, estas pruebas no se venden en farmacias de todas las ciudades ni todos los países.

Sí, me doy cuenta de que esto es un poco extremo, pero he aconsejado a tantos hombres y mujeres que se infectaron porque su pareja estaba enfermo y no lo sabían o su pareja les mintió.

Me he dado cuenta de que la mayoría de los hombres aceptan esta petición y se sienten aliviados de que yo tome estas precauciones. Los que discuten mis ideas o que afirman que el usar un preservativo es suficiente son tachados de inmediato de mi lista. Los preservativos se rompen, ¡no se les olvide! Nada es cien por ciento seguro, así que tienes que tener cuidado. Y sí, yo también me hago pruebas y le muestro a mi futuro amante la nota de mi médico. Esto le permite entender el compromiso que tengo al comenzar con esta relación y el respeto que le tengo. Pero más importante es el valor que tengo por mi vida y mi salud—tú debes hacer lo mismo.

Si sólo quieres jugar un poco al esperar los resultados, o si quieres complacer tus deseos sensuales, realiza tu propio estudio e inspección de su cuerpo. Finge que eres la guarda de la prisión y que buscas si trae contrabando. Oblígalo a desnudarse y abrir las piernas mientras que tú te inclinas ante él para revisar si no hay heridas, bultos o un pus amarillo que gotea de su pene. A muchas mujeres les sorprende encontrar heridas, verrugas y más al inspeccionar visualmente, especialmente cuando su amante no los mencionó. Por eso es tan importante dejar prendida la luz.

Si te avergüenza inclinarte y ver, ofrece ponerle el preservativo. Es el pretexto para ver e inspeccionar por ti misma.

Nunca confíes en un hombre cuando dice que es libre de enfermedades sexuales—tal vez él mismo no lo sepa. Hay muchas personas infectadas en este mundo que no lo saben, tanto hombres como mujeres—con las cuales tú podrías interactuar sexualmente. O con los que tus hijos podrían interactuar al volverse activos sexualmente; es otra razón para educar a tus hijos.

Los estudios han demostrado que los adolescentes que aprendieron sobre el sexo de forma positiva y quienes recibieron información sobre prácticas sexuales seguras—por ejemplo, anticonceptivos, y maneras de prevenir enfermedades sexuales—TIENEN MENOS PROBABILIDAD de tener actividad sexual que los adolescentes que recibieron una educación que enseñaba la abstinencia solamente o que no recibieron nada de educación sexual.

¡Nuestros hijos tienen que aprender sobre el sexo!

Aunque resultara vergonzoso para ti o para ellos, es mejor que aprendan *verdades* de ti. Así también puedes inculcarles tus morales. ¡Una sola vez no es suficiente! Debes tener esta plática con ellos al menos una vez al mes como mínimo.

Yo platico con mi hijo del sexo desde que él era pequeño—con términos apropiados para su edad, inculcándole mis morales y esperanzas para él. Ahora qué el es un joven adulto, sigo platicando el uso de los preservativos como anticonceptivo y para prevenir enfermedades. Aunque él me asegura que ya lo sabe, le recuerdo que lo repito porque lo amo y es mi responsabilidad educarlo en todos los aspectos de su vida.

El deseo sexual

Ya hablamos sobre el deseo sexual y comunicarle a tu pareja lo que hay en tu corazón y alma. Si no puedes decirle abiertamente, escríbele una carta, o encuentra pasajes en novelas que hayas leído y que expresen tus deseos. Compra un libro sobre el sexo y muéstrale las imágenes. Lee *La Latina Kama Sutra* con él. Compra videos que contengan posiciones sexuales que quisieras explorar. Podría sorprenderte aprender que él está dispuesto a explorar estas nuevas aventuras sexuales contigo—y que él tiene unas cuantas aventuras sexuales propias que quiere explorar.

Compra unos cuantos, o todos, los libros recomendados en *La Latina Kama Sutra* y léanlos juntos. Podrían verse copiando los movimientos en algunos de los libros. Haz una lista de al menos diez posiciones sexuales y escenas donde asumen roles que te gustaría experimentar con él. No hay límites en lo que puedes elegir. ¡No hay tabúes!

Para empezar, pon cada actividad en una hoja distinta de papel, dobla las hojas y luego ponlas todas en un frasco. Agítalo fuerte. Cada semana, elige una posición para platicar o realizar hasta que pasen por todo el grupo y luego vuelvan a empezar. Agreguen más la siguiente vez, repitan las favoritas, y echen o vuelvan a intentar las que no funcionaron.

Algunas de estas actividades podrían requerir de accesorios o de arreglos con anticipación. Cuando lleguen a una de éstas, usa ese día o noche para platicarla bien, planear la logística juntos y qué accesorios serían necesarios para hacer memorable la noche. Con la logística: ¿Los niños tendrán que quedarse con un pariente esa noche? ¿Qué día de la semana sería el mejor para realizar este acontecimiento cuando los dos tengan tiempo—hagan el tiempo—y que no estén exhaustos?

Exploren sus fantasías juntos. Habría momentos vergonzosos—sólo abrázalo más fuerte, ríanse en el momento, y sigan compartiendo. No debe haber juicios. No te molestes con él si se burla un poco de ti o si necesita un día o más para procesar y aceptar tu sugerencia. Si la rechaza, sé honesta respecto a como te sientes. Pregúntale por qué rechazó tu sugerencia. El podría ser más receptivo si se hicieran algunos cambios. Podría no ser exactamente lo que querías, pero él intenta llegar a un acuerdo contigo—como tú debes hacerlo con él.

La satisfacción sexual

Aunque el sexo no lo es todo en una relación, puede ayudarla o destruirla. En demasiadas ocasiones las mujeres usan el sexo como arma contra su pareja al negar su afecto porque están molestas. El sexo es una forma de dominio—a veces la única forma—que una mujer tiene. Sin embargo, negar el sexo es igual a tener un berrinche cuando te das cuenta de que los hombres relacionan el sexo con el amor, la aceptación y el afecto.

Si no te sientes poderosa en tu relación, determina qué te hará sentirte poderosa y qué te dará un sentido de control y trabaja para lograr esta meta. El sexo es un regalo que le das a tu pareja y que él comparte contigo. No lo niegues por la maldad o la venganza. Esto sólo dañará tu relación. Y si lo haces varias veces a lo mejor debes pensar si ésta es la mejor pareja para ti.

Otro problema en una relación es lo que yo denomino el *Síndrome Cronógrafo*. Es cuando te preocupas de que tardas demasiado en llegar al orgasmo y pasas los siguientes quince a veinte minutos echando miradas al reloj luchando para venirte y luego al final finges. Como la impotencia en los hombres, el *Síndrome Cronógrafo* asegura sin duda que no llegues al orgasmo. Deja de pensar que tu amante tiene prisa para acabar con el sexo y empieza a disfrutarlo. ¡Él no está aburrido! Él no mira el reloj ni cuenta los minutos hasta tu orgasmo. Está muy ocupado disfrutando de la sensación de tu cuerpo apretando el suyo, del sonido de tus gemidos. Deja que tu mente se enfoque en el placer de su toque, cómo se siente su boca. Voltea el reloj hacia la pared para evitar mirarlo y mantente enfocada en el placer que ambos crean juntos y disfruta de tu sexualidad al lograr ese espectacular orgasmo.

Si muchas veces él logra el orgasmo antes que tú, esto sucede comúnmente con muchas parejas a menos que hayan aprendido los secretos para controlar las eyaculaciones del hombre. Hablamos sobre este tema en el capítulo "Secretos de los hombres". No todo está perdido. Platica con él con anticipación si es aceptable que tú uses un vibrador o consolador hasta llegar al orgasmo. Pídele que te abrace mientras que tú juegues contigo misma frente a él. Puede que él quiera tocarte con el vibrador. Y por supuesto, si no tienen juguetes a la mano, pueden usar su boca o sus dedos para ayudarte a llegar al orgasmo.

Fingiendo los orgasmos
¡Nunca finjas un orgasmo!

Si finges un orgasmo les robas a ambos el placer que pueden derivar de su relación. Cuando finges un orgasmo le robas a él la posibilidad de convertirse en el amante que tú necesitas y el amante que él quiere ser para ti. Si tienen problemas porque él hace algo que no se siente bien, que despierta recuerdos dolorosos o que te deja sintiéndote fría y poco conmovida, díselo. ¡Trabajen juntos para realzar su unión sexual! Eres adulta, ya no eres una niña—toma la responsabilidad de tu vida sexual.

Si padeces de alguna disfunción sexual y quieres aprender cómo sobrellevarla y realzar tu potencial orgásmico, lee mi libro, *Para la Mujer Sensual*. Este libro proporciona muchos maravillosos ejemplos, ejercicios y preguntas de auto-exploración que te ayudarán a descubrir qué te inhibe disfrutar de tu sexualidad por completo y cómo puedes superar tus inhibiciones para reclamar tu sensualidad y sexualidad divinas.

Los videos

Es maravilloso agregar los videos a tu *Biblioteca Sensual*. Encuentra los que te exciten y permite que enciendan tus pasiones y creatividad. Compártelos con tu pareja para disfrutar horas de diversión. Algunos videos, como *La Latina Kama Sutra: Series Mejor Sexo*, producidos por el Instituto de Placer, te proporcionan ejemplos maravillosos de cómo mejorar tu placer sensual y sexual. (Esta serie estará pronto a la venta.)

Recuerda que lo que considerabas demasiado intenso e incómodo para realizar en el pasado podría resultar precisamente lo que te excita en los meses y años por venir, al aumentar tu conocimiento sensual y tu zona de comodidad. No es diferente a cuando eras joven y pensabas que besar chicos te daría bichos hasta que te convertiste en señorita y *la botella—juego de penitencia*—se convirtió en tu juego preferido; ahora como mujer, besar es el portal a un amplio rango de deliciosas posibilidades.

Los tríos

Los tríos son una experiencia poderosa para compartir con un ser amado. Que la tercera persona en su unión sea hombre o mujer depende de ti. Sin embargo, es imperativo que hagas a tu pareja conocer tus límites antes de participar en esta forma avanzada de placer sexual, para evitar los celos que podrían estar a la acecha y podrían desencadenar el tumulto en tu relación.

Nunca presiones a tu pareja ni permitas que alguien te presione para aceptar un *trío*. Siempre puedes poner la posibilidad en espera hasta que tu relación sea más fuerte. Recuerda que con el tiempo, tu sexualidad crecerá y puede que estés abierta a más posibilidades.

Nunca es buena idea participar en *tríos* si tu relación no es estable o si alguno de ustedes es celoso hasta ser obsesivo. El hacerlo podría destruir la relación. Es importante recordar que un *trío NO es ser infiel* porque ambos dieron su consentimiento y permiso; por lo tanto, nunca debe usarse como arma en una discusión.

Pongan los límites para *los tríos* antes de participar. Por ejemplo: ¿La tercera persona será un amigo estrecho o un extraño? ¿Será aceptable el sexo oral, anal o vaginal con esa persona? ¿A él se le permite besarla? ¿Se usará un preservativo? (La respuesta siempre debe ser que sí cuando hay acto sexual con una tercera persona.) ¿Cuál será tu papel? ¿Te usarán sexualmente dándote experiencias eróticas o será el enfoque en tu pareja o la otra persona? ¿A alguno de los dos se le permitirá interactuar con esta tercera persona en privado después del acto? ¿Como algo sexual o solamente como amistad?

Es preciso que platiques cualquier preocupación que tengas de manera abierta para evitar que los celos y miedos se metan en tu relación amorosa. Recuerda, sólo porque uno de ustedes desee participar en un *trío* no significa que se amen menos. Es solamente otra manera de expresar tu sexualidad—y a veces de darle sabor a tu vida sexual. Recuerda—si no te gusta, no lo vuelvas a hacer.

Poliamorío y el Intercambio de Parejas

En el *poliamorío* puedes participar en actividades sexuales con otros. La principal diferencia entre el *poliamorío* y la infidelidad es que estás totalmente consciente de que tu pareja es libre de participar en actividades sexuales con otros. Por lo general, las parejas se hacen miembros de un grupo donde sólo se permite tener relaciones sexuales con alguien del grupo. Los *grupos de poliamores* están cerrados para los que están fuera. Esto ayuda a asegurar la salud sexual y controla las enfermedades sexuales porque todos en el grupo están abiertos con esta información y están de acuerdo y realizar pruebas de manera constante. (Cada *grupo de poliamores* hace sus propias reglas.)

En ocasiones, podrías desear solamente observar a tu pareja y derivar placer al ser Voyeur. En otras, podrías disfrutar de los placeres de actuar para él y de dejarte llevar por tu exhibicionismo y sentir placer al saber que él te observa tener interacciones sexuales con otros. No hay nada correcto o malo. ¡No hay prejuicios! Solamente hay placer.

El *intercambio de parejas* es cuando realizas actividades sexuales con otras parejas juntas o en cuartos separados. Si todos están en el mismo cuarto e interactúan juntos, se le llama una orgía. Hay varias organizaciones que ofrecen *intercambios de parejas* y *poliamores*.

Como con *los tríos*, es preciso que platiques de estas actividades sexuales con tu pareja antes de participar en ellas y que establezcan límites con anticipación. Si ves que se desarrollan problemas, platíquenlos si es necesario y pongan nuevos límites o quiten los antiguos. No hay reglas fijas más que las que hacen juntos.

***

Las relaciones no se dan de la nada. Se hacen. Son nutridas. Se necesita mucho esfuerzo de parte de ambos para que una relación funcione. La antigua creencia que una relación donde cada quien da el cincuenta por ciento es la respuesta perfecta en realidad está mal, y podría llevarte por el camino del fracaso y el divorcio más rápido de lo que puedas decir, "Sí, acepto".

Sí tú no estás dispuesta a dar el 100% de ti a una relación, ¿por qué lo haría él? Decirle a alguien que negociarás hasta un término medio es como decir, "Te amo hasta aquí y no mucho más allá". ¿Cuánto crees que dure esa relación?

No siempre estamos en nuestro mejor momento y, a veces, no tenemos la energía, la motivación ni el deseo para darle nuestro todo a otro. ¿Cómo podemos esperar que los hombres hagan lo mismo todos los días? Recuerda, él no es psíquico—y tú tampoco. Por lo tanto, depende de cada uno dar el 100% en todo momento, conectar con tu pareja a través de ese vasto mar de aprehensión y dudas. Es estar con él al 100%, o hasta al 150%, cuando él no puede hacer lo mismo.

Por favor no me malinterpretes. De ninguna manera te digo que tienes que convertirte en mártir como nuestras abuelas o nuestras madres que se perdieron en el cuidado de sus esposos e hijos. No es la vida *María Paradox*—un libro en español escrito por Rosa María Gil y Carmen Inoa Vásquez—de la que hablo. Lo que recomiendo es una mezcla de dos vidas. Es comprender que a veces alguno de ustedes será más fuerte emocionalmente y más avanzado que el otro, y que en esas ocasiones depende del más fuerte acercarse más, y hacer algo extra.

¡Una relación es una decisión que tomas todos los días!

El amor no dura para siempre solo. Tienes que trabajar por él.

Alentarlo.

Ayudarlo a crecer.

Si te quedas solamente mirando, lo verás escaparse entre tus dedos. Mantén viva la pasión al explorar y alimentarlo constantemente y *sexplora* el sinfín de posibilidades.

Seducción

La seducción
¡Tienes que rozar para gozar!

¿Qué podría yo decir de la seducción que no se haya dicho aún en el sinnúmero de libros sobre las citas y en los manuales sexuales que ya se venden? ¿Qué secretos puedo compartirles sobre tentar y coquetear con un hombre—un posible amante—que garanticen tu éxito? ¿No se ha dicho ya todo?

Obvio que no, como todavía no meto mi cuchara.

La versión no adulterada de la seducción. La verdad sin pelos en la lengua, honesta y real que la mayoría de los libros sobre la seducción preferirían que no supieras porque la mera verdad es que el coqueteo—la seducción—no es más que una vil mentira envuelta en un paquete bonito.

De veras, la seducción es sólo una mentira de primera clase y de selección especial.

Permíteme explicarlo en términos más glamorosos, para las que no estén riéndose ni estén asombradas. La seducción es una actuación. Una muy buena seducción merece un *Premio de la Academia*.

Eres tú fingiendo ser lo que crees no poder lograr jamás. Eres tú fingiendo ser sofisticada, *cool*, desinteresada, poco impresionada y poco interesada en el guapísimo papito delante de ti mientras que todo el tiempo tiembles en tus tacones altos y esperas que él no se dé cuenta de que no eres más que una niña tímida y penosa por debajo de esa fachada tranquila. La adolescente que cree que su cadera es muy grande y sus senos muy pequeños, con el acné, que no tiene mucha confianza en sí misma. La que cree que no es digna de entrar en su universo, mucho menos intentar seducirlo.

El concepto erróneo que la mayoría de las latinas tiene es que solamente las mujeres hermosas y delgadas y con los dientes y el cuerpo perfectos pueden ser seductoras. Es parte de la misoginia y del mito patriarca perpetuados por nuestra sociedad. Está bien, me alejaré del tema en este libro pero saben lo que quiero decir. Solamente pensamos así porque los anunciantes nunca han mostrado a nosotras las hermosas mujeres gorditas, con curvas y deliciosas en la televisión seduciendo al héroe, y esto sin mencionar que las mujeres que sí se ven por lo general son blanquitas. Las latinas no somos muñecas de *Barbie*. Sin embargo, que esto no sea un prejuicio para ti porque las telenovelas solamente ponen a la bruja malvada como la seductora y, por supuesto, la común y ordinaria niña buena jamás soñaría con ser irreverente y sofisticada.

Recuerdo que observaba sorprendida mientras que una amiga mía tenía al hombre de mis sueños—el hombre de los sueños de casi todas las mujeres—como tontito por ella luego de solamente quince minutos. Hablamos de un hombre con el cuerpo de Óscar de la Hoya y un parecido con Mel Gibson.

Ni yo podía creerlo. Sobre todo porque ella era una latina bastante llena de unos 25 años y que usaba ropa en talla 24. (Seguramente verán mis propios prejuicios de cuando era más joven.) Aquí estaba yo en mi mejor momento, con veinte años de edad, de 130 libras, muy linda, pero él ni siquiera me dirigió la mirada una vez que ella empezó a coquetearle.

La más grande diferencia entre nosotras era que ella siempre se vestía de manera sensual a pesar de su figura robusta. Como la mayoría de la ropa para las mujeres llenas no es sensual, me sorprendía cómo ella siempre encontraba ropa que acentuaba sus mejores atributos. Tenía orgullo en su apariencia. Su maquillaje siempre estaba bien aplicado y arreglado durante el día. Su cabello estaba bien peinado. Yo vivía en mezclilla y una blusa bonita. Pero eso no lo fue todo. Ella tenía algo que yo no tenía en aquella época—confianza.

Su actitud de confianza y cómo se presentaba ante los demás, sobre todos los hombres, fue lo que les llamaba la atención. A diferencia de la mayoría de las mujeres que se preguntan si son dignas de cierto hombre o si podrán retenerlo una vez que lo hayan cautivado, ella simplemente permitió que ellos se le acercaran a ella y no se preocupaba por el futuro. Algunas veces cuando ellos le gustaban, ella se les acercaba y coqueteaba con ellos como si supiera que sólo era cuestión de tiempo para que se rindieran ante sus encantos y se arrodillaran frente a ella.

Coqueteaba con confianza, lo que hizo de su seducción mucho más cautivante. Algunas de sus seducciones merecían un

Premio de la Academia. Yo observaba. Aprendía, y luego, mejoraba lo que veía y construí mi propio estilo.

No siempre resulta que acabes con el hombre que deseas solamente porque tienes confianza, pero te pone en una mejor posición que las demás. Al menos no vivirás arrepentida por dejarlo ir sin intentar nada. Tal vez para la otra merecerás un *Premio de la Academia.* Si no es así, entonces puede ser la siguiente o subsecuente ocasión, o una ocasión en el futuro.

Fíjate que nunca he dicho *digna* de él. No hay duda que eres digna de él, sólo hay duda respecto a tus habilidades. Requiere de tiempo y de práctica para hacer cualquier cosa bien. Es igual con la seducción. Con un poco de confianza en ti misma, puedes hacer que la seducción funcione para ti y lograr la felicidad que hayas anhelado.

Reconozco lo difícil que es confiar en ti misma. He luchado con esto toda mi vida—hasta mientras escribía este libro. Nos enseñan a no confiar en nosotras mismas desde que somos bebés. Siempre nos decían que nos lastimaríamos si brincábamos o jugábamos rudo. Siempre alguien nos decía que no podíamos hacer tal o tal cosa porque era peligroso o peor—porque éramos niñas y las señoritas no intentaban tales cosas. Hasta nos hacían sentirnos avergonzadas por sentirnos orgullosas de nosotras mismas y nos veían mal si hablábamos de nuestros logros porque se consideraba que eso era creernos mucho o ser egocéntricas y éste era el papel del hombre.

Al crecer nos decían que nos cuidáramos contra el rechazo, la desilusión y el corazón roto. Nunca debíamos intentar algo que no era nuestro "destino" tener. Nunca buscar el oro porque en realidad no era para nosotras.

¿Y quién decidió que no era para nosotras?, me pregunto.

En esencia, nos enseñaron a dejar de vivir según nuestras capacidades antes de descubrir cuáles eran nuestras capacidades.

¡Es hora de arriesgarnos!

¡Hora de pararnos en el precipicio de la posibilidad del rechazo!

Hora de darnos cuenta de que si alguien que nos gustara o por quien sintiéramos amor nos rechazara, no sería una falla en nosotras sino en él. En él, porque él no pudo ver la belleza y la maravilla de lo que estaba frente a él—nosotras—¡tú!

Voy a enseñarte a coquetear y convertirte en *la Seductora* que sólo hayas soñado. Usaré el coqueteo y la seducción de manera intercambiable como la única verdadera diferencia entre ambos es que el coqueteo es el punto de partida y la seducción es el proceso. Sin embargo, antes de empezar quiero hacerles entender algo esencial sobre el coqueteo y la seducción que nunca se ha abordado antes.

¡Coquetear te hace bajar de peso!

Funciona así. Coqueteas. Te das cuenta de que funcionó. Te sientes bien de ti misma. Dejas a un lado esa dona, refresco, tostones o hasta el bizcochito que normalmente habrías comido para llenar el vacío en tu subconsciente. Por lo tanto, no consumes esas calorías y durante ese día, esas horas, ese momento, te sientes bien de ti misma. Tal vez hasta decidas salir a caminar y hablar con amigas y contarles lo que sucedió en vez de quedarte sentada en el sillón. No subes de peso ese día—ni unas cuantas onzas.

Imagínate si coquetearas el día siguiente y lo mismo sucediera y dejaras a un lado esas galletas y refresco. Otro día sin subir de peso y esa caminata por el vecindario o desde tu casa hasta la casa de tu mejor amiga te ayudó a quemar más calorías. ¿Ves cómo comienza? ¿Ves lo sencillo que es? Imagina una semana o un mes así. Empiezas a sentirte bien contigo misma, a sentirte sana. Empiezas a comer bien y como expandes energía y aguante, sin mencionar todas esas calorías no deseadas que quemas, adelgazas y bajas de peso. ¿Debo mencionar que entre más aguante tengas más tiempo disfrutas del sexo? Es asombroso cuán flexible eres cuando has bajado la panza o las llantitas, los chichos, o que desaparecen del todo.

¡Un coqueteo todos los días baja la grasa y las estrías!

Apunta este refrán en tu calendario junto a los nombres de todos esos guapos, esos papitos chulos con los que quieres coquetear antes de morir. Mi lista incluye a Arturo Peniche, Andy García y Aidan Quinn.

¿Estás preparada para descubrir cómo tú también puedes ganar tu *Óscar* para la Seducción? No es tan difícil pero sí requiere de esfuerzo tuyo para realizar los ejercicios y aceptar tus inhibiciones y miedos y hacerlo de todas formas. Con el tiempo, tú también te convertirás en experta y le darás tu propio toque a estos sencillos pasos. Recuerda, mientras creas en ti misma, los hombres a quienes quieres seducir creerán en ti. Es como cuando sonríes; la gente no puede evitar sonreír también. Sé que esto podría parecer extraño, pero también lo es todo lo que vale la pena lograr. ¿Qué puedes perder? Inténtalo.

Intenta unos cuantos ejercicios todos los días para que puedas aumentar tus habilidades y realzar tu capacidad de seducir. Como con cualquier otra cosa, tus resultados dependerán del esfuerzo que le pones. Al menos dale *90 días*. Comienza una relación contigo misma y evalúa tu progreso continuo. Te será útil escribir en un pequeño diario y anotar tus éxitos, tus dificultades y tus ideas sobre cómo mejorar.

Algo que debes considerar es que nunca puedes fracasar en el coqueteo—la seducción—sencillamente descubres cómo mejorarlo. Cada rechazo es una oportunidad para aprender, para incorporar los ingredientes que faltaban, para ajustarlo un poquito más hasta que encuentres la combinación adecuada para ti. Hasta cuando te rechacen, puede que veas una sonrisita, un sonrojo, tal vez hasta el resultado deseado aunque la persona tuvo que rechazar tus avances por razones personales, por ejemplo que es casado o involucrado con alguien más. Tú también te darás cuenta de que lo único más hermoso que un amanecer es el dulce sonrojo de un hombre.

¡Explora y disfruta!

Recuerda que la práctica hace al maestro.

Capítulo Seis

Entrenamiento en la seducción
¡Una mirada...un besito... dulce añoro...hay Dios mío!

Como el tango, el coqueteo se trata de la actitud. Coquetear
es como vender un auto usado. Es veinte por ciento presentación
más ochenta por ciento cuento envueltos en un moño bonito. Lo
que te falta de una cosa, debes aumentar de lo otro. Como con el
tango, se trata en su mayoría de la actitud. Ten confianza en ti
misma—proyéctala—aun cuando no la sintieras. ¿Recuerdas ese
viejo anuncio para un desodorante que decía, "Nunca permitas
que te vean sudar"? Nunca ha sido más cierto que cuando
coqueteas. Cualquiera puede hacerlo. Sólo necesitas un poco de
práctica, un sentido del humor y un rociado de confianza.

Acepta las inhibiciones que amenazan con abrumarte, acepta
el miedo que te provoca cosquillas en la barriga y sólo hazlo.
Saluda. Dale un cumplido por su fragancia. Ofrece comprarle
una bebida. Invítalo a tomar un café. Llámalo y tengan una
conversación erótica. Lo que se te ocurra, sólo dilo o hazlo. Es
feo vivir arrepentida. Te darás de golpes cada vez que te
acuerdes cuánto te acercaste a la posibilidad de una relación con
él sólo para dejarte ganar por el miedo al final. A los hombres les
encantan las mujeres con confianza. Les encanta que tomemos el
control—en la cama y fuera de ésta. No quiere decir que tengas
que dominar en la relación ni ser siempre la agresora,
simplemente significa que una mujer con confianza es más
cautivante.

Hay hombres que solamente quieren a una mujer tranquila
que les permite dominar y que no tenga mucha experiencia ni le
guste experimentar—¿quieres ese tipo de hombre?

Hay muchos hombres tímidos en el sexo que, aun cuando les
enseñaras cómo tocarte y cómo ser un poco diferentes en el sexo,
sencillamente no pueden hacerlo. Con estos hombres, tienes que

seguir abriéndoles la mente y guiándoles hacía lo que te gusta hasta que lo hagan bien. Puede resultar tedioso y un poco frustrante a veces tener que repetir por octava vez en dos minutos, "cariño, por favor, quiero que lo hagas más fuerte", o "ahí, ahí es donde, mi amor". Sin embargo, lo que ganas es espectacular cuando por fin lo hace. No te desesperes. Esto está a tu favor. Imagínate cómo podrías moldearlo para que sea como tú quieres. Con paciencia—mucha paciencia a veces—puedes enseñarle a ser el amante sensual que necesitas.

No te dejes engañar por el viejo adagio que dice que se supone que los hombres son excelentes amantes cuando se te acercan. Sólo se convierten en excelentes amantes porque una mujer les ha enseñado. En lo personal, me encantan los hombres tímidos y callados; es tan divertido *corromperlos*—quiero decir, enseñarles. Denme un *nerd* cualquier día; son los mejores amantes en realidad. Sin embargo, si te topas con un amante egoísta, podrías querer devolverlo *al charco de Sapos* y buscar un modelo mejor—como un *nerd*.

Otra cosa para considerar es que los hombres por lo general no piensan profundo en las relaciones. No es necesariamente malo. No se preocupan por las cosas insignificantes. Si no amenaza su vida, no es gran cosa para ellos. No les preocupa tener muchas opciones. Quieren que la vida sea sencilla. Logra captar su atención, dile lo que quieres, y sigue.

Te veo negando con la cabeza lo que digo. Permíteme darte un ejemplo: ¿Cuándo fue la última vez que tu novio, amante o esposo eligió un lugar para cenar? ¿No estabas frustrada porque te dejó la decisión a ti o se quedó en casa? Casi siempre los hombres prefieren que tú tomes las decisiones por ellos y las latinas no están acostumbradas a esto. Nos han criado en el machismo. Por lo general queremos que nuestro hombre tome el control. No te desesperes, lo hará—cuando es importante.

No te preocupes por cosas insignificantes. Haz que las decisiones funcionen para ti. Si quieres que él ayude a decidir, ofrécele dos opciones: cosas que quieres y que están a tu favor, y luego que él decida. Si aun así no puede, hazlo tú, y puedes saber que él lo hará cuando realmente cuenta. Y si no lo hace, es hora de que evalúes tu conexión con él y que decidas si estás en la relación que realmente quieres.

Sé que existen hombres machos que quieren tomar todas las decisiones. Con ellos, tienes que darles un "mi amor, por favor" de más, y algo de besuqueos. Hazle creer que la idea fue suya y muchas veces él cederá. Con estos hombres machos serías candidata para un Premio *Golden Globe* y para un *Óscar*.

¿Cómo coqueteas?

¿Quién coquetea primero?

¿Cómo captas su atención sin ponerte en ridículo?

En primer lugar entiende que el coqueteo se trata de la seducción—y la seducción requiere de práctica. Una actriz ganadora de un *Premio de la Academia* no sencillamente recibe su guión, recita su diálogo y gana su premio. Tiene que practicar. Representa papeles pequeños, papeles grandes y lo que sea para tener la oportunidad de un papel protagónico. Es lo que tú tienes que hacer. Empieza con lo pequeño y desarrolla tu confianza. Usa a una amiga, o mejor aún, a un amigo para practicar el coqueteo.

Si te da mucha vergüenza practicar con una amiga o amante entonces llama a alguien al azar del directorio telefónico. Siempre puedes bloquear tu número para que él no pueda rastrear tu llamada. Sé honesta durante tu llamada. Imagina su sorpresa cuando le dices que nunca habías hecho esto antes pero que sencillamente quieres coquetear con él durante unos cuantos minutos. Pide que te dé retroalimentación. Si en la llamada te fue bien, puedes volver a llamarlo. O tal vez quieras arreglar una hora en la que él estará en casa esa semana. ¿Recuerdas esa llamada erótica que soñaste con hacer algún día? Aquí es tu oportunidad. Sé que es un poco radical, pero permítete ser intrépida y atrevida.

Lo bueno es que es totalmente anónimo, lo que te permite un poco más de oportunidad y confianza para ser creativa en lo sensual. No te preocupes si lo único que haces al principio es titubear o tal vez hasta estés muy nerviosa hasta para hablar. Lo increíble es que lo intentas. La confianza llegará con la práctica. Si te preocupan las cuentas telefónicas (buen pretexto, por cierto) asegura de hacer una llamada local.

También puedes usar la Internet para practicar tu coqueteo y seducción. Lo que me encanta de la Internet es que también capta la imaginación de la persona, lo que es esencial para una muy buena seducción. Lo malo de la Internet es que es adictiva debido a su fácil acceso y muchos preferirían seguir en el ciberespacio que interactuar en vivo. Tristemente, a pesar de todo el tiempo que pasas en conocer a alguien y en interactuar con él de forma romántica (y a veces sexual) por Internet, cuando lo conoces en persona, por lo general no es nada parecida a la persona en línea. Sin embargo, muy de vez en cuando consigues exactamente lo que se te presentó en línea. Tengo una muy buena amiga de la niñez que conoció a su esposo por Internet. También conozco a otras que han conocido a locos. Como sea, lo más importante es que para ser una gran Seductora, finalmente tienes que hacerlo en persona—cara a cara.

Cuando coqueteas, siempre debes tener una meta. El sexo no necesariamente tiene que ser la meta final. El tener una meta te ayudará a determinar si has logrado tu objetivo o qué pasos son necesarios para lograrlo. Ya sea que él hable contigo, que te bese, que se convierta en tu amante o finalmente tu pareja de por vida, tus metas deben estar claras desde el principio. No te preocupes. Siempre puedes revisarlas al pasar el tiempo.

Basado en tu objetivo, sabrás cuánto esfuerzo ponerle a tu coqueteo para asegurar su éxito. Más importante, sabrás cuándo hayas logrado tu meta. Entonces podrás irte como una tentadora y orgullosa de serlo, o seguir con tu siguiente meta con él o con alguien más.

¡Sé atrevida!

¡Sé sensual!

Permítete la libertad de explorar tu lado aventurado y salvaje. Acepta tus inhibiciones y hazlas trabajar para tu beneficio para un cambio. Así es, dije que aceptaras tus inhibiciones. Luchar contra éstas sólo aumenta tu miedo. En vez de esto, usa esas inhibiciones para tu ventaja y sonroja como loca cuando le dices que lo consideras muy sexy. Permite que tu cuerpo roce contra el suyo mientras que le susurras al oído que te preguntas si puede hacer que sientas un beso suyo hasta en los dedos de tus pies. Coméntale cómo quieres hacerlo gritar con pasión mientras que pruebas su esencia antes de tomarlo adentro de tu cuerpo.

Coquetear es como ese viejo anuncio para *Tootsie Pops* con el búho que preguntaba cuántas veces tenías que lamer para llegar al centro. El búho lamía el *Tootsie Pop* y contaba uno, dos, tres, y luego lo mordía y sonreía. Lo que quiero decir es que no hay un límite ni barreras para coquetear. ¡La única regla para ti es lo que se siente mejor para ti! Desarrolla tu propio estilo. Coquetear es tu paleta—lámela seguido. Depende de ti cuándo la muerdas—si es que muerdes.

88

Ahora vamos a platicar de tu entrenamiento para seducir. Te daré guías y sugerencias para asegurar que no te atores ni te dé miedo. Para que llegues a hacerlo bien, debes probar todo al menos tres veces al día—durante una semana—antes de pasar al siguiente ejemplo o ejercicio. Si te das cuenta de que algo te provoca vergüenza porque no estás acostumbrada a hacerlo, hazlo más seguido hasta que te sientas cómoda y deja atrás las sensaciones negativas. También es una muy buena oportunidad para que evalúes lo que te parece ofensivo. ¿Es tu decisión, tu creencia o algo que aprendiste cuando eras niña? ¿Tiene sentido para ti ahora como mujer? Si no lo tiene, échalo. Por supuesto que si encuentras algo que te afecta al nivel moral o espiritual, ajústalo para que funcione para ti o échalo por completo.

El arte del coqueteo y la seducción se trata de la perseverancia y la disponibilidad de explorar. Es tu oportunidad, tu primer paso para convertirte en seductora—una *Científica Sensual*. No te preocupes por el rechazo—va a suceder. Enfoca mejor en lo que funciona y qué tan seguido has coqueteado y logrado la respuesta deseada. Su respuesta es clave para convertirte en *Científica Sensual*.

Le llamo *Científica Sensual* a una mujer qué está dispuesta a explorar las posibilidades sensuales sin prejuicio ni conclusiones predeterminadas. Una mujer que ve su sensualidad como aventura y se echa para explorarla. No se trata de la conquista sino del descubrimiento.

Para convertirte en *Científica Sensual* debes aceptar todas las posibilidades de ese encuentro sensual o sexual ya estés sola o con tu pareja. Esto incluye todos los ingredientes eróticos: la vista, el olfato, el sabor, el sonido y el tacto. Imagina la emoción que puedes lograr al permitirte usar todos tus sentidos. Sin embargo, a diferencia de un científico común que ya tiene en mente una hipótesis sobre el resultado de su experimento, deja abiertas las posibilidades—permítete explorar un momento o acto particular hasta su máximo potencial. Rechaza cualquier conclusión anticipada que podrías tener y permite que el sinfín de posibilidades prendan tu pasión y la suya.

Aprende de los rechazos. ¿Fuiste tú o es que él ya tenía pareja? El segundo no es un rechazo. Examina qué funciona mejor para ti. ¿Te ves más atractiva con cierto peinado? ¿Debes maquillarte? ¿Lo aplicas correctamente? ¿Qué ropa te pones? No olvides, los hombres son muy centrados en la vista. Ponte algo sexy y erótico aun cuando a veces te pareciera tonto. Oye, es él quien mira—tú serás la que ganas. Y tu voz, ¿qué tono debes usar para atraerlo a ti?

No te desalientes si algo no funciona con alguien en particular. Cada persona tiene diferentes gustos y necesidades. Lo que funciona para uno, no necesariamente funciona para otro o podría funcionar si lo ajustaras un poco.

Sólo tu imaginación limita la seducción. Mamá y papá no escuchan. No hay nadie parado detrás de ti esperando para lavarte la boca con jabón ni te va a pegar un rayo si eres la mujer sensual que Dios quiso que fueras. Ya eres una mujer. Una mujer digna de afecto quien puede permitir que su sensualidad salga a pasear cuando y donde ella quiera. Y si no estás segura hasta dónde quieres llegar, mejor, ya que ahora tienes un mundo de oportunidades disponibles para que elijas. Si no te parece una opción en particular, elige otra cosa y otra y otra hasta que encuentres una que vaya de acuerdo contigo. Conviértete en *Científica Sensual* y toma el control de tu sensualidad y de tu vida sexual.

Permíteme darte un ejemplo, un beso. Es sencillo, ¿no? Solamente juntan los labios. Los tuyos contra los suyos. Parcialmente abiertos. Que sus lenguas se exploren y se saboreen. Algo que has hecho seguido y que casi es una segunda naturaleza, ¿verdad?

Pero, si tú fueras la *Científica Sensual* ese beso tendría otro significado y presentación por completo, sin mencionar que se sentiría diferente al cien por ciento. Permíteme mostrarte lo que quiero decir.

Como *Científica Sensual*, empezarías el beso al rozar tu cuerpo contra el suyo, no demasiado cerca, pero lo suficiente para que tus senos apenas le toquen el pecho. Levanta tu boca y permite que tu aliento se mezcle con el suyo mientras que él baja su cabeza hacia la tuya. Fíjate cómo sus labios se abren al anticipar el beso. Pasa tu lengua sensualmente por su labio inferior para descubrir su textura suave. ¿Tu toque hace temblar su labio? ¿Lo oíste gemir mientras que tocabas sus labios con los tuyos, bebiendo su deseo? ¿A qué sabe él—dulce, o el sabor se te escapa y hace que quieras besarlo más hasta que forme parte de tu memoria? ¿Hiciste presión en su cuerpo con el tuyo, moldeándote a él, o él te jaló la cadera hacia la suya necesitado de la presión de tu cuerpo? ¿Y qué tal las reacciones tuyas y las de tu cuerpo? ¿Añoras más mientras se alarga el beso? ¿Se te ponen duros los pezones al anticipar su toque? ¿Ayudas a su mano a tomar tu seno y apretarlo, moldeándolo bajo sus dedos? ¿Sientes más humedad entre tus muslos mientras más dure el beso?

Ésa fue la parte *Sensual*—ahora veremos la parte *Científica*. ¿Qué sucede si cortas el beso? ¿Su boca sigue la tuya? Tal vez lloriquee un poco por la pérdida o tal vez levante su mano para acariciarte la nuca, sus dedos metidos en tu cabello, jalando tu boca hacia la suya una vez más deseando—necesitando—reiniciar ese beso? ¿Se lo permites?

¿Qué le sucede cuando tus manos pasan por su sensible piel y aumentas la presión de tus caricias mientras que tu propio deseo aumenta? ¿Sientes sus pezones por debajo de su camisa? ¿Jadea él mientras que pasas uña de tus manos por la delgada tela de su camisa hasta que su pezón se pone duro? ¿Sabías que los hombres tienen pezones muy sensibles, más aun que las mujeres? ¿Acercó su pecho hacia ti en forma de arco como petición silenciosa de más? Aprieta su pezón ligeramente y aumenta la presión muy lentamente; ¿te agarra el cabello con más fuerza mientras que la pasión y el deseo aumentan dentro de él, obligándolo a besarte más profundo? Te da curiosidad saber qué sucedería si cortaras el beso y le sonrieras de manera coqueta? Es aceptable sonrojar.

Lame tus labios, mujer, porque acabas de probar lo que significa ser una *Científica Sensual*. ¿No fue divertido? ¿Te inspiró a hacer más? ¿Despertó en ti el jugo creativo?—y no lo digo como juego de palabras. ¿Qué tal las sensaciones provocadas en tu cuerpo? ¿Tus senos y demás? ¿Te llenó con un poco de poder sensual—con mucho? Entonces hazlo.

De esto se trata la Seducción. Esto es ser *Científica Sensual*. Se trata de permitirte ser sensual. Se trata de disfrutar del momento y darle libertad a tu imaginación para que saques el premio. Acepta tu *Premio de la Academia*. Y si no te has fijado, todavía no hay penetración. Espera a que llegues al sexo. Imagina el placer orgásmico que descubrirás.

Nunca te niegues la alegría de interactuar con alguien que te parece cautivante y sexy porque eres tímida o insegura. ¡Explora—Sexplora! Mientras los dos den su consentimiento, no tiene nada de malo. ¡Ya eres mayor de edad! Es hora de comportarte como tal en todos los aspectos de tu vida—sobre todo tu sexualidad. Si ahora no, ¿cuándo?

Si sientes culpa cuando exploras, podría ayudarte repetir esta regla: *Si no lo disfrutaste, ¡no cuenta!*

Pero en serio, si todavía tienes problemas, puedes ir a ver un terapeuta o una Sexóloga Clínica para que te ayude a brincar cualquier obstáculo.

Mientras que empezamos a convertirte en una Seductora de Clase Mundial—una *Científica Sensual*—recuerda que el delicado arte de coquetear, de darle un tono caliente a tu voz, de lamerte los labios está en cada mujer. ¡Hasta dentro de ti! Nacimos sabiendo esto. Coqueteamos desde que nacimos, con los ojitos que les hacíamos a nuestros padres para que nos cargaran y nos amaran. La única diferencia es que ahora queremos agregarle un poco de romance. Un poco de acción.

¿Cómo comienzas?

¿Cómo te conviertes en la gran Seductora?

¿Cómo ganas tu *Premio de la Academia*?

Tu misión, si decidieras aceptarla, es coquetear con al menos tres extraños cada día durante los próximos treinta días. Fija tus metas y lógralas. No me importa si coqueteas para lograr que alguien te ceda su lugar en el tren o para ganar un beso de tu novio, sólo hazlo y disfruta. Si fallas, vuelve a intentar.

¡El rechazo es una bendición!

Te recordará repasar tus actos. Ajústalos para asegurar el éxito la próxima vez. El rechazo ayudará a mostrar las áreas donde debes trabajar para ser más exitosa la próxima vez.

Si tienes actualmente un amante o pareja, practica tu coqueteo con él. Las relaciones no duran si no las alimentas; requieren de esfuerzo de ambos para que funcionen. Si la relación en la que estás involucrada no te da la satisfacción que deseas y mereces, intenta coquetear para subir la temperatura y volver a encender las llamas perdidas de ayer.

A final de cuentas, solamente tienes que recordar que los hombres son como las mujeres, quieren que alguien los deslumbre igual como nosotras. Ese viejo adagio sobre la mujer como "una dama en público y una puta en la cama" es más cierto que nunca hoy. Los hombres quieren creer que son tu primero en *algo*. Mediante la seducción puedes hacerlos sentir así.

Ejercicios de coqueteo y exploraciones sensuales

Algunas podrían descubrir que es más fácil realizar estos ejercicios con alguien a quien ya conocen. Otras quisieran experimentar de manera intrépida e intentar seducir a un guapo extraño o a ese papito chulo que ven cada mañana en el metro. Eres una mujer madura, tú decides. Crea la oportunidad para decidir dónde, cuándo y con quién. No permitas que el miedo o la inseguridad apaguen tu espíritu aventurera. Sé intrépida. Sé atrevida. Disfruta de tu sexualidad.

Disfruta de la posibilidad del rechazo porque te ayudará a mejorar tu técnica para la siguiente vez. Si él te rechaza, sonríele un poquito y pregúntale qué pudiste haber hecho para captar su atención. Es asombroso cómo pueden ayudarte y tal vez se te volteen las cosas y se te abra la puerta a más posibilidades.

Realiza cada ejercicio al menos tres veces al día durante una semana antes de pasar al siguiente. Así vas a coquetear con tres personas al día. Si estás en una relación, debes intentar un coqueteo (no de naturaleza sexual ni sensual) con un extraño. Es para que veas que funciona. Además, siempre te hace sentirte bien saber que te siguen deseando.

Empieza suavecito. Si estás muy tímida al principio, no te preocupes; fíjate en el progreso que logras y sigue intentado. Oye, al menos lo consideras y realizas el ejercicio en tu mente. Es una buena herramienta. Muchas veces imagino la seducción en mi mente antes de probarla con mi pareja. Con el tiempo y mucha práctica, dejarás atrás tu timidez y tus inhibiciones y lo lograrás; aunque a veces tendrás que pasar por encima de tu timidez y hacerlo de todas formas.

Con un extraño:
Haz esto donde sea—en el metro, en un ascensor, en un bar, o hasta en un supermercado.
- Sonríele hasta que él te devuelva la sonrisa.
- Dale un cumplido sobre su fragancia y observa el rubor que cubre su cara; o tal vez titubeará y dirá, "Gracias", sorprendido totalmente por tu comentario. Es mi manera favorita de conquistarlo.
- Pídele su número telefónico. (Aun cuando no pensaras llamarlo.)
- Deja que tus ojos miren todo su cuerpo y luego míralo directamente a los ojos y sonríe. Está bien si sonrojas. A veces yo lo hago, sobre todo cuando me cachan con las manos en la

masa. Podría sorprenderte y hacerte lo mismo, o mejor aún acercarse y coquetear contigo.

- Finge ser una *Seductora* con confianza durante media hora, e intenta aumentar el tiempo a una hora; luego más tiempo mientras empieces a creer lo que eres y lo que crees. Haz este ejercicio con extraños y con gente conocida—seguido.

Con alguien quien ya conoces y con quién te gustaría salir:
- Invítalo a almorzar o a tomar algo después del trabajo.
- Escríbele una carta de "amor".
- Rózalo con tu cuerpo mientras que te inclinas para agarrar algo y sonríe con timidez mientras que lo miras y le pides perdón.
- Mientras bailan, pasa tu mano sobre su pecho de manera intrépida, rozando tus dedos sobre sus pezones hasta que sientas que se pongan duros bajo tus dedos. Bésale el pecho antes de levantar tu boca para ofrecerle tus labios. No se te olvide sonreír como coqueta por ser tan traviesa. (Esto puede resultar demasiado intrépido. Tú decides.)

Con tu novio o amante:
Puedes hacer todo lo mencionado arriba y también esto:
- Llámalo o vete con él en persona y comparte con él una fantasía sensual.
- Haz una cita para verte con él en su oficina, cierra la puerta e inclínate en ésta; luego que él se te acerque. Abrázalo y jálalo hacia ti para besarlo apasionadamente. Deja que tus manos se pasen sensualmente por su cuerpo, tentando, despertando en él la pasión. Disfruta de la sensación de sus manos en tu cuerpo, separando un poco tus piernas para permitir que su mano se mueva por debajo de tu vestido. Que tus labios le rocen el mentón, la mejilla, y gime suavemente a su oído mientras que te le acercas más y le susurras cuánto lo deseas antes de volver a besarlo con pasión. Un *Rapidito* en el trabajo siempre es un deleite, pero siempre puedes detenerte a la mitad y terminar más tarde.
- Ponte intrépida. Intenta una seducción atrevida. Pídele que se desvista y que se presente ante ti. Pasa tus dedos por su cuerpo, rozando su pecho y sus hombros con tus uñas, haciendo círculos, dejando un beso por aquí y por allá. Roza tus labios

contra su sensible piel al sentir más confianza con tu seducción. Pregúntale dónde quiere tu beso, tus manos, y luego dile que te lo demuestre con sus propias manos en su cuerpo. Obsérvalas. Aliéntalo a compartir contigo cómo y dónde le gusta ser tocado. Con fuerza. Suave. Rápido. Lento. Que él te enseñe. Observa como él se ruboriza ante ti y revela los misterios de su deseo. Susurra que te le unirás cuando él se lo haya ganado y saborea el poder sensual que tienes sobre él en ese momento. Controla tu deseo de participar con él y deja que por esta vez se trate de él. Prémialo por complacerte y reemplaza su mano con la tuya. O tal vez usa tu deliciosa boca para volverlo loco.

- Intercambien los roles. Que él se siente y tú desvístete frente a él. Los hombres ponen mucha importancia en la vista. Aunque la desnudez es dulce, ¡*lo tapado es erótico*! Hazle un show de *Strip Tease*. Haz que él desee ver más. Que lo añore. Que arda deseándote. No le des nada hasta que él te ruegue por más y luego revela un seno, un muslo. Permítele ver un poco de tus demás tesoros escondidos. Déjate puesta tu liguero, tus medias y tus tacones. Baila con la música que hayas puesto o con la que oigas en la cabeza. Saca tus senos de la parte superior del sostén encajoso que te dejaste puesta. Que tus manos acaricien tu piel como lo harían las de un amante. No está mal si te ruborizas o sacas una risita. Abre un poco más tus piernas y permite que tus manos fluyan sobre tu estómago, tu entrepierna. Toca tus partes íntimas. Estoy segura que para entonces él estará agarrando el sillón para no levantarse de donde le dijiste que se quedara. Cierra tus ojos si es necesario, pero no te detengas. Sé intrépida. Disfruta del placer de tu seducción. No está mal sentir un poco de nervios, sentir los latidos de tu corazón, hasta estar un poco insegura. No te preocupes por eso; sólo hazlo a pesar de todo. Cuando estés lista, pregúntale si le gustaría tocarte de la misma manera. Enséñale dónde más necesitas que te toque y recoge los frutos del poder de tu seducción.

- Si te gusta un poco más brusco o si quieres desatar lo salvaje dentro de él, rétalo a que te lo demuestre. Dale el permiso de *tomar lo que él quiera*. Que te abra la blusa con fuerza y que te devore los senos con su boca. Arrastra su boca hacia donde más la necesites, y al mismo tiempo acaricia y muerde su dulce piel al crecer cada vez más tu excitación. Que la pasión tome la forma que él quiera y recogerás los frutos de su adoración desenfrenada. Hablen de cualquier miedo o vergüenza más tarde—ahora es el momento de la pasión. (Aunque es un poco como la rendición, la seducción reside en lograr que él participe y en alentarlo a seguir.)

***

Recuerda que la regla para la seducción es, "Si a ti te excita, lo más probable es que a él también". Si no estás segura, pregúntale. Si es necesario, ajusta las cosas. No te preocupes si al principio te sientas torpe. Eso se quitará con la práctica y mientras tengas más confianza. Siempre estarás nerviosa las primeras veces que pruebas algo nuevo y aventurado. Usa esa energía nerviosa para tu beneficio. Dile directamente que estás nerviosa o que nunca lo has hecho antes. Lo más probable es que sonría y se sienta importante. A los hombres les encanta ser el "primero" para algo en la vida de una mujer. ¿Por qué no le cumples esa fantasía?

No te creas poca cosa. Eres igual de hermosa y sensual como cualquier mujer bonita. ¡Eres una latina apasionada! Siempre lo has sido. Relájate. Déjate ir y disfruta de tu naturaleza apasionada y de la suya. A final de cuentas, aprenderás que la seducción es otra manera de interactuar con alguien a quien disfrutas o amas. Es compartir una parte inapreciada y muy divertida de ti.

Vive.

Ama.

Ríete y sé feliz.

Si ahora no, ¿cuándo?

Sexo
y
Sexploración

La Sexploración

Nacer al placer

Vamos a deshacer el mito desde el principio. El sexo no se trata solamente de la penetración—se trata de la diversión. Se trata de la pasión y la risa. Se trata de descubrir nuevas sensaciones con tu pareja. Se trata de explorar y liberar tu imaginación a pesar de tu timidez. Así es, timidez, no inhibiciones.

Hay una gran diferencia entre la timidez y las inhibiciones. Las inhibiciones son un pretexto fácil. Te permiten decir de manera infantil, "Pues, no estoy segura si eso me hace sentirme cómoda, así que mi respuesta es, 'No, no lo probare'".

La timidez...*mmm*....qué sensación dulce deja esta palabra en la boca. La timidez significa que eres tímida, tal vez aprehensiva y un poquito nerviosa, *pero* dispuesta a explorar, a probar, a descubrir y a disfrutar, al abrir las puertas totalmente para tu sensualidad e imaginación. Esta timidez es la mujer madura preparándose para ser liberada. Qué visión más gloriosa. Sólo pregúntale a cualquier hombre que lo haya vivido.

Tenemos una cultura de auto-negación que constantemente pregunta por qué no conseguimos las cosas que deseamos, pero olvidando que nos condenamos por haber deseado estas cosas en primer lugar.

¡No está mal ser egoísta!

Es normal tener deseos y querer una vida sexual sana y satisfecha.

Es hora de dejar de juzgar todo lo que hacemos y de aceptarnos como en realidad somos. De tocarnos. De tocar a nuestras parejas. Es hora de disfrutar de la vida como Dios quiso—con alegría y libertad sexual.

La Latina Kama Sutra te proporciona las oportunidades y opciones para aceptar tu sensualidad y sexualidad divinas. Prueba las variadas posibilidades descritas y permite que la

Científica Sensual dentro de ti salga a jugar. Usa estos ejemplos como punto de partida hacia tu auto-descubrimiento sexual. Agrega o cambia cualquier situación para que satisfaga tus necesidades. De ninguna manera he abordado el sinfín de caminos sexuales que existen—éstos se limitan solamente según tu imaginación y empeño.

Explora.

Sexplora.

¡Vive con pasión!

Capítulo Siete

Manos de Oro

Conocí al amante perfecto, con manos seguras y dulces
Las horas que pasamos eran como bajadas del cielo
Sorpresa—¡ese amante era yo!

La masturbación es—siempre ha sido—y siempre será un gran beneficio y una fuente erótica de placer para hombres y mujeres. Más importante aún, la masturbación es una práctica sana recomendada por médicos y sexólogos para ayudar a la gente a curar varias formas de disfunción sexual tanto en hombres como en mujeres.

¿Qué es la masturbación?

Se realiza por lo general con las manos—de ahí el nombre *Manos de Oro*, e implica la estimulación de los genitales o de otra zona erógena de una persona mediante el uso de la mano, un vibrador o cualquier objeto con el propósito de lograr la satisfacción sexual.

Es común que los hombres y las mujeres usan la fantasía durante la masturbación a diferentes niveles. Tus fantasías pueden ir desde suaves y románticas, hasta salvajemente apasionadas, o sadomasoquistas y extrañas y eróticas. Todos estos temas son normales. Y los juguetes sexuales le agregan una emoción deliciosa, para que la masturbación sea todavía más erótica y satisfactoria.

A continuación hay unos cuantos ejemplos para explorar con tus *Manos de Oro* sola o con tu pareja. Al explorar con tu pareja, puedes sentirte un poco avergonzada al principio, pero no te preocupes. Con el tiempo y la práctica dejarás atrás tu timidez. Recuerda que no hay reglas ¡así que diviértete y disfruta!

Para ti

Si es tu primera vez, intenta *Manos de Oro* con la luz prendida. Déjate bastante tiempo para probar y explorar. No

101

quieres hacerlo en la mañana cuando tienes prisa para llegar al trabajo. Una mejor hora sería en la noche para que puedas también bañarte en tina y relajarte. Prepara tu pijama, prende un poco de música suave, prende velas, hasta disfruta de una copa de vino. La masturbación se trata de hacerte el amor a *ti misma*. Asegura de ser una gran amante y date el pacer que te mereces.

Puedes empezar esta experiencia al verte en el espejo. Hasta puedes bailar un poco al empezar. Frota loción sensualmente por todo tu cuerpo, alimentando la necesidad erótica por dentro. Está bien si tu cadera se mueva de manera provocativa mientras que imaginas la mano de tu amante pasándose por ella. Cuando estás lista, siéntate en una silla o acuéstate en la cama con las piernas abiertas. Pasa tus dedos suavemente por tus senos, tus pezones, tu estómago, bajando lentamente hasta rozar tus genitales—tu concha—tu clítoris. Deja que tus dedos jueguen con tu clítoris al moverse en círculos. Mientras te excitas más, roza tu clítoris con más fuerza y dale un par de palmadas suaves para aumentar su sensibilidad. Usa un vibrador, un consolador o cualquier otro juguete sexual para resaltar tu placer. Si quieres sentir una profunda penetración pero tus dedos no son muy largos, un consolador o un vibrador en forma de falo puede llegar más profundo.

Permite que tu mente explore tus fantasías y mueve tu cuerpo como si tu amante estuviera presente. Levanta tu cadera. Haz arco con la espalda. Gime. Entre más te permitas imaginar, más real se vuelve. Es parecido a la meditación o el auto-hipnosis. Imagina su toque. Haz movimientos circulares con tu cadera como si la levantaras con fuerza y aprieta tus nalgas y músculos vaginales para generar sensaciones más intensas. Si has practicado tus Kegels, será una maravillosa oportunidad para usar este ejercicio mientras que aprietas y sueltas al imaginarlo adentro de ti y mientras contraes tus músculos vaginales alrededor del consolador. Si sigues así llegarás al orgasmo. Además, decirte a ti misma que tendrás un orgasmo, repetir la frase, "Voy a venirme", hará que llegues más rápido a tu objetivo. Recuerda que el cuerpo acepta lo que la mente cree.

Muchas mujeres descubren que el estímulo del agua contra el clítoris es muy erótico. Puedes usar la llave masajista de la regadera o una manguera según tus necesidades. Mientras estás en la regadera, inclínate contra la pared y posiciona la llave masajista sobre tu vulva. Abre un poco mas tus piernas para equilibrarte y con tu mano libre abre tus labios genitales para darte acceso a tu clítoris y jalar la tapa del mismo y permite que el agua fluya en tu cuerpo. Mueve tu cadera en círculos y mueve el masajeador hacia delante y hacia atrás sobre tu vulva para descubrir las zonas erógenas precisas que deseas estimular. Agarra y apriétate los senos o pasa tu mano sobre tu garganta, tu cabello, lo que te excite. Lo bello de este tipo de estimulación es que puedes llegar varias veces al orgasmo al variar la temperatura del agua y la presión de la misma en tu clítoris.

Hasta he oído de mujeres que usan los chorros en un jacuzzi. Si sientes dolor, baja la presión del agua. Si te duele jalar la capa del clítoris, puede que tengas un exceso de algo parecido a la "placa" debajo de la capa. Usa un tapón de algodón para limpiar alrededor de la capa; esto debe aliviarte. Si el problema persiste, habla con tu médico.

No siempre tienes que llegar al orgasmo al masturbarte. A veces, es suficiente una liberación mental. Llega hasta donde te sientas cómoda. Todas las mujeres somos multi-orgásmicas; sin embargo, las mujeres tienen que permitirse ese privilegio y trabajar para lograrlo, sobre todo si no están acostumbradas a sentir más de un orgasmo en cada encuentro sexual. Si a propósito te niegas un orgasmo (por extraño que pareciera, algunas mujeres se niegan un orgasmo), evalúa tus razones de manera consciente sola, con una amiga, o busca a un terapeuta o Sexóloga Clínica competente para que te ayude. También repasa mi libro, *Para la Mujer Sensual,* el cual aborda la disfunción sexual en las mujeres y proporciona información valiosa para ayudar a las mujeres a superar los obstáculos hacia su potencial orgásmico.

Aparte de aliviar la tensión, la masturbación también alivia el cólico de la menstruación. Si deseas masturbarte cuando tienes tu regla—tu menstruación—coloca unas toallas porque podrías manchar las cosas de sangre. Usa una toalla roja porque esconderá la sangre cuando se lava.

Recuerda que la masturbación—el auto placer—es una forma de amor propio. No existe la adicción sexual, aunque hay una conducta compulsiva que puede manifestarse mediante la masturbación en exceso. Si tienes dudas habla con un terapeuta que es especialista en la sexualidad, con un Sexóloga Clínica o con un consejero que se sienta cómodo al platicar asuntos sexuales más allá de lo básico. Recuerda que los terapeutas también son seres humanos y puede que algunos temen hablar más allá de lo básico. Busca el que funcione mejor para ti. Disfruta de tu cuerpo. Trátalo con el amor y el respeto que merece y te servirá bien y te mantendrá sana durante muchos años por venir. Como con todo lo demás, *sexplora* y permítete gozar el placer. Ya sea que prefieras las luces prendidas o apagadas, las puertas cerradas o abiertas, con tu pareja viéndote o no, quiérelo.

¡Descubre la amante dentro de ti y vive con pasión!

Para él

La masturbación puede ser un acto erótico a realizar con tu pareja, llevándolo a un avanzado nivel sexual. Al participar en la masturbación mutua, es importante incorporar la mente y el cuerpo. Por lo tanto, empieza al susurrarle al oído cómo piensas tentarlo hasta que ya no aguante más. Compártele cómo quieres pasar tus manos por cada pulgada de su cuerpo y darle un enorme placer.

No hay una manera correcta ni incorrecta de tocar al hombre, aunque ésta es una maravillosa oportunidad para comunicarte con él y que él te enseñe cómo le gusta que lo acaricien. A algunos hombres les gusta que les agarres el pene con fuerza y que acaricies hacia arriba y abajo y a otros les gusta que les acaricies solamente la punta. Para los hombres no circuncisos (donde el prepucio sigue cubriendo el pene), jalar el prepucio hacia un lado y otro (arriba y abajo) al acariciarlo provocará más placer y también sensaciones de dolor—una combinación estimulante.

También puedes jugar con su escroto, pasándole tus uñas y tentando con tus dedos, para incorporarlo en tus juegos sexuales. Además, si pasas tus dedos más hacia atrás, puedes pasarlos por su perineo, la zona justo detrás de su escroto y frente a su ano, que es una zona altamente erógena para muchas personas y lo hará jadear y gemir con deseo.

Lo bello de *Manos de Oro* es que puedes alargar su clímax al hacerlo casi llegar durante minutos u horas, acercándolo a la liberación y luego dejándolo calmarse antes de volver a empezar. Es la forma de juego sensual que es tan deliciosamente malo, que disfrutarás como tu pareja te ruega que le des un clímax—y como eres una tentadora malévola—por supuesto que se lo negarás varias veces, haciéndolo llegar al precipicio varias veces antes de permitirle su satisfacción sexual.

Asegura de dejar de tocarlo cuando revela lo cerca que está de venirse o cuando tú misma te des cuenta. Aunque me doy cuenta que es asombroso ver qué tan rápido puedes lograr que tu pareja llegue al clímax, y, por lo tanto, darte de cumplidos por hacerlo, sentirás más placer y satisfacción al saber que hayas prolongado su orgasmo y verás cómo se marchita y gruñe, pidiendo que lo toques más. Cuando por fin permites su orgasmo, te sorprenderá lo largo y duro que está. Te encantará cómo te premia más tarde por atormentarlo de manera tan erótica, si es que no toma el toro por los cuernos y reclama su premio de una vez.

No te engañes al pensar que una vez que él llegue al clímax ya todo acabó. Los hombres también pueden tener múltiples orgasmos. Entre más edad tenga el hombre, más tiempo puede tardar entre orgasmos. Sin embargo, parte de la diversión es tentarlo hasta que lo logre.

Agréguenle unos roles a su masturbación. Él puede ser tu paciente y tú puedes ser una joven doctora estudiante que tiene que hacerle un chequeo completo. No te olvides que eres una *Científica Sexual*. Usa tu imaginación.

Si te sientes un poco incómoda al acariciarlo, siéntate en el sillón o el piso con él entre tus piernas. Que él se incline hacia atrás para tocarse. Abrázalo mientras él se acaricie. Sé intrépida y pon tu mano encima de la suya y que él te demuestre cómo le gusta que lo acaricien. Tal vez la próxima vez él pueda sentir tus dedos acariciando su erección o su escroto mientras que sientas su pulso en tu palma. O si no, puedes sencillamente disfrutar al verlo. También puedes jugar con su escroto mientras que él se frota el pene para agregar un par de manos y aumentar su placer. Y por supuesto, si planeaste con anticipación, podrías sentarte ante un espejo largo para que él pueda ver todo al inclinarse hacia atrás en ti—sus piernas abiertas para que observes. Es bello ver a tu amante llegar al orgasmo.

Masturbarse frente a ti es uno de los actos más poderosos que un hombre puede realizar porque solamente un hombre con bastante confianza y seguridad de sí mismo se toca frente a su dama. No te preocupes si él es tímido al principio (o que lo seas tú). Con el tiempo esa timidez se quitará y puedes descubrir que te encanta verlo hacer el acto ¡*para ti*!

Después que él llegue al orgasmo, sigue acariciándolo, aprieta y sácale lo que queda de su liberación. La punta de su pene será extremadamente sensible. A algunos hombres no les gusta que les toques el pene luego que eyaculan. Sin embargo, siente una emoción cuando tú acaricias suavemente erótico la punta de su pene luego que él eyacule, lo que manda una combinación de placer y dolor por su cuerpo y que crea un *orgasmo corporal* que lo deja jadeante y preguntándose cómo sabías que debías tocarlo en ese momento justo así. Hasta podrías ver una chispa de admiración y deleite en sus ojos al sorprenderse por la complejidad de su cuerpo. Recuerda que cada hombre es diferente y que por consecuente debes experimentar con el tuyo.

Entre los dos

La masturbación mutua es un delicioso deleite que puedes compartir con tu pareja o con el hombre que te interese. Aunque el famoso psicólogo Sigmund Freud consideraba la masturbación señal de la inmadurez, está lejos de serlo y la masturbación mutua es un placer erótico que debe explorarse seguido entre una pareja comprometida y entre las parejas que comienzan una relación. Como con los besos, no solamente aprendes qué tipo de amante de toca, sino que también le muestras qué tipo de amante eres tú.

Muchas veces les recomiendo a las parejas que tienen problemas con su vida sexual realizar la masturbación mutua al menos una vez al mes, y que restrinjan su actividad a tocarse solamente, pero nada de penetración. Esto aumenta el deseo y la conciencia sexual. También les permite a los dos conocer las zonas erógenas el uno del otro y hacer que su relación vuelva a arder.

Este placer mutuo es excelente para las parejas que apenas comienzan y para los jóvenes amantes que todavía no estén preparados para la intimidad del coito pero que quieren más que sólo besos, fajes y palabras susurradas en la oscuridad. Conozco a parejas, jóvenes y no tanto, que han usado este tipo de intimidad durante meses, hasta durante un año completo, hasta tomar la decisión de llevar su relación al siguiente paso. Una pareja usaba la masturbación mutua para aplacar su deseo sexual mientras que esperaba el día de su boda para volverse totalmente sexuales.

Aunque la masturbación sexual puede usarse como rapidín—un *Rapidito*—pueden disfrutar sus puntos más finos y hacerla una noche entera de exploración sexual, permitiendo que la *Científica Sexual* dentro de ti salga a jugar.

Prepara la escena con velas con aroma dulce y con música. No se te olvide considerar la temperatura en el lugar. Nada mata más rápido el humor que un frío que hace castañetear tus dientes o que te desmayes por el calor. ¿Hace falta un ventilador o el calentador? Si deseas el romance de una fogata pero hace mucho calor para prender una, busca esos *"Fire Lights"* (luz de fuego) que se venden en las tiendas de curiosidades en los centros comerciales. Al usar un ventilador usa uno de bajo nivel para que el ruido no interfiera con la música ni eche a perder tu escena.

No necesariamente tienen que tocarse durante la masturbación mutua; pueden sentarse en dos sillas cara a cara o acostarse en la cama mirándose la cara. Lo importante es que lo hagan juntos. Aunque no se tocan físicamente, la sensualidad se crea al tentar visualmente a tu pareja mientras que él te observa. En esencia, le presentas un show erótico mientras que él presenta otro para ti de manera simultánea. Es mejor que cualquier película pornográfica.

En ninguna parte se dicta que la masturbación debe ser un acto para una sola persona. De hecho, permitir que tu pareja se te una, o que te la haga, garantiza horas de placer sexual. Hasta puedes hacer que tu pareja observe mientras que la hagas para él, complaciendo tus deseos de ser exhibicionista. Cuando hayas acabado, intercambien los roles y obsérvalo mientras que él se toque para darte placer, para así satisfacer tu deseo de ser Voyeur.

La masturbación mutua es un portal a otras actividades sexuales que realzarán el placer alcanzado con tu pareja. Hay tantas posibilidades y variedades que puedes usar para un placer mutuo en la masturbación, así como en cualquier acto sexual, que me sería imposible abordarlas todas. Comparte tus deseos con tu amante. Déjalo saber cuánto y dónde disfrutas que te toque. No está mal ruborizar.

¡No dejes que tus miedos e inhibiciones te restrinjan!

Recuerda que las restricciones y los mandatos de tu familia respecto al sexo que te afectaban cuando eras niña ya no se aplican a la mujer mayor de edad que eres. ¡Ahora tu haces las reglas! No tienes que desechar las viejas reglas; evalúalas y decide por ti misma—como mujer—cuáles deben ser ciertas para ti hoy, si es que hay algunas. Siempre puedes ajustarlas o agregar más después de un tiempo al ganar experiencia y aprender lo que es mejor para ti. Te mereces una sana vida sexual—¡reclámala!

La comunicación es de suprema importancia para el éxito de cualquier relación. Platica tus inhibiciones con tu pareja si surgen y crean problemas. Esto te ayudará a superarlas y a él le permitirá entender tus miedos y ayudarte a trabajarlos. Usa estos mismos miedos e inhibiciones para tu ventaja y tú también recogerás los frutos, sin mencionar que ganarás a ese guapito que tanto te importa. Como platicamos en el capítulo *Comunicando tus deseos,* sé honesta respecto a lo que estás dispuesta a probar y cuáles son tus límites y descubre tu sensualidad y sexualidad divinas.

Capítulo Ocho

Sexo Oral
¡A la Ms. PacMan nunca le había ido tan bien!

Hay muchísima controversia respecto al tema del sexo oral ya que los hombres y las mujeres lo perciben de una forma distinta. Tristemente, este acto íntimo y muy erótico, como lo que sucede con tantos placeres sexuales, muchas veces se presenta como algo asqueroso y sucio que las mujeres buenas y decentes nunca deben hacer y que solamente las putas han realizado.

Es hora de pasar al Siglo Veintiuno. El sexo oral para el hombre, o "chupárselo" o "mamársela", como también se conoce, es una de las habilidades sexuales y eróticas más poderosas que una mujer tiene. Este acto, como sucede con cualquier acto sexual, es algo que decides por ti misma si quieres hacerlo y para quién. ¿Puedo recordarte que siempre puedes cambiarte de opinión luego de esa primera lameteada o luego de unos minutos de probarlo tan intrépidamente?

El sexo oral al hombre, el felación, así como las que lo hacen, tiene una mala reputación. En vez de preocuparte por lo que pudieran decir los demás, debes saber que encontrarás a alguien que te respetará y te amará independientemente de todo, y vive tu vida según lo que tú creas mejor para ti en cualquier momento dado.

Velo así: Algunos tipos siempre dirán puras groserías y mentiras de ti, es inevitable—como la luna jala la marea—por lo tanto, sabe quiénes son y aléjate de ellos. Sin embargo, si compartes una parte de ti y ellos la convierten en basura, acéptalo como una experiencia y sigue con tu vida. ¡Tú sabes la verdad! Si alguien te quiere y te pregunta sobre tu pasado sexual, platícalo con él SOLAMENTE SI ASÍ DESEES.

No estamos en la Edad Media y una mujer no tiene que confesar sus previas relaciones amorosas. Él no te cuenta las suyas, ¿o sí? Además, lo que no fue en su año no le hace daño, y su pasado sexual tampoco te incumbe a ti. Háganse pruebas para el VIH y las enfermedades sexuales y sigan adelante. ¡Punto!

No permitas que algún tonto corte el placer y el poder que sacas de este o cualquier otro acto sexual; sólo asegura de protegerte contra enfermedades sexuales y *los Sapos*.

En lo personal, mi adoctrinamiento al sexo oral se dio luego de escuchar a una amiga hablando de cómo a su novio le encantaba que ella se la chupara. Cuando le pedí detalles, ella me dio una rápida lección verbal de lo más básico y luego me dejó para que yo aprendiera. Como siempre era curiosa, le pedí a un novio que me permitiera practicar con él para ver yo misma de qué se trataba. Obvio, él estaba pasmado pero de inmediato aceptó mi petición.

No me gustaba que me agarrara el cabello ni que metiera su erección en mi boca a la fuerza, pero lo aguanté, como era *Científica Sensual*. Lo intenté durante varios momentos antes de pedir acabarlo, y él se quedó frustrado. Desagraciadamente, él se lo contó a todos sus amigos lo cual me humilló totalmente. No fue hasta meses después que estaba con un tipo que luego se convirtió en mi prometido que volví a experimentar con él el sexo oral y descubrí que me encantó. Fue la manera en que mi prometido se movía tocándome, cómo gemía y me rogaba que nunca me detuviera que me alentó a hacer más y llegué a adorar el particular sensación de poder que este acto íntimo producía. Tengo que admitir que también fue el hecho de que lo amaba a él lo que me permitió superar mi timidez y las pasadas vergüenza y humillación y darnos placer a ambos.

Admito que nunca me he sentido más poderosa que cuando sentía el grosor de un hombre en mi boca, lo probaba con mi lengua y envolvía su erección con mis labios. Hasta he llegado a dejar mi marca en su piel al morder con la suficiente presión como para asustarlo. Aunque las marcas nunca duraron mucho, el efecto psicológico que dejaban era duradero—*él me pertenecía*—y también su verga.

Precauciones y actitudes

No recomiendo que hagas esto en la oscuridad—al menos no la primera vez. Es una maravillosa oportunidad de ver qué consigues. Una oportunidad para que inspecciones la mercancía, de cierta manera, y determinar si él tiene señales visibles de enfermedades sexuales. Aunque la mayoría de las enfermedades sexuales no tiene síntomas, las verrugas genitales se notan alrededor del pene y el escroto, y se ven las heridas del herpes y el pus amarillento de la gonorrea. Si ves un punto o una "mancha roja" no sigas ni con el sexo oral ni con el coito porque él puede tener una enfermedad. Usa un preservativo si realmente desees seguir y él no te haya mostrado los resultados con la fecha marcada (con su nombre—hasta los reportes confidenciales traen el nombre de la persona) del médico o la clínica que muestran que él no está infectado de ninguna enfermedad sexual ni VIH.

Mira, mujer, por más loco que pareciera, yo exijo que todos mi amantes me proporcionen una nota del médico, y también les doy una mía. Si no pueden mostrarme una, no pueden tener intimidad conmigo. Hasta exijo que se hagan pruebas cada tres meses. Esto nos mantiene a salvo a los dos. No significa que no confío en él, sencillamente significa que valoro mi ser y respeto mi bienestar. Debes saber que algunas infecciones no aparecen durante unas semanas o unos meses hasta que el cuerpo empieza a hacer anticuerpos. Si él tuvo relaciones sexuales con otra poco antes de hacerse pruebas puede que una infección no se note. (La Nota del Médico es la prueba de VIH realizada por tu médico o una clínica o hasta las clínicas de Planned Parenthood.)

Si él se rehúsa—¡deja al *Sapo*!

Velo así: si a él le importabas lo suficiente como para querer tener relaciones sexuales contigo, debe respetarte lo suficiente para mitigar tus miedos. Conozco a demasiadas latinas (y latinos) que han sido infectados de enfermedades sexuales, entre éstas el VIH, por alguien a quien amaban o que decían amarlos. Si no puedes esperar, ¡usa un preservativo!

Sin embargo, considera todas las exploraciones maravillosas que puedes hacer con tus dedos o tus favoritos juguetes sexuales sin realizar el sexo con penetración mientras que esperes los resultados. Hasta puedes usar un preservativo con lubricante de sabor para el sexo oral. No olvides que algunos resultados están listos la misma semana, o un máximo de tres semanas hoy día. Es sólo un latido del corazón en el resto de tu vida. Y por supuesto, siempre puedes comprar un equipo de pruebas de VIH que no requiere de receta médica.

Ahora que has revisado su "paquete" y asegurado que no hubiera problemas visibles, es hora de tocar y explorar con tus dedos, tu lengua y hasta tu piel. Recuerda que dije que el truco es hacerlo sensual para ti primero—su placer seguirá. Él hasta podría alentarte o decirte cómo le gusta, o darte ideas.

Mira mujer, sólo porque él haga peticiones no significa que tengas que hacerle caso. Es divertido atormentar a un hombre y hacerle rogarte por tus caricias, logrando placer del hecho de que él te desee tanto. Esto es ser coquetea y ser seductora. Si te pone incómoda que él hable, pídele que se quede callado mientras que te pongas más cómoda. Comparte con él el hecho de que estás nerviosa y que si habla te distrae. Si él ha intentado estar callado pero no logra hacerlo, tal vez sea hora de una mordaza. Sería deliciosamente malvado, ¿no te parece?

Los hombres tienen su propio olor íntimo—todos lo tenemos. Inclínate hacia él y permítete conocer el suyo. Si el olor de tu hombre es demasiado fuerte, tal vez sería bueno pedirle que se bañara en el futuro antes de realizar esta actividad. Recuerda que el placer sensual abarca todos tus sentidos: la vista, el sabor, el olfato, el oído, el tacto. Úsalos todos.

Felación

¿Cómo empiezas? ¿Qué trucos hay que aprender? ¿Cómo puedes moverle el tapete tanto y hacerlo tuyo para siempre—o hasta que ya no lo desees?

El truco principal en el felación es hacerlo sensual para *ti misma*. No te preocupes por él. Él disfrutará solamente con que le toques la entrepierna y se pondrá duro casi al instante una vez que te arrodilles ante él o poco después que le hayas persuadido un poco. Si eres tan tímida que no puedes soportar que él te observe, tápale los ojos con una venda, o si no tienes nada con que tapar sus ojos, hazle tapar su cara con su camisa. Tal vez después él pueda echar una miradita.

Envuelve tus dedos alrededor de lo largo de su pene y siente lo liso y duro de su erección. Colócalo junto a tu mejilla, por tu garganta, sobre tus senos. Cierra tus ojos y permítete sentir su calor, su textura lisa; podrías descubrir que no solamente crece su excitación, sino la tuya también.

Para los hombres no circuncisos, sencillamente quita el prepucio y expón su pene a tu vista. También puedes inspeccionarlo así. Los hombres no circuncisos tienen extremadamente sensible la punta del pene, y quitar el prepucio les provocará deliciosos temblores por toda su columna—un premio extra para los dos.

Si es necesario, pídele que abra más sus piernas para que puedas llegarle mejor y sube desde por debajo de él, luego permite que tu lengua explore. También hay un pedazo de piel, justo detrás de su escroto y entre éste y su ano que es súper sensible y se llama el perineo. Te sorprenderán y te darán gusto los sonidos y gemidos que provocas en él cuando tocas este lugar.

Al continuar explorándolo, suavemente levanta su pene y mantenlo junto a su estómago para permitirte llegar mejor a su escroto que podrás apretar con tu mano libre o probar con tu lengua, y hasta meterlo a tu boca para chuparlo. Como es un lugar sensible, sé cuidadosa—al principio—luego al aumentar la excitación puedes ponerle un poco más de presión y de succión. Mientras que tengas su escroto en la boca, jálalo hasta dejarlo tenso. Sucede algo psicológico cuando separas el escroto de un hombre de su cuerpo que manda escalofrío por su columna y hace que él quiera rendirse ante ti—abandonar el control un ratito—saber que él está "seguro y aceptado" dentro de tu boca y manos. Esto se llama *Intercambio de Poder*. Es la misma sensación que te podría dar cuando él te usa sexualmente—te ama—de cierta manera que hace que quieras pertenecerle solamente a él.

Al seguir explorándolo íntimamente, pasa tu lengua por lo largo de su pene y haz círculos en la punta. No te preocupes si no está erecto. Muchos hombres con más edad padecen este problema; sin embargo, aun así sienten cada deliciosa lameteada de tu lengua y cada caricia de tus dedos. Si no estás segura, pregunta.

Puedes mordisquear suavemente la punta de su pene aumentando la presión hasta dónde él aguante o tomar su erección en tu boca y pasar ésta arriba y abajo por lo largo de su pene. Combina los dos actos al acariciarlo con tu mano mientras que tu boca lo chupa. Esto te permitirá controlar cuánto pene metes en tu boca. Tentar la apertura en la punta de su pene es erótico en lo extremo para algunos hombres y un tantito doloroso, pero bueno, eso agrega sabor.

Con los hombres no circuncisos, incorpora el prepucio, tentando, probando, mordisqueándolo. Jálalo con tu lengua para acariciar por dentro o sepáralo del resto. Baja su prepucio mientras que acaricies para provocar una emoción sensual; cuidado porque esto puede provocar un poco de dolor, pero

113

bueno, él te dejará saber hasta dónde disfruta.

Todo es aceptable.

¡Sexplora!

Es importante recordar que mientras te excites, tu cuerpo necesita un poco más de presión y de estimulación para seguir con las sensaciones eufóricas que vive y para "sentir" el tacto de la mano o la boca de un amante. Esto se da por las endorfinas que tu cuerpo libera.

El mejor ejemplo que puedo darte de esto es un beso. ¿Alguna vez te has fijado cómo puedes empezar suavemente pero al aumentar tu emoción el beso se vuelve cada vez más insistente y apasionado? Lo mismo sucede con las sensaciones. El grado de placer depende de cada quien y varía con la actividad y la excitación. La única forma de determinar esto es experimentar. Esto no te hace ni sadista ni masoquista. El cuerpo no sabe distinguir entre el placer y el dolor una vez que las endorfinas toman el control. Tu mente es la que juzga—al asignar valor y definiciones.

Hacerlo sensual para ti es la clave para cualquier encuentro sexual. Es importante que tú seas igual de excitada con esta actividad como él si quieres seguir haciéndolo.

¡El sexo oral nunca debe convertirse en una tarea que tienes que realizar!

Tu excitación puede darse al realizar el acto o por el placer que él siente cuando le haces algo especial. En realidad no importa cuál. Si no estás acostumbrada a hacer el sexo oral y estás aprehensiva o incómoda, no te preocupes; es normal. Recuerda la regla número uno de la *Científica Sensual*: "Prueba todo al menos tres veces". Y si todavía no te gusta, no lo hagas más.

Podrías descubrir que ciertos lugares y atmósferas son más placenteros que otros. O tal vez agregar algo de sabor a su piel aumente tu deseo. Si haces el sexo oral con un preservativo, usa los que no tengan lubricante y luego agrega el sabor que prefieras: cereza, piña colada, chocolate, etc. Él de todos modos siente tu boca y la succión. Por supuesto, sería mucho mejor si fuera solamente su piel, pero si requiere de más sensación ofrece morderlo. También puedes usar dos preservativos, uno que sea acanalado puesto al revés para que la parte acanalada le toque la piel, y el otro preservativo—condón—normal encima.

Si él agarra tu cabello y quiere guiarte o si se mete con fuerza a tu boca, y tú no quieres eso todavía o no te sientes cómoda, díselo. Si insiste puedes advertirle que si no deja de tocarte te detendrás. Es asombroso con qué rapidez él saca sus manos de tu cabello. Si quieres un poco más de control o quieres jugar con el *Poder Erótico* ordénalo a poner sus manos tras su espalda o tras su cuello o donde tú las quieras. También puedes entrelazar tus dedos con los suyos y mantener sus manos a sus lados o tras su cuerpo, lo que te permite controlar qué cantidad de su pene metes a tu boca. También puedes amarrar sus manos tras su espalda si no hace caso. ¡Una diversión diferente!

Las posiciones para el sexo oral

Hay muchas variaciones para el sexo oral y también posiciones para elegir. Puede realizarse mientras que estás arrodillada frente a él o con alguno de ustedes o ambos sentados o acostados. Otra variación picante es que te acuestes boca arriba y que él se arrodille encima de ti con sus rodillas en cada lado de tu cara. Desde esta posición, él puede alimentarte con su erección. Para lograr más juegos de poder, él puede rozar su pene suavemente contra tu boca o con un poco más de fuerza puede cachetear tu cara con su pene mientras te exige abrir tu boca para que él pueda llenarla.

Por supuesto, también existe la famosa Posición 69, al que yo le llamo *Del Corazón,* donde ambos se realizan el sexo oral el uno al otro de manera simultánea con uno arriba, o acostados juntos. Sólo tu imaginación limita las posibilidades y emociones picantes.

Tragando—¡La controversia!

La plática sobre el sexo oral no sería completa sin mencionar la controversia de si es apropiado tragar o no tragar su semen. Algunas mujeres disfrutan de esto—otras no. Tendrás que tragar al menos una vez para saber si lo disfrutas. Y puede que a veces quieras hacerlo y otras no. Es normal. Es como el anuncio para un chocolate, "A veces tienes ganas de comer una nuez. A veces no". Qué buen albur.

También descubrirás que tu deseo de saborearlo varía según el lugar, la intensidad y hasta tus días porque tu estado emocional juega un papel muy grande en tu sensualidad.

Otra variación que algunas mujeres disfrutan es arrodillarse frente a su hombre, abrir la boca e intentar recibir su semen en la lengua. En otra variación, él puede pararse frente a ella y echarlo a su boca. Por el otro lado, él puede mantener su pene en la parte profunda de su garganta, su mano en el cabello de ella, y hacer que ella lo trague sin saborear mucho. También hay hombres que disfrutan eyacular dentro de la boca de una mujer y luego compartir el semen con ella. A esto se le llama "beso blanco".

A veces tragar puede usarse como un tipo de *Intercambio de Poder* para hacer la situación un poco más intensa. Por ejemplo, puede ser un requisito que tragues porque has sido *mala* o tal vez se te niegue tal premio, saborearlo, porque has sido una *niña traviesa*. Puede que tengas que rogarle que te lo dé mientras que él te niega el placer de probar su esencia. Por el otro lado, él podría tener que mostrarte que se ha comportado bien para que tragues. Representar roles es el sabor de la sensualidad; úsalo para tu ventaja.

Si su semen es un poco ácido, empieza a cambiar su dieta y elimina los alimentos procesados y la comida rápida que provocan esto. El alcohol, las drogas y los cigarros contribuyen al sabor del semen—y a la impotencia. Haz que tu hombre consuma más verduras y frutas, sobre todo mangos, y esto debe bajar el sabor extraño y endulzar un poco su semen. Si su sabor es muy detestable o si de repente se vuelve inaguantable, hagan una cita para una prueba médica para asegurar que no haya problemas biológicos que deben atenderse. También es importante saber que si tu hombre toma medicamentos, su semen sabe diferente mientras lo toma y por unas semanas después hasta que el cuerpo deseche la medicina de su sistema. (Lo mismo puede decirse de la esencia íntima de una mujer.)

Algunas mujeres disfrutan solamente saborear el líquido que precede al semen y que suele ser poco denso y claro y no la versión espesa que eyacula. Pruébalo y decide por ti misma cuándo y cuánto. La decisión es tuya.

Una advertencia: Si el líquido que precede a su semen no está claro o si tiene un color amarillento o un mal olor, puede haber una infección. ¡No lo pruebes! Llama a tu médico y haz una cita inmediatamente para estar seguros.

Otro asunto importante es dónde poner todo ese semen si no vas a tragarlo. ¿Debe él eyacular en tus senos, tu cara, tu garganta u otra parte de tu cuerpo? ¿O tal vez en una toalla o sobre sí mismo?

Para muchas mujeres es erótico que un hombre eyacule en sus senos o hasta en su cara. Es cuestión de opciones y de preferencia personal. Haz lo que te haga sentir sensual. Yo tuve un amante que se excitaba al frotar su líquido lubricante en mis muslos, justo por debajo de mis medias, y luego volvía a poner mis medias en su lugar como si lo escondiera o lo guardara para más tarde, además de ser una manera de *"reclamarme"* como suya. Es una reclamación muy primitiva. Lo excitaba mucho y empezó a excitarme también. Siempre aseguraba ponerme un liguero y medias con él. Eran como unas noches calientes en el caribe. Además, es sexy adornar el cuerpo.

No te preocupes si platicas de tus actividades con una amiga y a ella le parece extraño o asqueroso. Es su opinión y ella tiene el derecho de expresarla. Recuerda que tu sexualidad es única y totalmente normal, y lo mismo es cierto para ella. Ya no eres una niña pequeña que necesita permiso de los demás para disfrutar su sexualidad en todas sus formas deliciosamente traviesas. Eres una mujer madura y sensual—una *Científica Sensual*—una latina apasionada—recoge los frutos y los beneficios. Haz lo que te haga a ti y a él (o a ella) felices y gime, gime, gime hasta el amanecer.

Cunnilingus

Cunnilingus es el sexo oral para la mujer. Aunque este libro está escrito desde una perspectiva heterosexual, sería ingenuo pensar que una mujer no tendría interés en saber qué placeres sensuales puede recibir con otra mujer. También saber realizar el sexo oral en una mujer puede ser muy útil para permitirte comunicarte y enseñarle a tu esposo, amante, o ese papito chulo que adoras cómo darte placer oral. Por otra parte, no nos olvidemos que los hombres también leen *La Latina Kama Sutra* para aprender más sobre las mujeres y cómo convertirse en un gran amante. Darles consejos útiles siempre nos beneficia. Si te avergüenza hablar con él de este tema, enséñale este libro.

Es importante darnos cuenta de que la sexualidad tiene varios niveles. Ahora existe el término *heteroflexibilidad* entre la comunidad sexóloga y médica para abarcar **las diferentes expresiones normales** de la sexualidad de una persona. El que disfrutes de actividades sensuales o sexuales con otra mujer no te

117

hace necesariamente lesbiana o bisexual, sólo te hace—quien eres. Disfruta de tu sexualidad con todo lo implica y deja de intentar darle un nombre.

Es irónico, pero mis recomendaciones son las mismas para las mujeres que realizan el sexo oral en una mujer que en un hombre. La idea principal siempre se trata de hacer lo que te excita. Aunque los genitales son diferentes, las sensaciones básicamente son iguales ya que los genitales para hombres y para mujeres están hechos del mismo tejido.

No olvides emplear todos esos truquitos que hayas aprendido con el sexo oral para hombres—el felación. Si es necesario, usa vendas para amarrar sus manos tras su espalda mientras te arrodillas frente a ella. También puedes inclinarte encima de ella, con un muslo tuyo en cada lado de su cara y bajarte sobre su boca para que ella te haga el favor. Esto se llama *La Reina*, ya sea que se lo hagas a una mujer o a un hombre.

La principal diferencia con el sexo oral para la mujer es que las mujeres lubrican por adentro de sus labios vaginales, así como adentro de la vagina, y por lo tanto probarás más fácilmente su esencia íntima. Además, las mujeres tienen la sensibilidad adicional del clítoris y los labios vaginales que puedes usar para atormentarla sensualmente y excitarla más.

Las técnicas y los pasos a seguir

Para empezar, haz que ella abra mucho las piernas. Toma sus labios vaginales y ábrelos para revelar su clítoris. Quita la capa del clítoris poniendo la palma de tu mano en su monte de Venus, o usando tus dedos para quitar esa delgada capa de piel protectora. (Véase el dibujo de la vulva en el capítulo *Por el placer de verte, ¡mujer!*.) Separar su vulva en diferentes grados creará sensaciones adicionales de placer y dolor eróticos. Intensifica el estímulo al pasar tu lengua por su piel. Mordisquea su clítoris o pellízcalo suavemente para hacerla jalar aire con sorpresa—aumentado la presión si ella lo disfruta. Además, mordisquear suavemente y chupar el clítoris le provocarán en la mujer una éxtasis incalculable.

Cuida el nivel de presión que usas en su clítoris ya que se pone muy sensible al excitarse y aunque un poco de dolor erótico puede provocar un delicioso escalofrío por su cuerpo, demasiado puede apagarla por completo. En este momento la comunicación es esencial.

Si deseas agregarle un poco más de sabor e *Intercambio de Poder* a tus juegos amorosos, dale palmaditas suavemente en la parte superior de su vulva justo arriba de su clítoris. Esto creará una mezcla de placer y dolor erótico y la acercará al orgasmo. Algunas mujeres podrían estar asombradas de descubrir que esta estimulación es tremendamente erótica. Otras podrían considerar esta actividad demasiada intensa (de forma mental o física); otras querrán más. Cada mujer es diferente. Al igual que con cualquier otro acto sexual, esto también es normal.

La particularidad de la vulva te permite meter tu lengua adentro del canal vaginal para crear otro tipo de sensaciones eróticas al imitar el acto de la penetración. Esta actividad creará una sensación única y deliciosamente traviesa. También la textura y humedad de tu lengua es otra sensación única y totalmente erótico que puede producir un orgasmo súper intenso.

Otra técnica es insertar tus dedos y moverlos hacia adentro y hacia fuera para imitar la penetración durante el coito. Al meter tus dedos, pon tu palma hacia arriba para permitir que tus dedos encuentren y froten su punto G. Algunas mujeres disfrutan de esta sensación y estimulación—otras no. Al frotar esta área muy sensible, fíjate en sus reacciones y reacciona según éstas. Una dulce variación a meter tus dedos con fuerza adentro y afuera de su vagina es separar mucho tus dedos para tocar su pared vaginal y permitir que la resistencia de sus músculos internos apriete tus dedos, lo que aumenta su placer y también el tuyo. Frota tus dedos en las paredes internas de su vagina y estimula su punto G. También puedes seguir aumentando las sensaciones al lamer, mordisquear y chupar sus labios íntimos y clítoris o solamente observarla retorcerse con placer mientras la tocas.

No podemos dejar de hablar del Cunnilingus—sexo oral para la mujer—sin hablar de la eyaculación femenina. Como ya he dicho, la eyaculación femenina es cuando una mujer eyacula líquido de su uretra durante un orgasmo. Es un fenómeno totalmente normal. Algunas mujeres eyaculan y otras no. A algunas mujeres la eyaculación femenina les parece erótica y a otras no les gusta. Si eres una de las cientos de miles de mujeres que experimentan la eyaculación femenina, platícalo con tu pareja antes para mitigar tu miedo y vergüenza. Es preciso comunicarte con tu pareja. La comunicación es la clave del placer erótico. ¡Úsala!

Recuerda que sólo tu imaginación limita las posibles variaciones en el sexo oral para la mujer. Hazlo erótico para ti misma y lo harás erótico para ella para que las dos (o los dos) disfruten de su sexualidad.

Capítulo Nueve

Posiciones sexuales
El sexo nunca debe ser una tarea ni aburrido
si lo es
¡lo estás haciendo mal!

Para empezar déjame ser honesta, sincera y realista. Cuando veo los libros actuales en el mercado que muestran las posiciones sexuales, de inmediato me siento inadecuada. ¿Cómo demonios voy a ponerme en esas posiciones? Mi cuerpo no se dobla así. Y si me amante intentara levantarme, al pobre muchacho le podría dar una hernia o lo que es peor—podría dejarme caer de cabeza. Dejé de ser la perfecta muñeca de Barbie al cumplir los 30 años. No es cierto, también tenía problemas de peso en aquel entonces.

Así que qué hacer si eres como yo, gordita, o si ya no eres tan joven y flexible para poder realizar esas posiciones sexuales? ¿Te quedas con las dos o tres posiciones que conoces—y que puedes hacer—y finges que no te mueres de aburrimiento? ¿Nunca debes intentar lograr esas bonitas posiciones torcidas que la mayoría de los libros Kama Sutra recomiendan? ¿Cómo puedes lograr que el ardor sexual siga o volver a encenderlo luego de meses o años juntos con el mismo sexo aburrido y poco satisfactorio?

Primero, hablemos de tu cuerpo. Todas sabemos que no es sano ser obesa, pero ¿qué tal unas cinco, diez o hasta veinte libras de más? No soy médico (mi doctorado es un la sexualidad humana) así que no puedo aconsejarte qué régimen de ejercicio y dieta está bien para ti. Sin embargo, sí puedo hablar de lo que funciona para mí y ayudarte a ser sexualmente sana para que puedas disfrutar de tu sexualidad con más sabor que nunca antes.

En lo personal, considero que tener veinte libras más de lo que recomienda la tabla de peso no está tan mal. Las latinas siempre tendremos unas libras de más. Nos dan las hermosas curvas. Creo que todavía no sacan una tabla de peso apropiada que tome en cuenta la estructura física de una latina así como el peso normal en promedio para una latina. Las latinas por lo general tienen más cadera y trasero que las mujeres de otras nacionalidades, sobre todo que las blancas y las chinitas.

Sin embargo y dicho eso, si tienes más de veinte libras de más sí tienes problemas con tu salud, tanto física como emocional. Podrías sufrir de una baja auto-estima, sin mencionar que es más difícil ponerte en esas deliciosamente traviesas posiciones sexuales, o hasta doblarte y amarrarte los zapatos. Y luego por supuesto llegamos al asunto más importante de no tener la suficiente energía para tener sexo en primer lugar, sobre todo si la baja auto-estima te ha provocado la depresión. Ésta pronto puede aumentar hacia una sensación de falta de habilidades que te lleva a creer que tienes una mala imagen corporal y te sentirás todavía más estresada sobre cómo te ves y si eres lo suficientemente atractiva como para tener sexo, o hasta para ser romántica.

Por supuesto, puedes tratar de justificar tu peso y no ponerte sana al decir, "si realmente me amara, me amaría gorda". Yo misma lo he dicho. Sin embargo, es un hecho que la mayoría de los hombres se basan en lo visual y que les gustan los paquetes bonitos—como a nosotras también.

Seamos sinceras, amigas, sólo puedes aguantar la respiración durante cierto tiempo para que tu amante no te vea las llantitas—los chichos—antes de jadear para jalar aire, aun con las luces apagadas. Y muchas veces, como gorditas o mujeres mayores, tendemos a poner a un lado nuestras fantasías sexuales porque pensamos que a nuestra pareja no le va a gustar lo que ve, que nuestros senos cuelgan, o que nuestras llantitas—chichos—se manean mientras que él nos la mete con fuerza. Hasta las latinas que tienen lo que otras podrían considerar el cuerpo perfecto a veces no tienen confianza en su sexualidad o en sí mismas. Todas tenemos nuestros puntos difíciles.

¿Debo mencionar las cicatrices que algunas tenemos en el cuerpo? ¿Cuántas veces has dejado a un lado el sexo o apagado las luces para que él no vea tus cicatrices?

Yo tengo una cicatriz grande, tamaño de una moneda de un dólar, de una quemadura arriba de mi seno derecho y otra que cruza mi estómago. Durante meses después que se me hiciera la cicatriz, temía que ningún hombre iba a desearme. La cicatriz estaba tan fea. Esto era muy significativo para mi sexualidad porque me encantaba que jugaran con mis senos y me provocan muchos orgasmos. Pasó casi un año antes de que permitiera que mi pareja viera mis senos, como se los había escondido. Hasta llegué a dejarme puesta una playera cuando hacíamos el amor.

¿Cuántas de ustedes tienen estrías por dar a luz o por ser gorditas? ¿Qué tal cicatrices de una cesárea o tal vez te falte un seno o estés desfigurada? Todos estos factores te hacen cohibida respecto a tu cuerpo y tu deseo de satisfacerte sexualmente. Si es un grave problema para ti, te recomiendo que hables con un terapeuta o que leas mi libro, *Para la Mujer Sensual,* que aborda la disfunción sexual y fomenta la aceptación de una misma y te da muchos ejemplos para volverte más orgásmica.

¡La simple verdad es que esas cicatrices siempre estarán ahí!

Tienes que aceptarte a ti misma—con todo y fallas—antes de requerir que él lo haga.

Prende las luces.

En vez de concentrarte en lo que tu cuerpo tenga de malo, resalta las partes que te hacen orgullosa. Enfócate en la pasión que comparten—eso lo hace él.

Ámate—con todo y cicatrices.

Si ahora no, ¿cuándo?

Si con él no, ¿con quién?

Si todavía no te emociona ponerte en forma y ponerte sana, tal vez no hayas enfrentado la incentiva en términos que realmente valoras. Así que te diré la verdadera razón para ponerte sana: ¡Es para que tengas la energía y el aguante para tener todo el sexo que desees y no solamente quedarte acostada como pescado luego de veinte minutos porque estás exhausta!

Además, él quiere que su amante sea partícipe cuando hace el amor. Ponte sana para que puedas doblarte y voltearte en esas posiciones sexuales, aun cuando fuera tan sencillo como inclinarte sobre la mesa sin que tu barriga te lo impida, o frotarte contra él y sentir su erección con tu cuerpo en vez de sentir su barriga o la tuya.

Visita mi página en la Web www.instituteofpleasure.org ó www.institutodeplacer.com para mi programa *"Sexercise"* (Sexo-ejercicios) que he desarrollado en especial para las mujeres. Una divertida y poderosa mezcla de baile, pláticas, talleres y ejercicios divertidos para que estés sexualmente en forma.

Si no tienes el tiempo, la energía o el dinero para ir al gimnasio, camina por tu vecindario y empieza tu propio programa de *Sexercise* en casa. Empieza al estirar tu cuerpo. Dóblate y toca los dedos de tus pies o hasta donde puedas. Gira hacia la izquierda. Gira hacia la derecha. Mírate en el espejo desnuda y luego con tu favorita pijama sexy puesta. Nota cómo te ves desde todos los ángulos.

¿Cómo te ves cuando de doblas a la cintura? ¿Cuándo giras?

Ponte sobre rodillas y manos. ¿Ahora cómo te ves? Posa de manera sexy. Aprieta tus glúteos. Fíjate dónde quieres ser más apretada—más firme. Analízate. Fíjate lo linda que te ves desde todas las posiciones. Si ves algo que no te gusta, arréglalo. Si no puedes arreglar o cambiarlo, deja de fastidiar y acéptalo—¡así es la vida!

Ahora continuemos con nuestro *Sexercise—Sexo-ejercicios*. Acuéstate sobre el piso o la cama y levanta tus rodillas hasta donde puedas hacia tu pecho y mantenlas ahí para el conteo de diez. Haz diez repeticiones. Nota dónde te es más cómodo colocar tus piernas. Fíjate si tienes que hacer más arco con tu espalda para respirar mejor. ¿Necesitas una almohada debajo de ti? ¿Debajo de tu cadera? Muchas veces a los hombres les gusta agarrar tus piernas y colocarlas sobre sus hombros para penetrarte más profundo; esto te ayudará a estar en forma para eso. No está mal que le digas lo que necesitas para ayudarte a disfrutar más tiempo en esta posición. En realidad, un amante te dará las gracias y de inmediato buscará hacerte sentir más cómoda. Después de todo, es para beneficio suyo. A veces, inclinarte ligeramente desde el borde de la cama te dará la comodidad que necesitas para respirar con más facilidad y sentirte más alocada y libre.

Para ayudarte a reducir tu panza y para apretar esas llantitas, haz pequeñas sentadillas acostada en el piso o la cama. Si tienes problemas con la espalda, acuéstate derecho boca arriba y deja que los músculos de tu estómago hagan todo el esfuerzo al simplemente inhalar para meter la panza y luego exhalar para sacarla diez veces; no es necesario intentar sentarte ni hacer *crunches*. Haz cinco repeticiones de diez, tres veces al día para que los músculos de tu estómago se esfuercen.

Otro maravilloso *Sexo-ejercicio* de bajo impacto que puedes hacer para ayudar a aplanarte la panza es sentarte en una silla y levantar tus piernas juntas seis pulgadas del piso usando los músculos de tu estómago. Empieza lento. Levanta media pulgada la primera semana y aumenta otra media pulgada cada semana.

Un ejercicio que sin duda debes hacer es levantar el pelvis. Acostada boca arriba, pon las plantas de tus pies en el piso, levanta tu cadera y bájala. Levanta como si tuvieras sexo. Haz tres repeticiones de diez hasta que llegues a diez repeticiones por día. Si padeces de problemas con la espalda, tómalo lento y tranquilo. Con este *Sexo-ejercicio* no cuenta la velocidad, sino el aguante.

Para las mujeres que realizan *La Entrega,* el sexo anal, con su pareja, levantar con fuerza el pelvis de rodillas, así como parada, te ayudará a ponerte en forma para esta rigorosa actividad sexual.

Recuerda que los tan importantes ejercicios Kegel te ayudarán a fortalecer los músculos en tu vagina y te ayudarán a alcanzar increíbles niveles de sensación y orgasmos. Combina tus Kegels con el levantamiento del pelvis. Al levantar, aprieta los músculos de tu vagina. Al bajar, suéltalos y relájate. Esto creará una sensación apretada no sólo en tu vagina, sino en tu ano también. Es un *Sexo-ejercicio* muy importante para el sexo anal.

Igual como con todo régimen de ejercicios, es buena idea hablar con tu médico antes de comenzar. Aunque un poco de molestia es normal cuando tus músculos empiezan a apretarse, no lo es un dolor extremo, y esto puede ser señal para que vayas más lento o te detengas por completo. No creo en la regla de "Si no hay dolor, no se gana nada". Esta regla es tonta y peligrosa. Siempre habla con tu médico y recuerda que nadie conoce tu cuerpo mejor que tú.

Si te encanta hacer ejercicio pero te cansas de lo aburrido del mismo o si apenas empiezas, te doy otra incentiva útil para ayudarte a emocionarte. En vez de sentirte desdichada al estar en la caminadora o la escaladora veinte minutos más, cierra tus ojos e imagina una de esas traviesas fantasías sexuales que por lo general guardas para la hora de dormir o para cuando te tocas. ¿Cómo arreglarías el cuarto para que fuera romántico? ¿Qué ropa te podrías? ¿Qué se pondría él? ¿Qué le harías? ¿Qué querrías que él te hiciera? Recuerda que es tu fantasía y no hay límites. ¿Qué tan viril será él cuando te hace el amor, o cuando le demuestras lo traviesa que puedes ser?

No tiene nada de malo pensar en el sexo y tener fantasías al respecto mientras que estés en el gimnasio o el trabajo, o el tren o donde sea. No hay un *policía de los pensamientos* observándote ni leyéndote la mente. Cuando corría en el gimnasio la gente muchas veces comentaba que yo siempre tenía una expresión de alegría al ejercitarme. Yo sólo sonreía, hasta me ruborizaba, y daba las gracias, al recordar la traviesa fantasía que me motivaba a correr un poco más para finalmente darme la energía que necesitaba para disfrutar de otros quince minutos de felicidad sexual. Oye, todavía soy gordita pero tengo mucha energía.

Te lo dejo a ti decidir cómo y cuándo quieras empezar con tus *Sexo-ejercicios.* Y no olvides que el sexo mismo es una maravillosa forma de ejercicio también. Media hora al día, dos o tres veces por semana, sería un buen comienzo ya estés sola o con un amante. ¿Ya te conté de los premios que le sacarás a tu pareja por esto? Sin duda te amará por esto, hasta te podría dar todo el romance que hayas añorado mientras que se cumplen sus deseos—algo que como mujeres tendemos a dejar a un lado u olvidar.

Ahora que hemos hablado del peso, hablemos de la posiciones. ¿A quién no le encanta la variedad? Pruébalas todas. Recuerda la regla de "tres veces". Sin embargo, no te lastimes sólo para lograr una posición sexual o para tener un sexo que piensas es mejor. Sencillamente no quieres dañarte la columna para ponerte en una posición de yoga. Aparte de ser doloroso, lastimarte la columna también significa que no tendrás sexo durante al menos una o dos semanas.

Por favor no me malinterpretes. De ninguna manera quiero convencerte de no intentar y disfrutar de todas esas deliciosas y aventuradas posiciones. En realidad, te aliento para que las pruebes todas. Sin embargo, si eres como yo, un poquito gordita, y no puedes doblarte o flexionarte para lograr todas esas posiciones extravagantes, que serían complicadas hasta para una gimnasta de 104 libras, disfruta de las prácticas posiciones sexuales que describo en este capítulo primero.

Por favor toma en cuenta que en ningún lado se afirma que el hombre (o la pareja femenina) no puede doblarse y girarse todo lo necesario, o que los juguetes y objetos sexuales no pueden ser programados para ayudar a lograr las posiciones que deseas. Esto en especial es cierto para las mujeres con discapacidades físicas.

Me resultaría imposible cubrir los cientos de posiciones sexuales en un solo libro. Por eso quiero cubrir lo básico contigo y proporcionar unos cuantos ejemplos y técnicas para que empieces en tu camino hacia los placeres sensuales y sexuales y esos maravillosos orgasmos. Proporciono unos cuantos picantes ejemplos para varias posiciones. Con mucho orgullo te proporciono las siete posiciones sexuales básicas que toda latina debe conocer, descubrir y reclamar como suyas:

Adorar
El Amor
Del Corazón
La Diosa
La Entrega
La Reina
Vaquera

Adorar

Adorar empieza con los dos acostados de lado, tu espalda junto a su pecho. Pon una pierna encima de la suya o estira una pierna frente a ti. Lo deleitoso del *Adorar* es que él puede adorar tu cuerpo con sus manos, su boca, y hasta al frotar su cuerpo contra el tuyo. Tus nalgas sirven como cojín y como estímulo para él mientras que él se mueve hacia delante y hacia atrás frotándote y aumenta sus sensaciones y las tuyas. Aunque es un poco más difícil besar en esta posición porque debes voltear tu cabeza, nada impide que él te bese la nuca, los hombros y la espalda. Siempre es erótico mordisquear y morder. Cuando él esté listo o cuando tú se lo ruegues dulcemente, él puede penetrarte por detrás ya sea en la vagina o el ano. O tal vez solamente quieren tocarse y tentarse o hasta masturbarse—como las *Manos de Oro*.

Lo bello y apremiante de *Adorar* es que la persona adelante se siente querida y amada. Recomiendo alternar cada semana a quién le toca estar adelante. También es una maravillosa posición en la cual quedarse dormidos o para abrazarse solamente para aliviar el estrés del día.

Las prácticas Tantra usan *Adorar* para volver a alinear el ritmo de tu cuerpo y corazón con el de tu pareja. Y amigas, aunque tu hombre no siempre comparta contigo su necesidad de ser abrazado y querido porque tiene miedo de que lo veas como débil o vulnerable, sobre todo si es latino y acata a las estrictas reglas del machismo, necesita tu amor y afecto con desesperación. Abrázalo de esta manera seguido y es poco probable que te engañe.

Adorar le permite a él usar sus manos en todo tu cuerpo, ya sea para acariciar tu cara y garganta, para agarrar tus senos, para estimular tu clítoris o lo que sea. Él hasta puede incorporar juguetes sexuales para estimularte. La penetración puede ser vaginal o anal o ambos si él incorpora el uso de un consolador, un vibrador o sus dedos.

Otra opción durante *Adorar* es que tú uses un vibrador en tu clítoris (con o sin penetración) mientras que sus manos se paseen donde él quiera. Es aceptable que tus manos ayuden a aumentar tu placer y el suyo. Por lo tanto, siéntete con libertad para agarrarte los senos y pasar tu mano hacia atrás y agarrar sus nalgas o pene y frotar. Cuando él esté listo, puede penetrarte mientras que mantengas el vibrador en tu clítoris, lo que provocará un tremendo orgasmo.

No te preocupes si sientes vergüenza; guarda esa sensación para después. ¡Por ahora, sólo disfruta! Además, en esta posición él no puede ver tu cara—a menos que seas tan aventurada como para colocar un espejo grande en la pared frente a ti. ¿O esto fue idea de él?

Puedes quedarte acostada pasivamente disfrutando de su amor y afecto erótico, o puedes pasar tu mano hacia atrás y tocarlo, acariciarlo, jalarlo adentro de ti. Aliéntalo con tus palabras y gemidos. Frota y presiona tu cuerpo contra el suyo para mostrarle cuánto placer te da. Disfruta de sus caricias tentadoras y el erotismo de que él simplemente adore tu cuerpo. *Adorar* es una de esas posiciones en las que la persona adelante recibe tanto amor y la persona atrás se siente poderosa mientras que él (o tú) descubre la emoción de lo que su toque puede hacerte, y además descubre todas esas maravillosas zonas erógenas. Pronto te tocará a ti cambiar de posición y convertirte en la maestra del títere para hacerlo gemir y lloriquear con tu toque.

Si quieres incorporar un poco de sabor diferente a tu relación amorosa, él puede amarrar tus manos frente a ti o al cabecero para agregar el erótico elemento de la vulnerabilidad y un roce de aprehensión traviesa. Ten cuidado al usar mascadas que no te corten la circulación en las muñecas. Siempre tengan a la mano unas tijeras. Es mejor usar cordón de nylon, esposas metálicas o fundas para las almohadas para amarrar las muñecas.

Aunque pudieras sentirte un poco avergonzada como para compartir con él cómo te hace anhelar su toque y cómo él despierta todos esos pensamientos traviesos que hayas escondido desde hace años, asegura de compartirle en voz alta lo bien que se siente y cómo sus actos te afectan. Entre más compartas con él—alimentes sus deseos y los tuyos—más él querrá observarte, complacerte y cumplir con esas románticas fantasías sensuales que tienes por dentro.

Guía sus manos a dónde más las necesites. Enséñale cómo te gusta. Hasta puedes mantener tus manos en las suyas e ir lentamente, parándolo cuando es necesario. Las parejas en las que uno o ambos tienen mucha panza sacarían provecho de esta posición.

Cuando intercambian los roles, con él detrás de ti, y quieres penetrar a tu pareja, puedes usar un consolador que se fija al cuerpo o uno con doble cabeza. Asegura de usar suficiente lubricante cuando practicas la penetración anal ya sea que penetres a un hombre o a una mujer. (Hablamos más de la penetración anal en el capítulo *Sexo Anal*.)

Para dos mujeres juntas, pueden usarse los mismos actos y juegos eróticos. La penetración también puede darse si usas tus dedos u otros juguetes sexuales. Y por supuesto, siempre puedes volver loca a tu pareja al usar tus manos, tu boca, tus palabras y mostrarle los juguetes pero no usarlos en realidad—es un excelente juego de poder mental.

Para esas mujeres que hayan tenido trauma sexual en su vida, *Adorar* puede provocar ansiedad. Recuerda que estás con una persona amada. Coloca un espejo largo frente a ti para que siempre puedas ver a tu pareja y disfrutar de cómo te toca. También puedes usar un espejo pequeño y levantarlo cada vez que tengas que tranquilizarte mirando a tu amante.

Adorar es una posición de mucha confianza como te entregas al abrazo de tu pareja. Date el regalo de abrazar toda tu sensualidad y sexualidad divinas.

El Amor

El Amor es la posición sexual más básica y comúnmente se le llama la posición del misionero. Es cuando el hombre está encima y la mujer está acostada debajo de él. La penetración se logra cuando el pene se mete en la vagina; sin embargo, también puedes tener sexo anal en esta posición.

La profundidad de la penetración puede aumentarse ligeramente si él levanta tus piernas sobre sus hombros o si tus piernas están dobladas contra tu pecho y tu pareja se inclina sobre ti y hacia ti. Otra manera de aumentar la penetración en esta posición es que abras tus piernas mucho y las levantes; sus manos agarran tus tobillos o muslos. El objetivo es levantar tu cadera más para permitir que se meta más profundo.

A muchas mujeres les encanta sentir que el peso de un hombre las aplaste, el poder viril que exuda, la dominación. Si eres una de éstas, agárralo mientras empuja con fuerza adentro de ti. Agarra su cadera y guíalo hacia la profundidad que necesitas mientras que te levantas para chocar tu cuerpo contra el suyo. Aquí es donde tus *Sexo-ejercicios* de levantar el pelvis te sirven.

Si él es un poco pequeño para ti (seamos sinceras: algunos hombres tienen un pene pequeño y no pueden llegar a la profundidad en la penetración que nosotras deseamos), tendrás que poner tu cuerpo a un ángulo para ayudarlo a meterse un poco más profundo.

Que tus piernas estén sobre sus hombros o junto a tu pecho como se menciona arriba debe ayudar un poco pero puede que no sea suficiente. No sientas vergüenza de pedir penetración con un consolador (más largo que él) si lo necesitas para satisfacer ese deseo que tienes por dentro. Actualmente existen juguetes para extender el pene que él puede usar. Muchos hombres disfrutan darte este placer. Si él se siente poco útil sólo dile que él tiene el tamaño perfecto para *La Entrega* y disfruten de éste también.

Tanto a las mujeres como a los hombres les encanta la posición de *El Amor*, porque les permite más intimidad durante la unión sexual, como por ejemplo que se miren a los ojos y que se besen. Que él pueda lamer, morder y chupar tus senos mientras que te penetra es un plus adicional. Por supuesto, tú también puedes lamerlo y mordisquearlo.

Agrégale sabor a *El Amor* al incorporar un poco de restricción y vulnerabilidad como en el *Intercambio de Poder*. Un ejemplo es que él amarre tus manos a la cabecera, o si te parece demasiado, puede amarrarlas juntas pero dejarlas libres y pedirte que las mantengas por encima de tu cabeza—y amenazar con detenerse si no lo haces. Me encanta atar las manos de mi amante por encima de su cabeza con papel higiénico. Es tan erótico verlo retorcerse porque necesita que lo toque, pero temiendo que me detenga en lo que estoy haciendo si él se libera. Un dulce *Intercambio de Poder*. A veces es muy divertido cuando él se libera y voltea la tortilla. Tu pareja también puede agarrar tus manos con las suyas por encima de tu cabeza. Otra opción es que te amarre a la cama con las piernas abiertas. Esto te permite sentirte un poquito vulnerable y va de acuerdo con su rol como dominante o conquistador, si es que asumen roles. Estoy segura que a ustedes se les ocurrirán más opciones deliciosas.

Dos mujeres juntas pueden frotarse y estimularse los clítoris y los senos al besarse y mordisquearse. Si deseas una penetración, pueden usar un consolador que se amarra al cuerpo o uno con doble cabeza, y también los dedos pueden usarse para penetrar.

Las mujeres embarazadas tienen que reducir el peso en su barriga cuando están en su segundo y tercer trimestres. Acuéstate sobre la cama (o el sillón) y coloca tus pies para que cuelguen de la cama, ya sea que queden suspendidas en el aire o tocando el piso, y tu pareja debe pararse entre tus piernas: ahora levanta tu cadera hacia él para que te penetre. Si te es incómodo boca arriba, coloca unas almohadas debajo del cuerpo, abre tus piernas y colócalas en una silla o diván mientras que tu pareja se ponga entre tú y la silla. También puedes usar una hamaca o columpio adulto. Sin embargo, las mejores posiciones para las mujeres embarazadas son *Adorar, La Diosa y Vaquera.*

La Diosa

En *La Diosa*, la mujer se coloca encima del hombre y él se acuesta debajo de ella. Ella se sienta a horcajadas con su cadera abrazando los muslos y la cadera de él.
La Diosa permite una penetración más profunda y orgasmos más profundos. Es una posición idónea para las vírgenes, las mujeres embarazadas o los hombres que tienen problemas con la espalda.

En esta posición, la mujer controla el ritmo y la profundidad de la penetración. Ella puede guiar a su pareja—mostrarle cómo a ella le gusta ser tocada—cómo ella quiere que él explore su cuerpo, sus senos, su clítoris; así se asegura varios orgasmos antes de que él logre el suyo. *La Diosa* también le permite estimular el punto G.

Lo decadente y apremiante con *La Diosa* es que logras varias sensaciones al moverte encima de él. Por ejemplo, sentirás algo en particular si te inclinas hacia atrás usando sus rodillas para equilibrarte, y otra sensación si te inclinas hacia delante, poniendo tu peso en su pecho o la cabecera. Y sentirás otra deliciosa emoción al estar acostada encima de él, empujando contra su hueso pélvico con fuerza y meciéndote hacia delante y hacia atrás.

Lo que desees hacer—¡pruébalo!

No hay una regla fija.

Al irte excitando, empuja con más fuerza contra él para sentirlo más profundo dentro de ti. Eres tú alcanzando tu poder. Experimenta como la *Científica Sensual* que eres—una mujer sensual.

Si te cansas, pues es una posición rigorosa, que él te ayude a mantener tu ritmo al agarrar tu cadera y guiarla. Él puede sacar provecho de esto porque puede colocarte donde más te necesita y todavía estar libre para excitar tu cuerpo.

La Diosa es necesaria para la pareja si el hombre padece de la eyaculación precoz. En esta posición, mueve lentamente sobre tu pareja controlando la profundidad y el ritmo. Cuando él te avise que está próximo a llegar al orgasmo, ¡detente! Haz esto varias veces mientras que él aprenda a controlar su clímax. Siempre puedes atormentarlo con erotismo al detenerte cada veza que él te diga que está listo para llegar al orgasmo solamente porque quieres que él te ruegue por el placer de llenarte con su esencia—su semen—de compartirse tan íntimamente contigo. Si resulta que llega al clímax antes que tú, no tiene que acabar ahí. Ahora él puede asegurar tu orgasmo con sus dedos o su boca como puedes subir y convertir esta posición en *La Reina*.

No te sientas tímida al tocarlo a él o a ti misma. Es aceptable que te toques los senos mientras que tu pareja estimula tu clítoris o guía tu cadera en el ritmo que ambos necesitan. En realidad, para los hombres es muy erótico que una mujer se toque, *sobre todo cuando lo hace para beneficio de él.* No te preocupes; no le diré que el placer fue todo tuyo.

Contrario a las doctrinas restrictivas y a la creencia popular, a los hombres les encanta una mujer asertiva en el sexo—hasta a los latinos. Ese viejo dicho de *"tener una dama en la calle y una puta en la cama"* nunca había sido más cierto que durante este milenio cuando los hombres y las mujeres se vuelven más cómodos con su divinidad sensual y sexual. Si tú o tu pareja se siente incómodo, platíquenlo. Puede ser que él ve un nuevo lado tuyo y necesita saber que *solamente es para él—para su beneficio—que te comportas de esa forma atrevida, erótica y libre.*

Recuerda que *La Diosa* está al mando. Emociónate con tu poder mientras lo montas o lo penetras con fuerza, contrario a lo que por lo general haces. Él puede guiarte al agarrar tu cadera y ayudarte a subir y bajar. Puedes agregarle algo aventurado y diferente a esta posición y hacer que él te dé una nalgada mientras que lo montes. Él puede darte palmaditas suavemente contra tus nalgas al principio y luego con más exuberancia, si así lo deseas. Te darás cuenta que cada palmadita contra tus nalgas lo mete más profundo dentro de ti, lo que te apremia. Y también puedes amarrarlo a la cama con sus piernas abiertas como se menciona en *El Amor,* lo que le permite incorporar y sentir ese dulce nivel de vulnerabilidad dentro de ti y el *Intercambio de Poder.*

Para aumentar la emoción e incrementar tu pasión, haz que tu pareja use un vibrador en tu clítoris mientras que lo montas. También puedes lograr la doble penetración en esta posición porque tu pareja puede insertar sus dedos o un juguete en tu ano para provocar más placer. Recuerda que puedes incorporar lo que quieras a cualquier posición sexual para crear una deliciosamente erótica experiencia sensual que recordarás durante meses.

Del Corazón

Del Corazón es hacerse el sexo oral el uno al otro de manera simultánea—la vieja posición 69. A diferencia del sexo oral básico, la pasión de esta unión erótica y muchas veces inspirada en lo espiritual, es que ambos dan y reciben en un ciclo sin fin de placer. *Del Corazón* habla del afecto y amor compartidos y aceptados por la pareja que lo realiza.

Aunque podría resultar un poco vergonzoso colocarte en esta posición, no te preocupes. Tu amante estará muy ocupado lamiendo el tesoro escondido que haya descubierto para fijarse. Siéntete libre de retorcerte contra él y de gritar lo que necesites mientras que él te vuelve loca de placer, y tú usas tu lengua para devolverle el favor y complacerlo.

Del Corazón puede variar mucho en uso y aplicación. Por ejemplo, los dos pueden estar acostados de lado o uno encima del otro. Pueden estar sobre la cama, el piso, un sillón, básicamente donde deseen. Y eso no lo es todo. También pueden incorporar el uso de juguetes sexuales tales como un consolador, un vibrador, u otro mecanismo que les guste. No olvides que también puedes usar tus dedos para atormentar y tentar a tu pareja con él expuesto ante ti.

Voltea tu cabeza y mordisquea la parte interior de su muslo.
Rasca su piel con tus uñas para aumentar las sensaciones que
produces. Puede que lo tengas aullando debajo de ti antes de que
él te ataque y te ame con más pasión. Al excitarte cada vez más,
agarra su cadera y levántalo hacia tu boca. Puede que él también
te jale con fuerza hacia su boca. Hasta puedes hacer que él se
arrodille sobre tu boca y que te meta su erección en la boca,
moviéndolo hacia un lado y hacia el otro hasta que te dé lo que
necesitas y satisfaga el añoro en ti.

¡No existen reglas en *Del Corazón* ni en ninguna posición
sexual!

Prueba.

Explora.

¡Sexplora!

Si ardes con deseo y quieres combinar *Del Corazón* con la
penetración, gira tu cuerpo y móntalo como La Diosa o *Vaquera*.
O empuja hacia atrás hasta que te coloques en la posición para
La Reina y empújate contra su boca, arañando su pecho,
agarrando la pared o la cabecera mientras que exijas un orgasmo.

Si él llega antes que tú hayas terminado, que él use su boca,
sus dedos o un vibrador hasta que logres tu orgasmo. ¡Nunca te
detengas! Esto sólo sirve para almacenar la frustración y el
resentimiento. Déjalo saber que necesitas más. Exígelo si es
necesario. Eres una mujer sensual—reclama tu derecho a la
satisfacción sexual. ¡Conviértelo en el amante que tú quieres que

sea para que tú puedas ser la amante que él retenga para siempre!

La Entrega

No existe acto sexual más controvertido y cargado con más tensión emocional o tabúes o que le hace a alguien sentirse más vulnerable que *La Entrega*—el sexo anal. Las sensaciones asombrosas, y a veces abrumadoras, de vulnerabilidad asociadas con este acto sexual tan íntimo pueden unir a una pareja y abrir las puertas hacia una relación de lo más cariñosa. A diferencia de otras posiciones sexuales, *La Entrega* requiere de confianza por parte de la persona que recibe y de extrema paciencia por parte de quien da. Es la posición sexual en la que la preparación sensual y mucho lubricante son necesarios así como movimientos lentos al inicio que crearán una deliciosa sensación para ambos.

Como el ano tiene curva en dos lugares, es necesario ir lentamente cuando primero penetras a tu pareja. Gran parte del dolor que se siente durante *La Entrega* es provocado porque la persona golpea con fuerza la pared al final del recto; por lo tanto, es mejor moverse lentamente al comienzo. Cuando la persona se ponga más cómoda, aumenta el ritmo. ¡Es necesario hacer estimulación preliminar! (Véase el dibujo en el capítulo: *Sexo anal.*)

Es durante *La Entrega* donde los *sexo-ejercicios* de los que ya platicamos serán útiles, como es una de las actividades sexuales más rigorosas en el que jamás participes. Tus *sexo-ejercicios* Kegel también ayudarán para relajar tu ano para sentir más placer. Puedes hacer La Entrega con alguno de los dos doblado en una silla, el sillón, una mesa, u otra cosa.

A continuación les proporciono un ejemplo de ambas formas de penetración anal, desde la perspectiva de quien da y de quien recibe. Son intercambiables. Elige la que se te antoje en el momento.

Dando La Entrega

Las mujeres que realizan *La Entrega* pueden usar el consolador que se amarra al cuerpo o el de doble cabeza. Asegura de frotarle mucho lubricante al consolador y en la apertura del ano de tu pareja para facilitar la penetración. Que tu pareja se arrodille ante ti y tú colócate detrás de él estilo perrito. No se lo metas simplemente. Tiéntalo con tus dedos, tu lengua, o hasta un pequeño consolador o un tapón de nalgas—bujías anales. Rasca su piel con tus uñas. También puedes darle palmaditas sobre sus nalgas y después un beso.

Coméntale lo poderosa que te sientes al tomarlo así y lo honrada que estás de que se te entregue de una forma tan hermosa. Debes haberlo abierto ligeramente con un dedo o dos para hacerlo más cómodo al aceptar algo más grande. Acaricia su cadera y jálalo hacia ti. Descansa y permítele sentir la presión del consolador en su apertura antes de penetrarlo.

Si es su primera vez, penétralo lentamente y solamente hasta una pulgada de profundidad, lo suficiente para hacer desaparecer la punta del consolador. Permite que tu pareja se acostumbre a la sensación. No te sorprendas si la penetración provoca ansiedad y él quiere detener todo. Tranquilízalo. Comparte con él lo orgullosa que estás de que él se rinda ante ti. Afírmale tu afecto. Aliéntalo. Acarícialo. Inclínate en él y coloca besos ligeros en su espalda, su cuello. Deja que tus manos y tu boca lo tienten hasta que él esté preparado para continuar. ¡Tu paciencia es crucial!

Mientras que su cuerpo se ajuste al falo que trae adentro, sigue acariciándolo, tranquilizándolo con palabras de aliento y afecto, hasta de ¡*adueñamiento!* Besa su espalda. Mordisquea su piel. Frota su pecho con tus manos, y tus senos contra su espalda. También puedes frotar su pene. Entiérrate en él. Cuando estés lista, lentamente retira hasta la mitad y luego vuelve a penetrar, para crear un ritmo continuo que volverá loco, con un poco de tiempo, a los dos mientras que estimulas su próstata—el punto G masculino. (Si tienes que detenerte, no permitas que tu desilusión eche a perder su rendición. Reconoce su logro y para la próxima llegarán más lejos.)

Si usas el consolador que se amarra a tu cuerpo, sentirás cómo el arnés de cuero te golpea toda la vulva mientras que lo penetras. Si usas un consolador de doble cabeza, te sentirás penetrada mientras lo penetras. Si empiezas a cansarte, agarra su cadera y guíalo adentro de ti para que él haga la mayor parte del trabajo. Si usan un columpio adulto o hamaca, ayudará a colocar a tu pareja en la posición para la penetración, lo que te permite mantener durante más tiempo esta actividad rigorosa, como usas el columpio adulto para jalarlo hacia ti. Los columpios adultos son maravillosos para los que padecen de problemas con la espalda.

Si no aguantas tanto tiempo arrodillada, siéntate en el borde de una silla o de la cama y que él se mueva hacia atrás mientras que tú lo guíes adentro de ti, agarrándolo para lograr penetraciones más profundas. También es una buena opción para los que lo hacen por primera vez—ya sean hombres o mujeres. Podrías sorprenderte de lo vigoroso del movimiento de tu pareja al excitarse cada vez más.

Otra opción es sentarte en una silla sin brazos y que él se siente encima de ti, con una pierna por cada lado y dándote la espalda. Sus muslos muy abiertos al estilo *Vaquera.* Así él puede controlar la profundidad de la penetración, moviéndose encima de ti y sentirse cómodo. Puedes acariciarlo o frotarlo tú. Puedes solamente disfrutar de las sensaciones de verlo empujar contra ti, sintiendo el consolador de doble cabeza que se te mete y se te sale con cada empujo, descansar mientras que él se da placer a sí mismo—y a ti.

Si quieres ver las expresiones en su cara, coloca un espejo frente a ti. O que él se sienta en tu regazo—dándote la cara—mientras que tú te sientas en una silla con espalda en posición vertical o te acuestas en el sillón y luego guías el consolador que se amarra a tu cuerpo o que tiene doble cabeza debajo de él para que se siente. Esta posición te ofrecerá la oportunidad de observar cada expresión de éxtasis que aparezca en su cara y puedes besarlo, lamer y mordisquear su pecho o hacer cualquier otra cosa que quieras.

Otra opción es que él se acueste en la cama con sus pies en el piso. Haz que él levante su trasero para ofrecértelo a ti mientras que tú estés parada detrás de él. Entonces tú puedes guiarlo hacia atrás y mantenerlo en este lugar mientras tú lo penetras. Aun cuando tengas experiencia con el sexo anal, la penetración debe empezar lentamente para que su cuerpo se ajuste. Si están recreando roles como de cautiva o de dominancia, lo divertido sería que él tomara lo que quisiera duro y rápido. Sin embargo, penetren con cuidado unas cuantas veces antes de empezar a empujar con fuerza.

No te desilusiones si él pierde su erección o si no logra una. Algunas veces *La Entrega* causa esto. Pero él sí podrá llegar al orgasmo sin la erección y el orgasmo sí será intenso. Si deseas que él esté erecto, acarícialo o que él se acaricie a el mismo. La estimulación de su glándula del próstata (el punto G masculino) causará un increíble orgasmo para tu pareja con o sin erección.

No creas las falsas afirmaciones que un hombre solamente puede lograr un orgasmo si tiene erección. El hombre también puede sentir una satisfacción orgásmica sin la eyaculación y sin una erección—sobre todo los hombres de unos 40 años o más. Los hombres también pueden sentir un orgasmo mental, espiritual y de todo cuerpo hasta después del clímax. Ellos no están acostumbrados a ser multi-orgásmicos como las mujeres y sencillamente tienen que relajarse y pensar con su cuerpo y no con su mente. ¡Ayudará mucho que tú lo alientes!

Si descubres que a tu pareja le provoca mucho dolor arrodillarse, mitiga este problema al usar almohadillas para las rodillas, del tipo que los albañiles y los que ponen azulejos usan. Se venden en la mayoría de las tiendas de equipo deportivo, hasta en la tienda de ferretería. Compra un par de las almohadillas para cada quien. Son maravillosas. Protegen las rodillas y hacen posibles períodos prolongados de diversión.

Una preocupación que quisiera abordar respecto al sexo anal y los hombres es la homosexualidad. Puedes estar segura de que si tu esposo o amante disfruta de *La Entrega,* esto no significa de ninguna manera que él sea *gay* ni que tenga tendencias homosexuales.

La Entrega es una de las afirmaciones más fuertes de confianza y rendición que tu pareja puede ofrecerte, y tú a él. Puedes estar segura de que el hombre macho al que amas es igual de fuerte—si no es que más fuerte—de lo que te hayas imaginado. Considera un momento cuánto valor se requirió para que él te dejara usarlo de tal forma, que te dejara saber que lo disfrutó y que le dio placer. ¿Qué tanto valor tendría que tener para pedirte que repitieras tus actos?

Otra cosa importante a considerarse es que *La Entrega* contiene todos los tabúes, las supersticiones y las restricciones de nuestra sociedad. Al participar en ella, no solamente reclamas tu derecho a tu libertad sexual, ¡sino que también afirmas tu poder al hacerlo! Muchas veces el simple hecho de que *La Entrega se* haya prohibido le crea una atracción y deseo de tomar este solo acto sexual. El *Intercambio de Poder* durante *La Entrega* es mejor que todo. Y como con cualquier otra posición sexual, toma lo que quieras de ésta, ajústala para hacerla tuya o échala por completo.

La Reina

La Reina es una de las posiciones sexuales más poderosas que una mujer puede conocer y compartir con su pareja. Esta posición es donde la mujer está con una pierna a cada lado de la cara del hombre. Puede realizarse sola, en conjunto con cualquier otra posición sexual ya cubierta u otra posición que tú misma desarrolles.

Para compartir el placer de *La Reina*, haz que tu pareja se acueste sobre la cama o el piso. También puede sentarse en el sillón con la cabeza hacia atrás. Pon una pierna a cada lado de su cara, colocándote íntimamente sobre su boca. Podrías querer atormentarlo con el olor de tu perfume especial o agarrar su cabello para que no se levante, evitando que él te alcance con su lengua hasta que ruegue probarte. Enséñale dónde tocarte o deja que sus manos toquen donde sea.

Agrégale un poco de sabor como al estilo de *Intercambio de Poder* y amarra sus muñecas juntas encima de su cabeza con papel higiénico o exígele que mantenga sus manos a sus lados. Te emocionarás de que le será imposible mantener sus manos así mientras sigas dándole placer a él y a ti misma, y en poco tiempo él agarrará tu cadera y te jalará hacia él necesitado de probarte.

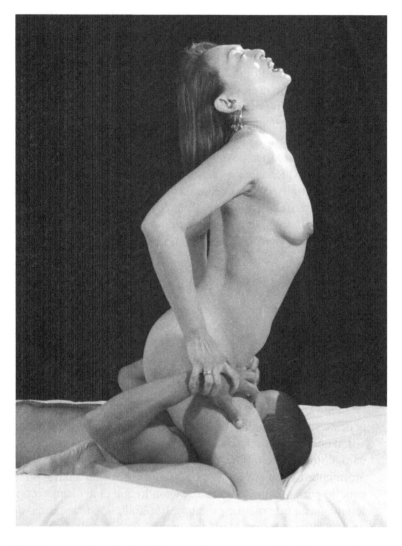

El placer erótico de *La Reina* te da una sensación de control y dominancia. Es esencial que comuniques tu placer con tu pareja al frotarte con él, diciéndole, permitiéndole oír cuánto te excita su boca. Esto lo estimulará a ponerse todavía más amoroso. Siéntete libre de tocarte y de jugar con tus senos mientras que lo observes chuparte o agarra su pene entre tus manos y frótalo. ¡Disfruta! Esto es el poder sensual.

Logra tu orgasmo una, dos veces, tanto como quieras. Cuando estés satisfecha, siéntate en la cama y abrácense, o intenten otra posición. Si quieres besarlo después, pero te da vergüenza probar tu propia esencia en sus labios, ten a la mano un trapo húmedo para limpiar su boca y mentón. O haz que te bese los senos y tu cuello primero y después tus labios y así deja tu sabor en esas partes. A algunos hombres les encanta sentir la esencia íntima de su mujer en toda su cara. A otros les encanta probar una mujer mientras que ella eyacula y luego que ella se frote contra su pecho y por su cuerpo así como marcándolo como *propiedad de ella*. Haz lo que te excite. Recuerda probar cosas nuevas. Esta bien si te avergüenzas un poquito. A lo mejor la próxima vez no, o la siguiente ya no. Es una deleite practicar.

No te sorprendas si tu hombre quiere provocarte más de un orgasmo. A muchos hombres les encanta mostrar sus poderes amorosos al darle placer a su pareja varias veces. Si te sientes agotada por tu orgasmo, voltéate, siéntate o acuéstate, y permite que te chupe. No te sorprendas al aprender que él quiere que te quedes arriba de su cara y te agarre los muslos para mantenerte en el lugar hasta que tú gritas pidiendo un orgasmo por la decadente tortura creada por su lengua y tal vez por sus dedos.

Las mujeres que tienen la sensación natural de la eyaculación femenina deben platicarlo primero con su pareja. Dile que cuando llegues al orgasmo puede que eyacules. Si él se pone nervioso, puedes quitarte a tiempo de tomar tu esencia en una toalla y luego regresar a tu posición arriba de su boca.

He descubierto mediante mis estudios y al ejercer como Sexóloga Clínica que la mayoría de los hombres NO TIENE ningún problema con la eyaculación femenina una vez que la entienden. A muchos les emociona el hecho de que pudieran crear un efecto tan grande en una mujer, como las mujeres que eyaculan no siempre lo hacen.

Recuerda que la comunicación es clave para la libertad sexual. Comunícate, ¡siempre!

Vaquera

El sexo es diversión y esta posición sexual realmente toma en cuenta este hecho. La posición *Vaquera* es cuando tú te sientas con una pierna en cada lado del regazo de tu pareja, dándole la cara o dándole la espalda, con un muslo tuyo junto a cada uno de él. Si estás en el piso dándole la cara, envuélvelo con tus piernas mientras te sientas en sus muslos; sus manos pueden agarrarte las nalgas. En una silla, date equilibrio con los pies para permitir una penetración más profunda. Lo bueno de esta posición es que te permite levantarte y bajarte sobre tu pareja como si montaras a cabello o estuvieras en un carrusel.

Como *Vaquera* te permite controlar la profundidad de la penetración, es una posición maravillosa para las vírgenes, las mujeres embarazadas y para el sexo anal. Así como tú pones el ritmo del empuje, también resaltas las sensaciones eróticas que tienes.

Vaquera puede hacerse dándole la cara a tu pareja o dándole la espalda. Cuando le das la espalda, abre mucho tus piernas sobre sus muslos, dejándolas colgar. Él puede penetrarte por la vagina o por el ano. Si disfrutas al ver las expresiones que tu amante hace, coloca un espejo largo cerca de donde te sentarás con anticipación para que ambos puedan observarse las reacciones. Entrelaza tus pies con los suyos. Esto te abrirá más y le permitirá jugar con tu clítoris o atormentar tus senos mientras que lo encajas adentro de ti,   aumentando las necesidades sexuales de ambos. Si el espejo está frente a ti, él podrá ver tus deseos y el placer que comparte contigo. Si dudas que tus acciones vuelvan loco a tu pareja, sólo tienes que mirar el espejo, o sentirlo retorciéndose y empujando debajo de ti. Otra opción es que mantengas cerradas las piernas, los pies juntos, y te sientes en su regazo para lograr una sensación más apretada durante *Vaquera*.

Un aspecto delicioso de esta posición es que tu pareja tendrá más acceso a todo tu cuerpo (y tú al suyo si la posición es intercambiada), y así él puede jugar con tus senos, tu clítoris, tu cabello y tus nalgas todo a la vez, mientras que te besa o te muerde hasta que le ruegues que acabe con tu tortura sensual o hasta que él se encargue del asunto y aplaque la sed de ambos.

Si deseas un nivel más intenso, puedes incorporar el uso de juguetes sexuales para proporcionar una doble penetración o usar un vibrador en tu clítoris. Él podrá sentir las vibraciones. O podrías colocar el vibrador en su escroto y sentir las sensaciones que esto crea para los dos.

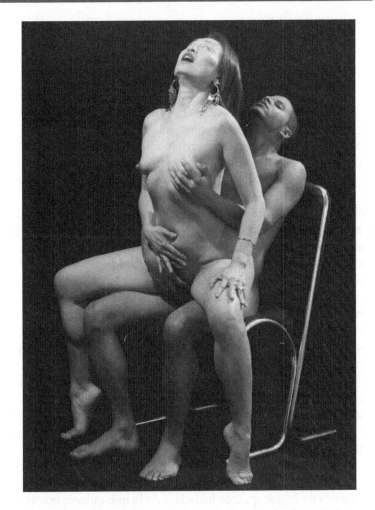

Para incorporar un poco de *Intercambio de Poder,* puedes usar *pinzas de pezones* para traer una mezcla de *dolor erótico* y placer al sexo. Si necesitas una emoción todavía más fuerte, un poco de vulnerabilidad, él puede agarrar tus manos tras tu espalda, o mejor todavía, amarrarlas mientras te penetra. Después de todo, no tienes que usar tus manos en ese momento. Él hasta puede ponerte una venda en los ojos para que las sensaciones se intensifiquen.

Igual como con todas las posiciones eróticas, puedes ajustarlas para que vayan de acuerdo con tus antojos y deseos. Agrega lo que quieras a la posición, combínala con otra, o simplemente saca tu placer de este acto solo. Mañana puedes volver a intentarlo y agregar todas esas deliciosas variaciones que se te hayan ocurrido después.

***

¡Sexplora todas las posiciones y todas la posibilidades!

Ríanse mucho el uno del otro, sobre todo cuando esas posiciones sexuales que intentaron no funcionaron cómo lo habían planeado. Ríanse de lo que no funcionó.

¡Se supone que el sexo es divertido!

Incorporen juguetes sexuales en cualquiera de estas deliciosamente eróticas posiciones para lograr horas de diversión y aprender la vasta colección de sensaciones que introducirán al hacer el amor. No olvides que siempre puedes usar accesorios o equipo, tales como un columpio adulto, para ayudarte a lograr una posición en particular si no tienes la capacidad física para ponerte en una posición que quieras usar. Aliéntense verbalmente—seguido—para compartir el placer.

Agrega un poco de aventura y sabor a cada posición al incorporar un poco de esclavitud, captura y ataduras para ti o tu pareja, así como la representación de roles.

Ya debes haberte dado cuenta de que ninguna posición que desees probar o que puedas imaginar es tabú o inapropiada, aunque algunas pudieran requerir de un poco más de flexibilidad de la que tengas o requerir de accesorios u otro equipo. Si es así, ajusta y adáptate según el caso.

Nunca olvides que la más importante herramienta sexual que tienes es tu mente. Úsala para tentar a tu pareja con palabras e imágenes de lo que quieres hacerle o de lo que quieres que él te haga. Deja que tu pareja se deslumbre con las imágenes eróticas que le das. Susúrrale cómo te prendes solamente al tocarlo, besarlo, lamerlo. Comparte con él cómo su toque te hace arder. ¡Muéstrale! Pon su mano en el lugar más ardiente. Dile que vas a amarrarlo y usarlo como tu propio *esclavo sexual* y que harás lo que quieras con él. Ofrécele la capacidad de hacer lo que él quiera contigo.

¿Tengo que recordarte que el sexo puede hacerse adentro y al aire libre, de día y de noche?

¡El sexo nunca debe ser un deber ni debe ser aburrido!

¡El sexo es divertido!

146

Ya que conoces las siete posiciones sexuales que todas las latina deben de conocer, permítete la libertad sexual para explorar—¡*sexplora*!—y gime, gime, gime hasta el amanecer y acabarán exhaustos juntos y emocionalmente satisfechos, preparados para volverlo a hacer una vez que hayan descansado un poquito.

Capítulo Diez

Juguetes sexuales
Juguete dulce, grande, firme
¡Como me ayuda a venirme!

Visita cualquier tienda de juguetes para adultos o cualquier sitio erótico en la Internet y te sorprenderás al ver la gran colección de juguetes sexuales que verás. Todo desde consoladores, vibradores, juguetes anales y varios sabores de lubricantes y novedades. Me sería imposible abordar todos los juguetes sexuales en el mercado, las posibilidades para su uso o hasta el posible placer que proporcionan. Por lo tanto, mejor me concentraré en algunos de los juguetes más comunes, tales como los vibradores, los consoladores, las vendas, el *Pocket Rocket*, los lubricantes, las lociones y hasta la literatura erótica. Oye, tenemos que estar seguras de que nuestra mente y nuestra imaginación estén bien captadas. Así resaltamos la emoción sexual.

La parte más difícil de comprar en una tienda de juguetes para adultos es decidir qué cosas elegir cuando no tienes mucho dinero para gastar y no quieres dejar en ceros tus fondos. Seamos sinceras, algunos de estos maravillosos juguetes pueden ser un poco caros y una vez que se compren no pueden ser devueltos. Podrías querer ahorrar para comprar un juguete especial y complacerte con lo básico al comenzar o establecer tu propia colección.

He hecho una lista de diez juguetes que cada latina debe tener disponibles para volver locos de lujuria a sí misma y a su pareja. Puedes agregar otras cosas al paso del tiempo, para expandir tu colección, o hasta obtener variaciones de la misma cosa al cambiar de color, de textura, de tamaño o de sabor. Puedes comprar estas cosas en mi pagina Web www.instituteofpleasure.org ó www.institutodeplacer.com. Busca la colección de *Latina Kama Sutra*.

¿Y cuáles son estos diez misteriosos juguetes y accesorios sexuales que cada latina debe tener?

Para empezar, cada latina debe tener al menos uno de cada uno de estos: Un vibrador, un consolador, estimuladores del punto G, un juguete para el ano, un anillo para el pene, una venda, *pinzas de pezones*, un látigo, lubricante/preservativos y literatura erótica.

Cualquiera de éstos te dará placer a ti y a tu amante. La mayoría viene con una variedad de formas, tamaños, texturas y colores. Podrías descubrir que el juguete que compraste hoy está perfecto, pero al paso del tiempo podrías querer otro con un poco más de fuerza o más grande de tamaño. Pruébalos sola y pruébalos con tu amante. Qué él o ella los pruebe en ti. Todos estos juguetes pueden usarse solos o en conjunto con otros. Hasta puedes combinar los juguetes con cualquier acto sexual que quieras ya sea sola o con una pareja para pasar horas de diversión erótica.

Los vibradores

Hay vibradores de muchas formas y muchos tamaños. Algunos usan baterías y otros se conectan al enchufe. A menos que sean diseñados específicamente para usarse en el agua, recomiendo que no uses ningún vibrador electrónico (o cualquier producto electrónico) en el agua. Aparte de lastimarte seriamente, sobre todo si el vibrador está tocando tu clítoris o vulva, el agua también puede dañar ese juguete caro.

La diferencia entre un vibrador y un consolador es que los vibradores vibran con varias velocidades y se usan en la parte externa del cuerpo mientras que un consolador—un *dildo*—se inserta en el cuerpo y se usa para la penetración.

Los vibradores también tienen varias texturas. Algunos están formados para estimular específicamente el clítoris, como los que vienen en forma de huevo que también pueden venderse con una pequeña punta curvada de látex que se siente como si fuera una lengua pasando sobre tu clítoris.

Otros vibradores como la "*Butterfly*" (La Mariposa) se ponen como *panties*—calzones—y manipulan tu clítoris para darte un orgasmo. La *Butterfly* tiene control remoto. Dale el control remoto a tu amante y ve cuán travieso y sensual él puede resultar al prenderlo y llevarte a la locura lujuriosa. No te preocupes; puedes vengarte de su traviesa sensualidad más tarde porque existen vibradores que envuelven el pene.

Otro popular vibrador es el *"Rabbit"* (el Conejito), el cual permite la penetración y la vibración de manera simultánea—sin duda algo que quieres agregar a tu colección. El *Rabbit* es un consolador largo y en forma de pene que también trae otra pieza de unas tres pulgadas de largo y en forma de orejas de conejo. Cuando insertas la parte con forma de pene en tu vagina, las orejas de conejo estimulan tu clítoris para darte más placer. También los hay en forma de *delfín* y de *tortuga*.

Hay otros vibradores diseñados para ponerse en la punta de tu dedo. Aunque son divertidos, he descubierto que no son tan poderosos como otros. Sin embargo, los vibradores reflejan una elección personal y cada mujer disfruta de diferentes sensaciones y de diferentes grados de estimulación en diferentes tiempos.

Uno de los mejores vibradores en el mercado es el *Pocket Rocket*. Es un requisito en cualquier colección. Debido a su diseño particular, puedes llevar este tesoro a donde quieras. Cabe en tu bolsa—tu cartera—o hasta el bolsillo de tu pantalón como un lápiz labial y tiene más o menos el mismo tamaño. Esta hermosura tiene un tremendo nivel de vibración, y ofrece la velocidad baja o alta—perfecto para esos *Rapiditos* en el parque o unos momentos especiales en las escaleras. O donde tú (y tu pareja) quieran. Simplemente levanta tu falda y presiónalo contra tu clítoris para un orgasmo asombrosamente rápido; o simplemente desabróchate el pantalón (no tienes que quitártelo) y que tu pareja deslice el *Pocket Rocket* debajo de tu calzón—*panties*. Este asombroso vibrador hasta tiene un modelo a prueba de agua para que puedas usarlo en el baño o el jacuzzi. El *Pocket Rocket* es relativamente accesible en precio y sin duda se convertirá en uno de tus favoritos. Compra unos cuantos para tener uno en el auto, otro en la casa y otro hasta el trabajo.

Los vibradores no son solamente para ti—son maravillosos para los hombres también. Existe un vibrador que se conecta a un anillo para el pene. Haz que tu amante se lo ponga mientras te penetra y descubre la maravilla que produce. O puedes simplemente usar cualquiera de estos vibradores para volver loco a tu amante al permitirlo pasar por la punta de su pene, su escroto o la sensible piel justo detrás de su escroto—su perineo. Los hombres son tan sensibles en esa pequeñita zona y no se dan cuenta de que es una principal zona erógena. Hasta puedes colocar el vibrador en su pezón y ver qué sucede.

Explora.

¡Sexplora!

Aunque no es necesario usar lubricante con un vibrador externo, aplicar un poco de lubricante a tu vibrador provocará más emoción mientras que el aparato deslice por tus labios y clítoris, hasta por tu perineo—ese pedazo sensible de piel entre tu vulva y tu ano.

Los consoladores

Los consoladores—los *dildos*—están diseñados específicamente para la penetración. La mayoría tiene forma de pene y también pueden tener diferentes tamaños, anchos, largos y texturas. Están fabricados de látex, silicona, acrílico y vidrio. Algunas mujeres le tienen alergia al látex (sin darse cuenta). Si te das cuenta de que estás muy adolorida luego de usar un consolador de látex por poco tiempo, y estabas lo suficientemente lubricada, tal vez quisieras cambiar a otra marca. Puedes probar al usar un preservativo sin látex, hecho de poliuretano, por encima del consolador y ver si sientes la misma molestia al usarlo de la misma manera.

Algunos consoladores son más realistas que otros y se parecen al pene y escroto de un hombre. Repasaré algunos de los más comunes, tales como un consolador básico, el de doble cabeza, y el que se amarra al cuerpo—el *Strap-On*.

Puedes usar el consolador básico durante la masturbación o con tu pareja para disfrutar más. Los consoladores son un agregado excelente, ya que te permiten continuar con tu encuentro sexual si tu pareja ha llegado al orgasmo y necesitas más. Otra posibilidad es incorporar el uso de un consolador para llenar un orificio mientras que tu pareja llena el otro. Esto se llama doble penetración. Es una forma más avanzada de hacer el amor.

Una manera más de disfrutar de un consolador es usarlo dentro de tu vagina mientras realizas el sexo oral con tu pareja. Tú o él puede insertar el consolador para darse a ambos el placer que buscan.

Los consoladores no son solamente para las mujeres; los hombres también los adoran. Como frota contra su punto G (su próstata), lo hará gemir y caerse bajo tu toque rogándote por más. Siéntete con confianza de usar uno con tu pareja. Podría descubrir que él necesita uno más pequeño o más grueso. Igual como con las mujeres, los deseos y las necesidades de los hombres varían. Es importante entender que solo porque a él le encante sentir tu dedo o un consolador en su culito no quiere decir que es homosexual. Esto es sólo otro estilo de *sexplorar* su sexualidad y el placer. Y no te olvides que siempre se necesita mucha lubricación para el coito anal, sea mujer o hombre.

Los consoladores de doble cabeza son perfectos para la doble penetración con tu pareja, ya sea hombre o mujer. Si deseas una penetración anal, podrás comprar un consolador de doble cabeza que aguante en vez de comprar uno flexible porque los flexibles se ponen muy resbalosos y no permiten la penetración profunda, lo cual provocará mucha frustración.

El consolador de doble cabeza con tapón en medio está mejor diseñado y proporciona un tipo de barrera, lo que no permite que penetres más allá a tu pareja, lo que entonces empuja la parte contraria más profundo adentro de ti. Es donde ves los beneficios de los *sexo-ejercicios* Kegel, mientras que agarras el consolador con tus músculos vaginales y lo empujas adentro de tu pareja. Algunos consoladores de doble cabeza tienen un extremo más largo que el otro; usa el extremo más corto para la penetración anal. También existen consoladores de doble cabeza y ambos extremos del mismo tamaño para el sexo con otra mujer. Cuando los usas para la penetración anal, no los metas más de cinco o seis pulgadas para empezar; pero lo que te haga sentir bien es lo que debes hacer siempre.

Dicho todo esto, debo advertirte que los consoladores en realidad no deben usarse para la penetración anal si solamente quieres dejarlo en su lugar o si no vas a agarrarlo físicamente con tu mano, como el cuerpo puede absorberlos—usa mejor *dilatadores—bujías anales*—tapón de nalgas. Éstos son tres nombres para el mismo producto. Usa el nombre para el producto que es común para ti.

Las *bujías anales* están hechas específicamente para dejarlos en el ano y tienen una base grande para asegurar que no se absorben dentro del cuerpo—el ano. Si alguna vez por accidente metieras un consolador muy adentro o lo soltaras de tu mano, que no te dé pánico. Usa los músculos de tu ano para expulsarlo—recuerda esos *sexo-ejercicios* Kegel. Ponte en cuclillas y empuja hacia abajo como si defecaras. Esto debe permitirte agarrarlo. Si ni tú ni tu pareja puede sacarlo, debes ir al hospital. Aunque es vergonzoso, no quieres dejarlo adentro de ti. Seamos sinceras: el departamento de urgencias ha visto muchas cosas extrañas y vergonzosas. Ríete. Aprende de la experiencia y sigue con tu vida.

Siempre asegura de lavar muy bien tus consoladores. Muchos pueden lavarse en el lavaplatos o puedes hervirlos para esterilizarlos. Sigue las instrucciones que vienen con tu juguete. Si tienes una infección vaginal o una enfermedad sexual, tira el consolador a la basura y consigue uno nuevo, sobre todo si tiene rasgones. Éstos productos pueden llevar bacteria. Se no quieres botarlos, usa un preservativo para asegurar que no te abras a la posibilidad de infección.

Los consoladores que se amarran al cuerpo—el *Strap-On*—son maravillosos para el *Intercambio de Poder* como platicamos en el capítulo *Sexo Anal* en este libro. Los *Strap-On* son una opción deliciosa en el sexo. Se ponen como calzones—*panties*—y se te amarran con cinturones ajustables. Las mujeres gorditas pueden encontrar un arnés de su talla. Y tienen varios colores, como rosado, rojo, blanco y por supuesto, negro. Estoy segura que hallarás tu favorito.

Querrás fijarte en la conexión del *Strap-on*. Algunos tienen una base dura que te permite intercambiar consoladores, y otros tienen el consolador ya puesto. Otros tienen un aparato extra que permite la estimulación del clítoris durante la penetración, pero la mayoría de estos consoladores que se amarran al cuerpo—*Strap-On*—no lo tienen. Si deseas la penetración, tendrás que insertar un consolador o vibrador antes de ponerte el *Strap-On*.

Estoy segura que ya no tendré que recordarte que uses mucho lubricante artificial al realizar le penetración anal, ya sea con tus dedos o con un juguete. Nunca uses el mismo consolador en tu cuerpo que hayas usado en el cuerpo de otra persona sin haberlos limpiado. En esta ocasión no quieres compartir tus juguetes.

Usa un preservativo al usar los consoladores con una amante, sobre todo si usas un consolador para la penetración anal. Para recordar qué lado le va con quién, usen preservativos de colores—un color para cada quien. Lo maravilloso de usar un preservativo con un consolador es que así éste es más fácil de limpiar. Además, si sufres de infecciones vaginales, te ayudará usar un preservativo con lubricante a base de agua etu consolador.

El estimulador del punto G

Estos asombrosos juguetes eróticos tocan justo en el blanco cada vez. Tienen varias texturas, algunos de silicona dura y otros de vidrio. Quieres buscar el que tenga la curvatura perfecta para ti. Hasta existen estimuladores del punto G que se venden con una punta en ambos extremos en forma de pelota, lo que te permite insertar un extremo y agarrar el otro frotándolo de uno lado a otro para crear las sensaciones que más necesites. Recuerda que la mejor posición para estimular el punto G es el perrito.

Lo grandioso de estos tentadores juguetes para el punto G es que puedes usarlos solos o en conjunto con otros juguetes. Hasta puedes usarlos con tu pareja mientras que él te haga el sexo oral o anal. Él puede tentar tu clítoris con sus dedos, masajeándolo, jalándolo, y volviéndote loca con deleite y para lograr una emoción extra incorpora este juguete. Recuerda que darle retroalimentación asegurará que él continúe haciendo lo que te pone como loca o que mejore lo que no.

Si no has tiendo la experiencia de la eyaculación femenina en el pasado, no te sorprendas si el estimular tu punto G provoque este fenómeno natural. No te preocupes si tienes la sensación de tener que orinar mientras que tu punto G se estimule; es totalmente normal y se pasará en unos cuantos segundos. Como esto puede provocar un poco de ansiedad, trata de relajarte y de respirar. Para aumentar la estimulación de tu punto G, presiona tu barriga, justo arriba del área de tu monte de Venus (donde empieza tu vello púbico, justo debajo de tu ombligo). Sentirás una liberación eufórica al llegar al orgasmo, y sentirás que tu esencia natural te lava. Tu sensación orgásmica también podría sentirse diferente y durar solamente unos segundos o más. Tu cuerpo tiene muchas formas de responder. Valóralas todas.

Juguetes para el ano

Existen varios juguetes para el ano. Platicaré de los dos juguetes básicos: *Bujías anales—tapones de nalgas—Dilatadores* y el *rosario anal—esferas anales.*

Las *bujías anales* son diseñadas para la penetración anal y tienen una base ensanchada para evitar que el cuerpo absorba el aparato adentro del ano. Algunos son largos y delgados y otros

155

son redondos en la parte central. Varía bastante su tamaño y largo.

Lo bueno de las *bujías anales* es que puedes dejarlas adentro y llevarlas a donde sea para estimularte a ti misma o a tu pareja durante horas. Hasta puedes realizar la penetración vaginal al mismo tiempo para crear una nueva sensación erótica al hacer el amor. También es divertido usar *bujías anales* para realizar escenas de *Intercambios de Poder* cuando deseas más aventura y control sensual sobre tu pareja.

Algunas *bujías anales* tienen un aparato de hule en el centro que te permite bombearles aire mediante un corto tubo que tomas en la mano, inflar y aumentar el grosor del las *bujías anales* una vez insertadas. Otras vienen conectadas a un cinturón que puedes hacer que tu pareja se ponga (o que él te pide que te pongas), algo así como un cinturón para la castidad, que mantiene la *bujía anal* en su lugar. Las *bujías anales* son maravillosos al enfocar los músculos de tu ano al realizar tus *sexo-ejercicios* Kegel.

También existen dilatadores para el ano diseñados específicamente para estirar el ano al paso de cierto tiempo. Igual que con cualquier otro aparato usado para la penetración anal, recuerda usar el suficiente lubricante para asegurar el placer. Y por supuesto, puedes combinar estos deliciosos juguetes con otros, así como con varias posiciones sexuales, para lograr la mejor emoción, las mejores sensaciones.

Los *rosarios anales*—esferas anales—son el juguete sexual en segundo lugar de popularidad. Consisten en un largo collar de bolas de varios tamaños y en varias cuentas en una cuerda de nylon o de silicona. La cuerda ayuda a que se retiren con facilidad y como lo indica su nombre, se usan adentro del ano. Existen cuentas en cuerdas de algodón, pero son para un solo uso. Si vuelves a usar las cuentas en cuerdas de algodón, éstas pueden retener la bacteria aun después de haberse lavado.

Las *esferas anales*—rosarios anales—tienen un diámetro de una perla pequeña, o las hay de tamaño de una manzana. Por lo general hay entre seis y diez cuentas en una cuerda o puede haber hasta veinte. No confundas las *esferas anales* con las bolas *Ben Wa,* que se insertan en la vagina. Acuérdate de nunca insertar nada totalmente adentro del ano que no tenga una cuerda o punta con la que se retire con facilidad.

Las *esferas anales* pueden resaltar los orgasmos cuando son retiradas del cuerpo durante el orgasmo y pueden hacer el orgasmo más profundo. Los hombres y las mujeres pueden disfrutar de ellas ya sea que se les realice el retiro o que observen la reacción de su pareja. Tu pareja puede retirar las cuentas lentamente para que sientas cada veza que tu pequeño orificio se abre y se cierra alrededor de ellas, o retirarlas con rapidez, lo que provoca una sensación distinta y te lleva al precipicio hacia nuevos horizontes orgásmicos.

Estoy segura de que puedes inventar tus propias variaciones deliciosamente traviesas y eróticas para usar cuando haces el amor, aun cuando fuera solamente para tentar a tu pareja con la idea de las cuentas al dejarlas visibles sobre la mesa y decirle que pronto las usarás…¿o fue él quien de esta manera hizo que tu sangre hirviera al anticiparlo? Y para más emoción, puedes usar una cuerda más larga para la penetración vaginal.

Anillos para el pene—Cock rings
La mayoría de los *anillos para el pene—Cock rings*—se diseñan para envolver la base del pene y también pueden incorporar el escroto. Pueden estar hechos de cuero, hule o metal. Los de cuero se quedan en posición con cierres metálicos o se abrochan como cinturón para quedar apretados. Los de hule y de metal tienen varios tamaños. Para usar los de metal, el hombre tiene que medirse para asegurar que no le quede muy flojo o muy apretado una vez que tenga la erección.

Los *anillos para el pene—Cock rings*—se ponen antes de lograr la erección. Quieres que le quede ajustado pero no tan apretado cuando él está flácido. Aunque puedes colocarle uno luego que esté erecto, no funcionará bien y una vez que la erección se pierda, se le caerá. Estos aparatos no deben dejarse puestos toda la noche ni durante prolongados períodos como pueden cortar la circulación.

Como los *anillos para el pene* le aprietan el miembro cuando un hombre tiene una erección, crean una sensación placentera, como si tú lo apretaras fuerte. Su capacidad de restringir la circulación le da al *anillo* la capacidad de aumentar la erección y el orgasmo del hombre. A veces, él puede sentir un poco de dolor mientras que se aprieta en la base del pene. Esto en sí puede motivarlo de manera deliciosa; ¡imagina todas las formas que puedes usar ese conocimiento para tu ventaja!

Lo particular de los *Cock-rings* es que no se trata solamente de las sensaciones que proporcionan, sino del aspecto psicológico que los acompaña—tanto para él como para ti. Implican el **adueñamiento**—¡el tuyo!—y esto por sí solo es un estimulante bastante erótico.

Otro factor importante de los *Cock-rings*—en especial los que tienen la pieza adicional que envuelve el escroto—es el viaje psicológico que ocurre cuando el escroto se separa del cuerpo y se queda en el aire. Esto es algo grande porque los hombres por lo general tienen su escroto seguro y apretado junto a su cuerpo, especialmente cuando están excitados.

Los *Cock-rings* son uno de mis juguetes favoritos. Se trata del **adueñamiento**. ¡Su verga me pertenece! Sólo se lo presto cuando no lo uso para mi placer. Podrías desear jugar con este aspecto del *Intercambio de Poder*. Él puede ponérselo cuando sale con sus amigos. Nadie sabrá que lo trae puesto—bueno, casi nadie—y él sin duda no podrá olvidarlo. Y para agregarle la emoción de la dominación y la sumisión, algunos *anillos para el pene—Cock-rings*—se venden con una pequeña cadena que puedes usar para una sensación mas erótica y emocionante.

No te preocupes; no hay forma de emascular a tu amante; él siempre será tan fuerte como te haga falta cuando estás en peligro. El *Intercambio de Poder* solamente es un dulce deleite para que él sepa quién es su Ama—su Dueña. Se quieres descubrir más sobre esta forma especialmente erótica de *Intercambio de Poder—Poder Erótico*, lee *Family Jewels: A Guide to Male Genital Play and Torment* de Hardy Haberman.

Las vendas
Las vendas son maravillosas en cualquier baúl de tesoros eróticos. ¡Son necesarias! Puedes comprarlas en casi cualquier tienda sin culpa ni vergüenza. Si quieres algo elegante, compra una forrada con piel. Es un poco más caro pero sin duda lo vale porque es más suave junto a los ojos y asegura que tu amante no puede mirar a hurtadillas por los bordes ni al levantar su cabeza y ver hacia abajo por la pequeña apertura en el centro que su nariz crea con las vendas de menor calidad.

Si llegas a discutir con tu pareja respecto a apagar o no las luces, una venda es una maravillosa opción. Puedes ponértela y él puede dejar las luces prendidas—ni cuenta te das. Si eres muy tímida como para que él te vea mientras te comportas sexy y aventurada y le realizas el sexo oral o te le montas con fuerza, puedes pedirle que él se ponga la venda y hacer caso omiso al hecho de que ésta medio mal puesta mientras que él te mira a hurtadillas disfrutando de tu naturaleza libre, lo que lleva a ambos a nuevos horizontes de pasión y de placer.

Lo deliciosamente emocionante de una venda es que realza tus sensaciones, lo que hace increíblemente sensible cada toque, cada beso, cada palabra pronunciada, lo que convierte un simple encuentro en un erótico deleite. Úsala al representar roles. Recuerda esa escena de pirata y prisionera que querías representar. Él podría quitarte la venda cuando estuviera listo. Pero bueno, ¿quién dice que tú tienes que ser la prisionera?

Joyería para el cuerpo

La joyería para el cuerpo es erótica y se ve sensual en una mujer o un hombre. En lo personal, considero que el cuerpo se ve mucho más sensual cuando es adornado por un brazalete en el tobillo o una llamativa cadena a la cadera. Hoy día muchas mujeres tienen aretes en el ombligo o en los pezones que sencillamente son otro tipo de joyería para el cuerpo.

Si quieres probar unos adornos menos permanentes, existen varios tipos de joyería para los senos y la vulva—tu concha—tu toti—y también para el cuerpo. La joyería para los senos muchas veces son un collar de perlas falsas con un lazo en cada extremo que colocas en tus pezones y aprietas. Tal vez tengas que jugar con tus pezones hasta que se pongan duros para que puedas colocar el lazo de manera adecuada y evitar que se caiga más tarde cuando tus pezones se pongan flácidos. Si el lazo aprieta tus pezones, éstos se mantendrán erectos. El collar de perlas colgará entre tus senos, lo que los resalta y cautiva.

Las *pinzas de pezones* son necesarias en cada baúl de tesoros eróticos y proporcionan un efecto travieso y tentador para tus pezones. Cuando compras *pinzas de pezones* por primera vez, compra las ajustables "clover" porque te permiten minimizar la presión en tus pezones para que te acostumbres a usarlas. Gasta el dinero de más para comprar las que tienen cadena porque ésta te permite jalar, lo que endurece los pezones cuando tú quieras y son la mejor manera de corregir a un amante travieso o simplemente de atormentarlo un poco con amor.

Las *pinzas de pezones* sí pellizcan, y entre más te excites, menos las sentirás. Para bajar la sensación de ardor que sientes al ponértelas, que tu pareja te bese o que te acaricie para que te enfoques en otra parte del cuerpo. La verdadera emoción con las *pinzas de pezones* se da cuando te las quitas y la sangre regresa con fuerza a la zona y hace que tu mente dé vueltas en una combinación eufórica de placer y dolor erótico. Quítatelas durante tu orgasmo y volarás a la luna.

Si te duele demasiado cuando te quitas las *pinzas de pezones*, presiona tu palma o hasta tu dedos contra tus pezones y suelta la presión lentamente. Esto ayudará a decelerar y a regular tu circulación para que regrese un poco más lento. No recomiendo que te las dejes puestas más de media hora a menos que tengas un lado masoquista escondido dentro de ti, porque el nivel de dolor aumenta al paso del tiempo de llevarlas puestas. El dolor es equivalente a la sensación de que tus orejas están heladas y entras a un cuarto caliente.

Tus pezones son más sensibles cuando tienes tu menstruación—tu regla. Puede ser que la presión que soportas otros días no es tolerable estos días. Como seguramente ya sabes, puedes realizar actividad sexual y sensual cuando tienes la menstruación. Es un poco más desagradable pero es muy divertida. Sólo coloca una toalla y disfruta.

Algunos hombres también disfrutan al usar *pinzas de pezones* en sí mismos. Como los pezones de los hombres son mucho más sensibles que los de las mujeres, él podría quejarse inmediatamente de la *Científica Sensual* y sus extraños experimentos—o tal vez le encante. Si es necesario, enfoca su atención en otra cosa al besar, mordisquear y lamer sus labios, sus pezones o donde quieras. Tal vez tengas que apretar un poco las *pinzas* para los hombres como suelen caerse de sus pequeños pezones. Las *pinzas* que mejor funcionan con los hombres son las que se venden con una cerradura que desliza para dejar el pezón en su lugar; se parecen a pinzas normales. Las pinzas *clover* con el tornillo también funcionan bien.

Un premio adicional con las *pinzas de pezones* es su versatilidad como pueden usarse en otras partes del cuerpo, como tus labios vaginales, tu clítoris o hasta su escroto. Esto es jugar en las avanzadas ligas mayores de la sensualidad pero, bueno, sólo es una sugerencia. Tómala o déjala. Recuerda que se trata de lo que te prenda, de cómo tú quieras probar y *Sexplorar*—¡no hay nada prohibido!

Puedes incorporar el uso de un vibrador con las *pinzas de pezones* o apretarlas justo en las puntas de tus pezones para crear otra sensación totalmente distinta. Para compartir esta especial experiencia sensual con él, usando las *pinzas de pezones* que tienen cadena, coloca una pinza en tu pezón y el otro en el suyo, y luego inclínate hacia atrás. Te encantará la expresión en su cara.

Como ya dije, las *pinzas de pezones* pueden ser caras, así que si es necesario improvisa con pinzas para la ropa. Las de plástico aprietan más y no se rompen con tanta facilidad. Para ser más atrevida—y compartir un poco de técnicas avanzadas de sensualidad—coloca cinco a diez pinzas para la ropa en una correa de cuero dejando más o menos una pulgada de cuerda en cada extremo. Esto se llama un *Zipper (*cierre*)*. Ahora coloca el *Zipper* de manera estratégica para envolver una zona específica, como los pezones o la parte inferior del pene o la piel del interior del muslo. Cuando estás lista, jala la cuerda que las conecta para que todas se caigan juntas. Él soltará un leve grito de dolor erótico—o lo harás tú. Es tan deliciosamente pecaminoso.

Una advertencia: No hagas un *Zipper* de las pinzas de plástico porque suelen apretar con más fuerza al jalarse y no soltarse con facilidad como las de madera. Esto puede provocar mucho dolor o hasta rascar la piel. Pero si eres un poquito masoquista por dentro, puedes probar.

Para las latinas eróticamente valientes, existen aretes para el clítoris y para los labios vaginales, aunque son menos comunes. Si quieres sentir un arete para el clítoris pero no te atreves a perforar una parte tan íntima, existe joyería diseñada específicamente para simular la perforación y para abrir los labios vaginales. Esta joyería hasta se vende con pequeños dijes que se le cuelgan.

Los látigos

Los *látigos* tienen varios largos y texturas. Aunque por lo general están fabricados de diferentes cueros, también los hay de plástico, con cuentas y de pelo animal. Uno de los cueros más suaves es la piel de venado y se siente muy bien contra tu piel. Hay cueros más duros como el de vaca o de alce. También hay *látigos* de hule que son buenos para usarse en la ducha.

La tentadora esencia de estos juguetes sensuales es que puedes crear las eróticas sensaciones (no sólo física sino mentalmente) al variar el grado con el que golpeas el cuerpo con los *látigos* y dónde exactamente caen. Por ejemplo, puedes arrastrar el *látigos* contra el cuerpo o mover con rapidez tu muñeca para golpear suavemente. También puedes levantar tu brazo y bajarlo con un poco más de fuerza. La intensidad varía según donde golpees el cuerpo. Por lo tanto, obtendrías una reacción si se usara en tu espalda y otra en tus genitales. Una nota de advertencia: En los genitales quieres ser más delicada cuando le pegas.

La manera en que chasqueas sobre la piel también agrega sensaciones, como un latigazo en forma de ocho en la espalda te hará sentir de una manera y uno en las nalgas de otra. Una nota de advertencia: Nunca quieres golpear los riñones ni la cara porque el hacerlo puede provocar lesiones; en vez de esto pasa el cuero con suavidad por estas zonas.

Los *látigos* son una adición excelente para tus escenas de representación de roles—sobre todo si incorporas un tema de espías o de prisioneros—para capturar la mente así como el cuerpo. O podrías usar los *látigos* de piel para dar un latigazo erótico que los dejará a los dos jadeando y deseando más. Es importante recordar que los juegos del *Intercambio de Poder* deben ser consensuales. Si a tu amante (o a ti) no le gusta, ¡no lo hagas!

Los lubricantes y las lociones

Existen varias marcas de lubricantes. Los dos tipos principales son a base de agua o de silicona. Los lubricantes a base de agua se parecen más a la esencia natural de tu cuerpo y son fáciles de limpiar. Los lubricantes a base de silicona permiten más movimientos fuertes y evitan la fricción que puede desarrollarse durante un sexo prolongado. Los lubricantes a base de silicona también son buenos para cuando estás en un jacuzzi o sumergida en agua. Cuidado con los lubricantes a base de silicona porque no se disuelven como los que están a base de agua—podrías resbalarte y caerte en el baño.

Conozco a muchas parejas que han usado aceite para guisar en vez de lubricantes. El aceite es para la cocina, no para tu cuerpo, y hasta puede provocar problemas de salud, entre éstos infecciones, al usarse internamente. La vaselina puede usarse como lubricante pero nunca con un preservativo, porque lo destruye y podría hacerlo romperse en unos minutos, lo que podría llevar a una infección o embarazo.

Los lubricantes con sabores, como los condones—preservativos—con sabores, contienen azúcar y podrían causar una infección vaginal—como Yeast infections—porque pueden cambiar el equilibrio natural pH en la vagina si se usan para la penetración. Por lo tanto, usa lubricantes con sabores solamente para el sexo oral o para rociarse en el pecho de tu amante, espalda y su bonito trasero, para después lamerlo.

Existen unas deliciosas lociones que se calientan en el cuerpo si les soplas o las frotas—qué manera más traviesa y erótica de tentar a tu pareja. ¿En dónde podrías ponerla? ¿Cuál será su reacción cuando la loción se calienta? ¿Y la tuya? Imagina el placer del descubrimiento.

Existe un producto llamado *Anal Eaze* que es bueno para la penetración anal y que tiene un efecto ligero de entumecer el lugar. Si a él se le olvida, recuérdale que la sensación de entumecimiento se quitará dentro de más o menos media hora. Y si él no quiere que su pene se le entumezca, que use un preservativo para la penetración anal cuando usa *Anal Eaze*.

La literatura erótica

La literatura erótica es una elección de cada quien. Encuentra cuentos que despierten tu imaginación y que mejor funcionen para ti y para él. Leer unos cuantos pasajes mientras que estás acostada entre sus brazos es dulce. Recuerda que el sexo no se trata siempre de lo físico—tiene un factor más del setenta por ciento mental también. Si tu mente no está interesada, tu cuerpo no responderá como tú quisieras.

Encuentra lo erótico (videos, revistas o libros) que te despierte con o sin fotos. Podrías descubrir que en ciertos momentos tu humor requerirá de una literatura o de otra. Por ejemplo, a veces vas a querer trozos románticos y a veces un erotismo fuerte. Si no encuentras algo que te guste, escríbelo. Podrías darte cuenta de que tus palabras son más eróticas que cualquier cuento en un libro. Podrías incluirlo a él y escribir un cuento juntos. Imagina la emoción que sentirán al crear una lujosa escena que ambos hayan inventado. Tal vez más tarde puedan representarla con actos. Nunca lo sabes.

Juguetes para las latinas de bajo presupuesto

Si el dinero es un problema, como lo es para muchas de nosotras, puedes improvisar y hacer tus propios juguetes en casa. Encontrarás excelentes baratas en tus tiendas locales.

Los cepillos de dientes para los perros son juguetes pecaminosamente traviesos que puedes usar para crear diferentes sensaciones en los pezones, el clítoris, el pene o el escroto de tu amante. Ráscale el pecho dejando tu marca en su piel y agrega un poco de sabor diferente. Podrías darte cuenta de que la sensación picante provoca una erección. Pero no te sorprendas si él consigue su propio cepillo y lo usa para tentar tus pezones.

Como ya mencioné, puedes sustituir las pinzas para la ropa por las hechas para los pezones y usar todas las que quieras en cualquier zona de su cuerpo para hacer la forma de una margarita en su pene al rodearlo con pinzas. Hasta puedes usar las de color para un toque más. Más tarde puedes quitarlas una por una y pronunciar esa vieja pregunta de la juventud, "¿Me ama?, ¿No me ama?", y responder según las palabras.

Siempre es divertido tener una cuerda y ésta también resulta útil. Es mejor comprar veinte pies de cuerda de nylon en tu tienda de ferretería y luego cortarla para que cada pieza tenga de tres o cuatro pies de largo. Entonces puedes usar la cuerda para amarrar a tu amante a la cama o atar sus manos tras de él. Aunque muchas parejas usan corbatas de seda porque se supone que son "sexy", la realidad es que las corbatas pueden lastimar las muñecas y los nervios. Además, tal vez tengas que cortar esa corbata preferida de seda cuando no puedas desatar el nudo.

Cuando juegas con cuerda, siempre asegura tener a la mano tijeras para paramédicos. Éstas están diseñadas especialmente para cortar cualquier cosa y pueden cortar la cuerda con facilidad cuando las tijeras normales no pueden. Las tijeras para paramédicos no son muy caras, tal vez unos diez o quince dólares. Sin embargo, si se te olvida comprar unas puedes usar las tijeras que se venden con tu juego de navajas que corta la carne como éstas también suelen cortar casi cualquier cosa. Como último recurso usa una navaja.

Una advertencia: Si a tu pareja le da pánico al estar amarrado, no quieres llegar con una navaja que podría asustarle todavía más y podrías terminar cortándolo mientras que él lucha par liberarse. Háblale para que se sienta seguro y para todo el juego y suéltalo.

Un estimulador barato y poco costoso para el clítoris es los cepillos de dientes de dedo para las mascotas. Cuestan menos de cinco dólares y te dan una sensación increíble. Son necesarios para todo baúl de tesoros eróticos. Y esos cepillos de dientes para mascotas no son solamente para las mujeres, ya que los hombres querrán usarlos en sus pezones, la punta de su pene, su escroto, y para provocar cosquillas en su trasero. Y no te olvides de esa piel tan sensible entre el escroto y el ano—el perineo—que es un verdadero placer erótico.

Ponte en contacto con tu tienda local de cuero y pieles y pregunta si tienen piezas de cuero o de piel de sobra y que estarían dispuestos a regalar o venderte por unos cuantos dólares. Las piezas no tienen que tener el mismo tamaño. Sólo córtalas para que tengan el mismo largo y júntalas amarradas para crear tu propio látigo. No te preocupes si tienes un látigo de seis pulgadas, es perfecto para rozar la piel de tu amante cuando él está junto a ti, o para que él roce sobre tus senos mientras que le montas estilo *Vaquera*.

¡Prueba!
¡Explora!
¡*Sexplora*!

Los preservativos

Los preservativos no son juguetes. Son en realidad necesarios. Los incluyo en este capítulo porque más que cualquier placer u orgasmo que logres, tu seguridad y la de tu pareja es indispensable. Además, el uso de algunos juguetes es mejor con los preservativos. Para algunos hombres los preservativos son eróticos y les gusta masturbarse con ellos. Es obvio que además de tus juguetes sensuales cada latina debe convertir a los preservativos y las presas dentales en parte de su estilo de vida. Aun cuando estuvieras en una relación con compromiso, y sobre todo si tu pareja tuvo "problemas anteriores con la fidelidad".

Usar preservativos en tus juguetes ayudará con la penetración y a evitar infecciones vaginales. Si compartes juguetes que se insertan, como los consoladores y las *bujías anales* (lo que no se recomienda), los preservativos ayudarán a minimizar la posible trasmisión de bacteria o enfermedades sexuales. Esto es cierto sobre todo si usas un consolador en el ano y luego quieres insertarlo en tu vagina, o si se te olvida quién usaba cuáles juguetes.

Algunas mujeres le tienen alergia al látex y por lo tanto deben usar preservativos de poliuretano. La marca *Avanti* hace preservativos de poliuretano, y otras marcas también. La alergia al látex no se limita a los preservativos así que si sientes molestias o dolor con los preservativos de látex asegura que tus juguetes no estén fabricados a base del látex. Sería horrible gastar mucho dinero para comprar un juguete sexual que no pudieras usar. No pueden ser devueltos. Sin embargo, si te encuentras en esta situación difícil y no tienes el dinero para comprar un juguete nuevo pero no quieres tirarlo a la basura, compra una caja de preservativos de poliuretano y envuelve los juguetes con éstos.

Los preservativos tienen varios texturas y colores. Para más sensaciones, prueba los que son acanalados. Los que tienen sabor son para el sexo oral y no deben usarse para la penetración porque meterían azúcar a la vagina y podrían provocar infecciones vaginales.

¡Nunca uses preservativos lubricados con Nonoxynol-9!

Se ha notado que el Nonoxynol-9 puede provocar infecciones y minúsculos rasgones dentro de la vagina, lo que hace a las mujeres más susceptibles a enfermedades sexuales. Cuidado con otros anticonceptivos que contengan Nonoxynol-9 como ingrediente. Si has usado preservativos con Nonoxynol-9, tu médico debe revisarte, sobre todo si tienes flujo o irritación.

Recuerda que todos estos juguetes pueden usarse solos o en conjunto con otros. Hasta puedes combinar los juguetes con actos sexuales ya estés sola o con una pareja.

A veces lo más divertido que usar estos juguetes sensuales es la expresión en la cara de tu pareja al pensar en el placer que ambos sentirán al usarlos y el aumento de deseo y de imágenes eróticos al anticipar cómo se usará cada juguete *esta noche*.

***

Un comentario hecho con amor

¿Compraste una bolsa de culpa y vergüenza con tus productos o llegaron con una muestra gratis?

Eres una mujer, no una niña. Tú decides cómo expresar tu naturaleza sensual y sexual. Las reglas de la niñez ya no son válidas para ti. La única que se aferra a ellas eres *TÚ*. *¡SUÉLTALAS!*

Dicho eso, seamos sinceras. A todas nos da un poco de vergüenza a veces, sobre todo si una amiga fuera a ver nuestra colección de juguetes eróticos, y mucho más un amante nuevo o actual. Yo por lo general voy acompañada de una amiga o hasta de mi amante al comprar un nuevo juguete. Siempre es divertido señalar y reírnos. Y si llevas a tu amante aseguras que ambos consiguen algo que quieren. Recuerda la emoción de probar y los premios que ganas—sin mencionar la anticipación de cuándo podrás usar el nuevo juguete.

Si tienes dudas respecto a un producto en particular, hazle preguntas a la cajera. Muchas de las tiendas de juguetes para adultos tienen a mujeres como dueñas y empleadas. Pueden proporcionarte consejos expertos respecto a los productos que tienen. Muchas veces la tienda también tendrá disponibles los accesorios para que los sientas y los huelas (en el caso de lubricantes y lociones). Las tiendas siempre tienen muestras de los juguetes que usan pilas—baterías—para que veas cómo funcionan. También puedes comprarlo en línea. Con toda confianza visita mi página Web—sitio en la red—www.instituteofpleasure.org ó www.institutodeplacer.com para comprar en línea algunos productos mencionados y muchos más.

Si estás muy tímida como para pedirle ayuda a la cajera en la tienda y no llevaste a una amiga, compra un libro que cubre los variados productos en el mercado. Un libro que encontré que tenía muy buena información fue *Toy Gasms: The Insider's Guide to Sex Toys and Techniques* de Sadie Allison. Aparte de hablar de manera cándida de varios productos, también comparte algunos secretos de cómo usarlos.

Mitos

Quiero tomar un momento para disipar algunos de los mitos más comunes respecto al uso de consoladores, vibradores y otros juguetes sexuales.

Mito 1: Usar un vibrador no provocará que no seas orgásmica con tu esposo o amante. Sin embargo, te darás cuenta de que tardas más para llegar al orgasmo con tu pareja que con un vibrador. Es debido a varios factores, entre éstos el hecho de que por lo general una mujer necesita veinte minutos para lograr un orgasmo con estimulación constante del clítoris. Así que, a menos que tu amante tenga una lenga que pueda moverse con la velocidad y la presión de un vibrador, él no va a hacer que llegues al orgasmo tan rápido. Además, con un vibrador no te preocupa que él se fije en tus llantitas—tus chichos—o por las expresiones que haces, o si te ves bien o no en "esa posición".

Mito 2: El que uses un vibrador o consolador u otro juguete sensual no significa que no te guste el pene de tu amante y lo que hace con él. Seamos sinceras; algunos hombres tienen un pene más pequeño del que nos gusta. Pero ese consolador nunca reemplazará la sensación de sus brazos ni la presión se su cuerpo contra el tuyo, ni su amor y afecto. Los juguetes solamente son una extensión de él. Esto nunca es más cierto que cuando él te mete el consolador.

Como por lo general los hombres llegan al orgasmo antes que las mujeres (sobre todo los hombres que padecen de la eyaculación precoz o que son amantes egoístas—y a veces todos lo somos), un consolador es una excelente opción para ayudar a saciar ese deseo ardiente dentro de ti. Puedes usarlo frente a él o pedir permiso unos cuantos momentos para complacerte en el baño. En lo personal, te recomiendo terminar frente a él para que él te abrace mientras que llegas al orgasmo y juegue con tus pezones o te bese.

Mito 3: Si eres virgen, *¡NO pierdes tu virginidad!,* solamente porque usaste un vibrador o consolador. Un consolador sí puede romper el himen (el delgado trozo de piel que tapa la parte inferior de la entrada a tu vagina), si es que sigue intacto. Sin embargo, entregas tu virginidad cuando tienes relaciones sexuales con otro ser humano. Como virgen te das placer, aprendes a sentirte cómoda con tu cuerpo y aceptas tu sensualidad y sexualidad divinas al aprender a ser una amante mejor para tu pareja a futuro.

Considéralo un momento—tú eres tu primer amante. ¿Qué placeres te darás?

Mito 4: El hecho de que un hombre disfruta del sexo anal *¡NO SIGNIFICA que él sea homosexual!* El punto G del hombre está en su próstata al fondo del ano, que está ubicada en su recto. Así como tú deseas que él te acepte del todo y que acepte por completo tu naturaleza sensual—sin juicios—ofrécele a él el mismo respeto y amor.

Placeres Eróticos

Capítulo Once

Rapiditos
Esas deliciosas probaditas sexuales
¡Con cero calorías!

¿Alguna vez te has despertado caliente, necesitada de ser embelesada o tal vez con ganas de embelesar a alguien? ¿Has considerado cómo sería que tu pareja te agarrara y saciara ese añoro sexual al instante—en ese mismo segundo? Ya sea en la cama, contra la pared, sobre la mesa de la cocina, en la ducha—el baño, en un auto, estés vestida o no, no importaba con que sucediera de inmediato.

¿Cómo recoges los frutos de esos maravillosamente cargados orgasmos?

¿Qué tienen de espectacular los *Rapiditos*?

Los *Rapiditos—los Rapidines—*son esos cortos encuentros sexuales que solamente duran unos cuantos momentos, pero que te provocan un recuerdo que te tienta durante horas, días, hasta años.

¿Por qué son tan pecaminosamente deliciosos estos breves placeres?

Primero, el viejo malentendido que los *Rapiditos* solamente son buenos para los hombres tiene que disiparse. ¡Estas *deliciosas probaditas sexuales* son para todos!

Contrario a lo que comúnmente se cree, no todos los hombres consideran los *Rapiditos* como una manera de disfrutar y olvidarse de tus necesidades. Para muchos hombres, los *Rapiditos* son una manera de afirmar su amor y afecto—una manera de estar cerca de ti—y de comprobar que tú también sientas afecto por ellos. Es su manera de tener una conexión contigo cuando no saben qué decir o hacer para mejorar las cosas. En ocasiones, los *Rapiditos* les provocan una sensación de seguridad y hasta les ayudan a eliminar sus miedos. Si estás en una relación comprometida, ¿cuánto más necesitas que te afirme

173

su amor y deseo por ti? Si apenas empiezas, ¿no es maravillosa la lujuria?

No olvides que a los hombres no se les ha enseñado a comunicar sus emociones. Se les enseña a expresarse físicamente—y hasta con agresión—cualquier otra cosa significaría que fueran maricones o peor. Por lo tanto, ¿podemos culparlos por lo que se les ha enseñado toda la vida?

En vez de hacerlo, vamos a negociar para llegar a un término medio. ¡Los *Rapiditos* no tienen nada de malo y sin duda no tienen nada de pecaminoso! Es más probable que un hombre desee un *Rapidito* a que una mujer lo desee, pero es porque a las mujeres socialmente se nos ha inculcado no desear el sexo en sí. Además, los hombres tienen una asombrosa capacidad para estar "en el momento", lo que les permite sacar el mayor placer posible de cualquier situación dada. Cierto, no se preocupan por embarazarse ni por cuidar su reputación, pero con un poco de planificación de tu parte, una vez que estés en una relación puedes sentir tanto placer como un hombre. Hasta podrías descubrir que disfrutas de los *Rapiditos* más de lo que habías imaginado. Podrías empezar a exigirlos. Y participar en unos cuantos *Rapiditos* durante la semana asegurará que ambos quieran hacer tiempo para ese largo encuentro amoroso el fin de semana, y a lo mejor te darás cuenta de que quieres más tiempo para disfrutar de todas esas sensaciones juntos y de que éstas más dispuesta a encontrar el tiempo para expresar ese amor.

No tiene nada de malo conseguir lo que quieres o necesitas o darle a tu pareja lo que él o ella necesita, aun cuando se basara en una hambre y lujuria salvajes y apasionadas, o solamente para mitigar su miedo y cultivar su deseo o el tuyo. Todos necesitamos afecto. A veces el rápido apaciguamiento de nuestro deseo sexual es suficiente para que queramos sonreír en esta vida. Y mujer, si quieres esas sesiones de amor que duran cuatro y doce horas, tienes que darte cuenta y permitir que esa traviesa niña malita dentro de ti salga a jugar y descubrir la emoción de la apasionada rendición.

¡Alimenta tu lado salvaje y aventurada!

Es ese mismo aventurerismo que alimenta tu placer cuando compartes el amor romántico y cuando tienes estas largas y duraderas sesiones con él. No limites tu poder sexual. Diviértete. Aprovecha esos *Rapiditos* donde y cuando puedas. Los *Rapiditos* no son solamente una emoción fácil, son una *deliciosa probadita sexual*—el preludio al exquisito plato principal.

La logística

Como ya mencioné, los hombres no se preocupan por el embarazo ni por cuidar su reputación, así que si tú sí lo haces, toma unas medidas preventivas antes, sobre todo si estás involucrada en una relación. Las mujeres solteras que toman parte en actividades sexuales también deberían emplear unas cuantas estrategias sencillas. Empieza con algún tipo de anticonceptivos o coloca preservativos por la casa—en la cocina, el baño, la sala, hasta en una cajita en tu buró. No olvides la guantera de tu auto. Hasta que se invente un lindo brazalete a la moda que las mujeres podamos llevar y que contenga un compartimiento para meter un preservativo, recomiendo que también guardes algunos en tu bolsa—cartera. Hasta puedes usar un pequeño equipo para el maquillaje o una bolsita para guardar tus preservativos.

Asegura de agregar unos cuantos paquetes de lubricante, ya que si somos realistas, tu cuerpo puede no haber lubricado lo suficiente para la penetración durante un *Rapidito*; esto es cierto sobre todo en las mujeres mayores de treinta años. La falta de lubricación para nada significa que no disfrutas. Simplemente significa que tu cuerpo no ha alcanzado tu deseo y que por naturaleza los *Rapiditos* pues son *rápidos*.

Respecto a tu reputación, trata de ser discreta en las circunstancias y ubicaciones que usas. Si estás al aire libre, fíjate si alguien pasa por donde estás. Si te cachan, pues, ruboriza y suelta una risita, arregla tu ropa y espera que no te reconozcan o que no hablen. Asegura de elegir los lugares con cuidado como algunos pueden ser ilegales, tales como un cine o cerca de una escuela. Usa tu sentido común.

Si tu reputación estará en duda porque estás involucrada con un hombre conocido como "chico malo", considera si quieres meterte con él en primer lugar y luego elige un lugar más privado y sé discreta.

¿Quién inicia un Rapidito?

Finalmente, ¿eso importa?

Si lo deseas, lo necesitas, lo añoras, ¡entonces hazlo tú!

175

Puede que él se sorprenda, pero también estará *tan agradecido*. Y si estás tímida ahora, no te preocupes, ya que con la práctica se te quitará.

Consejos para empezar:

- Salúdalo en la puerta cuando él llega a casa. Híncate frente a él. Bájale el pantalón y tómalo en tu boca. Muéstrale cuánto has deseado probarlo. Permítele poner su mano en tu cabello y guiar tu boca a donde él la necesite. O agarra sus manos a sus costados y dile que esta vez solamente es para ti y deja que tu boca pase por donde quieras.

- Métete con él en la ducha una mañana o noche y frota su espalda. Ayúdalo a limpiarse y hazlo saber qué otros lugares que tienes que lavarle usando tus *Manos de Oro y el jabón*. No hay nada más erótico que frotar a tu amante en la ducha, jalar su cabeza hacia atrás y mordisquear los huesos de sus hombros mientras que lo oigas gritar por el placer—a menos que él te haga lo mismo. Hay tantas deliciosas maneras de jugar en la ducha. ¿Qué sucedería si se te cayera el jabón?

- Frótate contra su cuerpo. Dile que lo necesitas. Añora tenerlo dentro de ti y pídele satisfacer tu lujurioso deseo. Si él no está preparado, descubre qué es lo que él necesita para pararse y enfrentar la situación. O también podrías hacerle esas cosas *extrañas y eróticas* que le encantan. Muéstrale cuánto deseas su cuerpo. Conviértete en la Princesa de las Amazonas con su guerrero cautivo.

Dónde hacerlo

Puedes disfrutar de los *Rapiditos* donde tú quieras—en la cama, contra la pared, adentro o al aire libre, en un auto, en la ducha o hasta en el armario. No importa dónde, siempre y cuando es erótico y deseable para ti.

Tengo unas amigas que han participado en los *Rapiditos* en la escalera del trabajo o en el armario del conserje. Tengo que admitir que yo una vez lo intenté en un ascensor. Si el ascensor no cuenta con un botón Detener/Arrancar, entonces el chiste sería muchas caricias fuertes y exponerse poco. Los ascensores son divertidos para jugar a las aventuras y con el miedo a ser descubiertos, como siempre provoca miedo pensar que alguien estará parado ahí cuando las puertas se abren y te agarrarán siendo traviesa. Hoy día hay cámaras en los ascensores así que si te sientes valiente y arriesgada, adelante. Puedes pasarle unos billetes a quien cuida el ascensor para que no se fije o tal vez puedas detener el ascensor entre pisos.

Participar en los *Rapiditos* al aire libre en un parque o en una playa desierta bajo la luz de luna siempre es un deleite. Para estas aventuras, no quieres quitarte la ropa. Sólo desabróchala o ajústala para que no estorbe. Ayuda que te vistas con estrategia—faldas, calzones—*panties*—sin tela en la entrepierna, etc.

Al preparar tu *Rapidito* con tu esposo o con alguien con quien hayas salido durante un tiempo—quieres que te vea como una mujer y no como una madre o la mujer con la que lleva años viviendo. Ponte un vestido revelador, con o sin calzón—*panties*. Mejor aún, ponte liguero y medias. A los hombres se les hace bastante erótico. Ponte unos tacones y muestra lo tuyo.

Al paso de los años, las mujeres se han acostumbrado tanto a vestirse como uno de los muchachos o a ponerse pantalones y trajes sastre al intentar lograr una presentación profesional que se nos ha olvidado el placer que logramos al vestirnos de manera femenina—sin mencionar todos los beneficios. No te preocupes, no le darás una idea equivocada. Él tendrá sus propios pensamientos.

El auto sin duda no es el lugar más cómodo para los *Rapiditos*, sobre todo si no eres adolescente ni de veintitantos años y si tienes un poco de peso de más en tu barriga y cadera. La mayor parte del tiempo, podrías querer limitarlo a el sexo oral o con los dedos. Si él (o tú) maneja una camioneta o tiene un asiento delantero grande, pueden realizar las posiciones sexuales del *El Amor* o *La Entrega* sólo asegura de dejar puesto el freno de seguridad. Lee el capítulo sobre las *Posiciones Sexuales* para más información sobre las posiciones mencionadas.

Meterte al asiento trasero de un auto puede agregar nostalgia a los *Rapiditos* y traerte todos esos recuerdos de la juventud, alimentando la emoción de tu pequeña aventura. Después puedes reírte de ti misma y del hecho de que habían pasado años desde que hicieras tal cosa…o tal vez ésta fue la primera vez.

¿Cuáles posiciones son las mejores para los Rapiditos?

El mejor acto siempre es el que tu lujuria añora. Así es, la lujuria es lo que dirige los *Rapiditos*—gracias a Dios. ¿Te imaginas la vida sin la lujuria? Nada más podría ser tan deliciosamente decadente. Me parece que si las mujeres se rindieran ante la lujuria más que ante el chocolate, *Hershey* quedaría en la bancarrota.

Por lo general, el mejor acto sexual para los *Rapiditos* se ajusta según el lugar donde estés. Por ejemplo, si estás en la cocina, tu pareja puede doblarte sobre la mesa y metértela por detrás. O tal vez te haga inclinarte contra el fregadero mientras que él se hinca frente a ti y disfruta de tu sabor.

Él puede doblarte sobre el respaldo del sillón en la sala y dejar que sus dedos te toquen íntimamente. En ningún lado dice que los *Rapiditos* tienen que acabar con su pene dentro de ti. La penetración puede ser con sus dedos. O no hace falta una penetración para que llegues al orgasmo. Puedes llegar al orgasmo al solamente tocar o besar. Recuerda lo que dije de estar en el momento, como en el ascensor, donde no tienes tiempo para más que una rápida sesión de faje.

Recuerda lo que comenté de que los hombres viven el momento—tienes que aprender a vivir así también y sentir placer con cada beso, cada toque, cada acto sensual y no limitarte a los viejos mandatos de lo que el sexo debe ser, mandatos y restricciones que ya no se le aplican a la madura mujer sensual que ya eres.

Los Rapiditos y la masturbación

Tú puedes tener un *Rapidito* sola. No tienes que incluir a tu pareja. A veces tienes que calmar tus frustraciones y apaciguar tus necesidades sexuales. Usar tu mano o un vibrador es la receta que esta *Doctora del Amor* recomienda. Aparte de apaciguar tu tensión, también reduce tu estrés y ansiedad.

Pareciera mentira, pero el sexo era uno de los remedios más prescritos por los médicos antes del año 1500 para aliviar la depresión, la ansiedad y hasta el dolor. Hoy algunos médicos lo recomiendan como forma de ejercicio.

Disfruta de tu sexualidad en la forma en que se te presente. ¡El único pecado es no hacerlo!

Capítulo Doce

Juegos sensuales con tus senos

La ambivalente relación amorosa—contigo misma

Una mujer nunca se ha sentido más en conflicto con su cuerpo que con respecto a sus senos. Cuando éramos niñas queríamos senos grandes. Muchas rellenamos nuestros sostenes con pañuelos o intentamos hacer aire con las blusas para que nuestros senos se vieran más grandes, y siempre nos sentíamos poca cosa porque no eran lo suficientemente grandes—o tal vez porque eran demasiado grandes. Cuando por fin nos salieron senos y se convirtieron en el punto de enfoque de la atención sexual de cada muchacho, los odiábamos—nos odiábamos a nosotras mismas. Años después, nos siguen acechando las dudas respecto a su tamaño; y lo que es peor, al envejecer, odiamos la gravedad por como nos jala los senos y los hace colgarse, lo que nos deja sintiéndonos poco atractivas y dudando de nuestro valor.

Mira, nunca estaremos contentas con nuestros senos, así que por qué no aceptar que los tenemos—grandes o pequeños—y permitirnos el placer que podemos lograr al jugar con ellos o permitir que nuestro amante juegue con ellos, y aprender lo verdaderamente sensibles que nuestros senos y pezones pueden ser.

Hay varias maneras de incorporar el jugar con los senos a tu experiencia sexual y de resaltar la sensibilidad de tus senos. El método más común es que tu pareja juegue con tus senos, frotándolos, moldeándolos con sus manos, lamiendo y chupándolos por tu ropa y cuando están destapados. Él puede mordisquearlos o morderlos al aumentar tu excitación y la suya. Al aumentar la emoción, la mayoría de nosotras queremos que nos toquen con más fuerza. Comunícate con él. Comparte tus necesidades, tus deseos. Pídele que muerda tus pezones o que los apriete con más fuerza, lo que necesites para aumentar tu placer.

179

Él agradecerá tus comentarios y te dará lo que necesitas. Tus palabras lo alientan a hacer más, alimentando sus deseos y su pasión erótica, como él sabe que disfrutas de cómo te hace el amor.

A continuación hay más maneras de tentar y de agregar el toque de los senos en tu experiencia sensual y sexual.

Sexo con los senos

Existe una técnica que se llama *Sexo Francés* o en inglés *French Fucking,* donde juntas tus senos y permites que tu pareja pase su erección entre tus senos aplastados y luego que haga movimientos entre ellos para imitar el coito. Para muchos hombres y mujeres este tipo de unión sexual es erótico. Es solamente una forma más de placer sexual que puedes tomar. Mientras que él empuja y desliza su erección entre tus senos, baja tu cabeza y pasa tu lengua por la punta de su pene para realizar una versión de sexo oral y aumentar su placer y el tuyo.

Otra variación para jugar con los senos es que él pase su erección por tus pezones, usando la punta de su pene para hacerlos parar o tal vez golpeando su pene contra tus pezones. Si él estaba flácido al comienzo, no se quedará mucho tiempo así. También el puede mojar tus pezones con su esencia íntima mientras que él se excite cada vez más y susúrrale tus deseos. Le encantará tu sensualidad y te premiará. ¿No se te hace maravilloso ver el poder sensual que tienes sobre tu amante?

Todo lo que has hecho con tus pezones, a excepción del *French Fucking,* puedes hacer con los suyos. Los pezones de los hombres son por naturaleza ultrasensibles. Si quieres verlo retorcer bajo tus dedos, juega con sus pezones. Dales la vuelta con tu lengua y tómalos en tu boca. Verás lo rápido que agarrará tu cabeza contra su pecho necesitado más. Es simplemente otra forma de tentarlo y darle placer como quieres que él te lo dé a ti.

Enséñale cómo quieres que él juegue con tus pezones al mostrarle con los suyos. Creo firmemente en enseñar con el ejemplo. Estoy segura que le exigirás la perfección, y bueno, la única forma de lograr esto es con la práctica. Recuerda, si tú lo disfrutas, él también.

Sensibilizar tus pezones y senos

Existe joyería bastante sexy y erótico que puedes comprar para adornar tus pezones. De lo más común es un collar de perlas falsas, parecido a un collar de seis—u ocho—pulgadas de largo, que se diseña específicamente para ponerse en los pezones. Esta joyería para los pezones tiene unas diez perlas falsas y en la punta de cada extremo hay una pieza corta en forma de lazo que usas para sujetarla al pezón. Para ponerte el collar de perlas, juega con los pezones hasta que se pongan duros y erectos, y luego coloca el lazo en la punta del collar en el pezón y aprieta fuerte para que no se caiga. Al jalar fuerte el lazo y soltar, dejarás colgado el collar de perlas entre tus senos de manera cautivante. Tu pareja puede jalar el collar para aumentar tu sensibilidad y tentarte.

Otro aparato traviesamente malévola que puedes usar para sensibilizar tus pezones son *pinzas*. Las *pinzas de pezones* están diseñadas específicamente para sujetarse a los pezones y aumentar su sensibilidad. Algunos diseños se venden con un tornillo ajustable que te permite apretar la fuerza y aumentar la presión en el pezón, para mezclar un poco de dolor erótico. Las *pinzas de pezones* se venden separadas o conectadas por una cadena.

Las *pinzas* te darán una sensación de pellizco y ardor cuando primero te las pones, pero esto se quita después de un momento. Contra esta molestia, enfócate en besar a tu pareja o en cómo él te toca y te frota íntimamente en otras partes de tu cuerpo. Pero las verdaderas sensaciones con las *pinzas de pezones* se dan cuando te las quitas. Como has restringido el flujo de sangre a tus pezones durante un tiempo, sentirás un poco de dolor cuando te quites las pinzas. Para decrecer las fuertes sensaciones al quitarte las *pinzas*, tu amante puede presionar tus senos con sus dedos o palmas para que se sienta menos doloroso e intenso. No debes dejarte puestas las *pinzas de pezones* durante más de quince minutos cuando empiezas a probar las sensaciones. Al ponerte más cómoda con este avanzado método de juegos sexuales, puedes usar las *pinzas* durante un tiempo más prolongado. Sin embargo, te advierto que no debes dejarlas puestos durante más de cuarenta minutos o una hora máximo—y nunca te duermas con éstas puestas. El dolor que sentirías a quitártelas sería insoportable. Es buena idea quitarte las *pinzas* más o menos cada quince a treinta minutos para permitir que tu sangre circule y volver a ponértelas luego de uno o dos minutos. Si no encuentras pinzas para los pezones o si éstas son un tanto intensas para ti, las pinzas para la ropa también sirven. Usa las pequeñas de plástico que se venden de varios colores o las que están fabricadas de madera. Podrías querer lisar las de madera con un trozo de papel de lija. Cuidado con la versión miniatura de las pinzas de plástico, porque producen más dolor como pellizcan menos área y de manera más concentrada mientras que las pinzas para ropa de tamaño normal tienen más circunferencia y por lo tanto distribuyen de manera más ecuánime la presión.

Si deseas realizar un experimento bastante divertido, adorna los pezones con las pinzas para la ropa. Dale vuelta al areola (la parte más oscura alrededor del pezón). Así es, esto provocará varias sensaciones mientras que coloques las pinzas y otras al quitarlas. Girar las pinzas para la ropa, poco o mucho, mientras que estén conectadas a tus pezones producirá sensaciones asombrosas. Rozar suavemente las *pinzas* o los pezones también producirá una plétora de sensaciones eróticas.

Recuerda que eres la *Científica Sensual* y deja que tu imaginación vuela y prueba para descubrir el amplio rango de placer que puedes lograr al jugar con tus senos y pezones. Podrías descubrir que eres más orgásmica de lo que hayas creído posible y hasta sentir un orgasmo como resultado de jugar con tus senos.

Si la sensación de pellizco en tus senos te da miedo, puedes sensibilizarlos con un *Equipo contra mordeduras de víboras*. Éstos se venden en casi todas las tiendas deportivas y cuestan unos cuantos dólares. Sólo tienes que usar las dos copas exteriores del equipo contra mordeduras de víboras. (Por lo general tienen un color amarillo.) Colócalas sobre tus senos, con el pezón dentro de las pequeñas copas. Aprieta las copas mientras que las presiones contra tus pezones; esto creará una succión. Puedes girar las copas para asegurar que haya suficiente succión. Si se te caen, vuelve a intentar. Déjalas puestas durante unos quince minutos y hasta media hora. Cuando te quitas las copas para mordeduras de víboras, te darás cuenta de que tus pezones son enormes y ultrasensibles al tocarse. Imagina cómo se siente su lengua cuando se desliza sobre tus pezones hipersensibles. O cómo te sentirás cuando él los mordisquea. *Mmm*…sin duda una sensación que te llegará a encantar. Para una sensación más intensa, una vez que tus pezones estén agrandados y sensibles, usa las *pinzas de pezones*. Que no te preocupe el tamaño de tus pezones. Regresarán a su tamaño normal luego de más o menos una hora.

Si te gusta probar y explorar con estos aparatos sola primero, tengo que decirte que lo verdadero erótico llega cuando tu pareja comparte esta pasión contigo. Es el *Intercambio de Poder* involucrado y la vulnerabilidad que sientes durante el juego lo que cautivará tu pasión y realzará tu placer.

Pero ni se te ocurra pensar que él no disfruta de estas sensaciones. Los pezones de los hombres son tan sensibles que se ponen duros al mínimo contacto. Hasta podrías compartir la erótica intensidad con él, usando las *pinzas* que se venden con cadena, al colocar una *pinza* en tu pezón y la otra en el suyo y luego inclinarte lentamente hacia atrás para permitir que la cadena se ponga tensa y que jale tanto tus pezones como los suyos. Te encantará ese gemido que se le escapa y a él le encantarán tus lloriqueos.

Según cuánto tiempo y con cuánto entusiasmo hayas jugado y atormentado tus pezones, sentirás algo de sensibilidad durante uno o dos días. No te preocupes ya que es normal. Querrás tener cuidado al principio porque tus pezones serán sensibles y podrían irritarse con tus experimentos. Si te pasaste un poco de entusiasmo, hasta podrías notar al día siguiente que tus pezones están un poco partidos y sangrientos—como los labios partidos. Esto también es normal. Ponles *Neosporin* y huméctalos con aceite de la Vitamina E para ayudarlos a sanar. Te darás cuenta de que luego de realizar estos juegos unas cuantas veces, ya no te sucederá. (Siempre habla con tu médico si crees que hay algún problema y usa el sentido común al probar. Probar debe ser divertido—nunca peligroso.)

Perforar tus pezones es una manera permanente de hacerlos hipersensibles. Aun cuando estuvieran cuidadosamente guardados tras tu sostén la perforación los dejará sensibles y los mantendrá duros constantemente. Puedes perforar a uno o ambos pezones con un anillo. Como perforas la piel, tus pezones tardarán un poco en sanarse. Si tienes relaciones sexuales durante este tiempo, asegura que él no eyacule en tus senos hasta que se hayan sanado por completo para evitar una posible infección. También debes tener cuidado de no jalar ni enganchar la joyería, lo que provocaría dolor. No uses las pinzas que ya

183

mencioné y sin duda aléjate del equipo para mordeduras de víboras hasta que te hayas sanado por completo. Sin embargo, adornar el seno con las pinzas para la ropa y la cuerda siguen siendo una opción.

A algunas mujeres les encantan sus pezones perforados y otras quieren que la perforación se cierre. La decisión es tuya. Lo que mejor te funcione es lo que debes hacer.

Un Aviso: Si eres diabética, debes hablar con tu médico antes de perforar tus pezones porque los diabéticos tienen problemas para sanarse. También, si tienes problemas con la circulación asegura que el uso de las *pinzas de pezones* estará seguro.

Brassieres—sostenes de cuerda

Crear un *brassiere—sostén* de cuerda es algo muy erótico y está dentro del rango de juego sensual avanzado y de deseo intenso. La cuerda de nylon es la mejor elección para el juego erótico con los senos como se siente suave y liso junto a la piel. No tienes que apretar mucho el pecho con la cuerda, sino hacerlo apretar un poquito. No debes notar una decoloración en tus senos. Si es así, afloja la cuerda y vuelve a comenzar. Una parte del erotismo de los *brassieres—sostenes de cuerda*—son las marcas que la cuerda deja en la piel y la sensibilidad creada cuando te lo quitas. El *brassiere—sostén de cuerda*—es igual a uno común, levanta y separa los senos. Puede tener un diseño complicado o sencillo. Si eres muy atrevida, hasta puedes llevar el *sostén de cuerda* por debajo de tu ropa cuando estás en público. O tal vez fue tu amante quien te pidió hacerlo. Igual como con las *pinzas de pezones* y las pinzas para la ropa, les recomiendo no dejar puesto un *sostén de cuerda* durante más de una hora. Si tus senos empiezan a decolorarse, afloja o quítate las cuerdas.

Existen varios libros que se tratan de las ataduras eróticas y enseñan lo intricado de crear *sostenes de cuerda*. *Jay Wiseman's Erotic Bondage Handbook* es uno de los mejores libros disponibles, así como *The Seductive Art of Japanese Bondage* de Midori.

Un comentario hecho con amor

A muchas nos da vergüenza examinar nuestros senos y aprender de la complejidad de nuestro cuerpo porque se nos ha enseñado que tocarnos es pecado. No obstante, el cáncer de mama es una de las tres primeras causales de muerte entre las latinas; miles de latinas fallecen cada año de esta enfermedad o de sus complicaciones. Por lo tanto, es preciso que te examines los senos cada mes (antes y después de tu menstruación—tu regla) y que te fijes en cualquier cambio.

En vez de permitir que la vergüenza dicte tus acciones y ponga en peligro tu vida, podrías incorporar la revisión de tus senos al hacer el amor y permitir que tu pareja te examine. Imagina la emoción que le dará conseguir el permiso para conocer tu cuerpo. Lo más probable es que él se equivoque las primeras veces, pero está bien. Es divertido explorar y las revisiones a tus senos pueden salvarte la vida. No puedes esperar ese chequeo anual; para entonces podría ser muy tarde para prevenir cualquier complicación que pudiera existir. Nunca arriesgues tu vida debido al miedo, la vergüenza o la vanidad—¡la vida es muy valiosa!

Capítulo Trece

Sexo anal

Si te duele—¡lo estás haciendo mal!

El sexo anal está inundado de tabúes y malos entendidos desde hace siglos. Sería uno de los temas más difíciles del cual platicar con alguien que te importa, sobre todo si es tu esposo, tu pareja o hasta una amiga porque no quieres que él crea que eres una desgraciada y que te deje, o viceversa.

¿Es el sexo anal una conducta invertida?

¿Eres pervertida porque lo quieres y lo disfrutas por detrás?

¿Te irás directamente al *infierno* sólo porque tu sexualidad no se conforma a la de tus vecinos? ¿O en realidad se desvía tanto?

El sexo anal no es la plaga en tu sexualidad como te han hecho creer. En realidad, el sexo anal es una de las formas más eróticas de placer sexual que existe. Y los hombres y las mujeres lo disfrutan desde hace siglos. También proporciona una esencia de dominación al hacer el amor que para muchos hombres y mujeres es muy placentera. Muchas mujeres también creen que el orgasmo que sienten con el sexo anal es más intenso que un orgasmo vaginal y del clítoris.

La idea equivocada del sexo anal es que tiene una naturaleza totalmente de penetración cuando en realidad se trata de diferentes grados de erotismo.

Por ejemplo: Puedes apretar y moldear las nalgas, al mordisquear y morder de manera juguetona; puedes darle unas nalgadas—palmaditas—a tu pareja de manera juguetona o con entusiasmo; puedes usar tus manos o dedos para explorar la pequeña apertura al ano entre las nalgas, la cual es excesivamente sensible al tacto. Hasta puedes pasarle tu lengua—lo que se llama *Anilingus*—y presionar tu lengua adentro para crear sensaciones increíbles tanto para ti como para

187

tu pareja, mientras que disfrutas del fruto prohibido de forma traviesa. Igual como con todos los aspectos sexuales, el sexo anal se limita según tu imaginación.

Gran parte de lo atractivo del sexo anal se debe a su conexión con lo prohibido y con la sensación de poder que le da a quien realiza la penetración y el placer que le da a quien la recibe. Sin duda es un acto donde el *Intercambio de Poder* domina tanto para hombres como para mujeres.

Tal vez quisieras saber que la Iglesia Católica no denotó al sexo como algo pecaminoso hasta después del año 800 A.D., cuando a los clérigos—sacerdotes—ya no se les permitía casarse y se les requería ser celibatos, como a la Iglesia le costaba mucho dinero mantener a cientos de sacerdotes—clérigos—sus esposas e hijos.

Otro fenómeno social y psicológico significativo y tal vez desconocido es que al controlar la sexualidad de una persona—en esencia controlar el afecto de una persona—uno tiene una manera de controlar y de reenfocar la lealtad de la persona. Por lo tanto, el sexo era tolerado y aceptado en los ojos de la Iglesia siempre y cuando se realizara para concebir hijos. Sin embargo, si lo disfrutabas, cometías un pecado y si lo hacías seguido—aun con tu esposo—eras una puta lasciva. El sexo anal era considerado un pecado mortal ya que su único propósito era totalmente obvio—el placer. Te sorprendería saber que, el hecho de que dos adultos en consenso mutuo, en la privacidad de su propia casa, tengan coito anal todavía puede ser considerado un delito en algunos estados y países.

De lo más esencial para considerar cuando realizas el sexo anal es: si te duele—¡lo estás haciendo mal! A pesar de las ideas equivocadas, el canal anal no es derecho sino que tiene dos curvas distintivas. Un amante entusiasta que sencillamente te la mete y provoca dolor está golpeando contra la pared del recto. Si él hiciera las cosas más lentamente—y si usara suficiente lubricante—la experiencia sería mucho más placentera para ambos. Una vez que él conozca tu cuerpo, puede empujar con más fuerza y más profundidad. También puede penetrar con un preservativo bien lubricado, que facilitaría las cosas todavía más.

Como el cuerpo no produce el suficiente lubricante para la penetración anal, es esencial usar un lubricante artificial para permitir una penetración más fácil con su pene, sus dedos, un consolador o *bujías anales* para evitar rasgar y dañar el tejido. Si el lubricante proporcionado empieza a desgastarse luego de mucho tiempo o si no se aplicó suficiente, agrega más. Los lubricantes a base de silicona pueden funcionar mejor para la penetración anal porque no se secan tan rápido como los que están a base de agua. *Anal Eaze* es un popular lubricante que entumece ligeramente y es enfocado en la penetración anal. Tu pareja debe ponerse un preservativo al usar *Anal Eaze* para evitar que se le entumezca el pene.

Los hombres con un pene pequeño son maravillosos amantes anales ya que su erección no se meterá demasiado en el canal anal. No te preocupes; aun así tendrás esa deliciosa sensación de empujes y de estar llena. No me malinterpretes ni pienses que un hombre con un pene más largo que cinco pulgadas no sería maravilloso en el sexo anal—lo será. A lo mejor tendrás que pedirle que lo haga lentamente hasta que te acostumbres a su largo y si no puedes aceptarlo todo adentro de tu cuerpo, no hay problema, sólo díselo y encuentra una posición que funcione mejor para ti. No debes tolerar grandes molestias físicas en el coito anal. ¡Es tu responsabilidad platicarlo con tu pareja! Recuerda que él no puede leerte la mente, y si no le das la cara, no puede verte hacer muecas.

Si quieres usar juguetes sexuales, como consoladores, *bujías anales* u otros para el sexo anal, asegura que no tengan más de cinco o hasta siete pulgadas de largo y que tengan poco grosor cuando empiezas. No quieres pasar el recto y meterte al colón por accidente.

Existe un aparato instrumental llamado *dilatadores anales* que se venden en paquetes de cuatro a seis piezas con forma de falo diseñados específicamente para estirar el ano. Este instrumento ayudará a minimizar las molestias que sientes al primero participar en esta avanzada forma de erotismo.

Se han desarrollado varios juguetes para adultos para el sexo anal que los dos pueden usar. Una *bujía anal* es un juguete sexual que varía en grosor y largo, y se inserta al ano. La punta está ensanchada para evitar que el cuerpo lo jale hacia el canal anal.

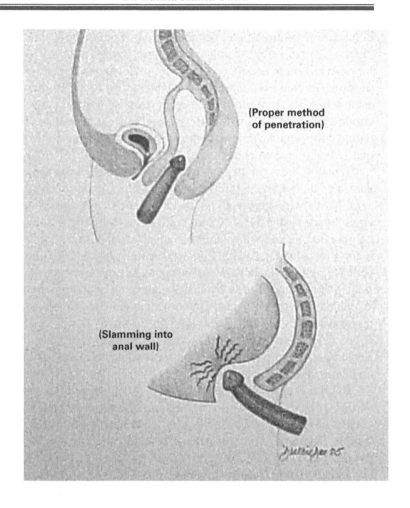

(Proper method of penetration—El método adecuado para la
penetración)
(Slamming inot anal wall--Chocando contra la pared del ano)
Ilustracion cortesía Dulcie Dee

Es preciso recordar nunca "enterrar" nada totalmente en el
ano que no tenga algún tipo de cordón para que lo saques.
Hacerlo podría llevar a una vistita a urgencias y un momento
vergonzoso para que te lo quiten. Nunca quieres dejar nada
enterrado dentro de ti.

Para más sabor usa una *bujía anal* para crear una sensación
de estar llena en el trasero mientras que tu pareja te penetra por

la vagina. Esto realzará mucho tu placer erótico. Se llama una doble penetración. La *bujía anal (también llamado dilatador anal y tapón de nalgas)* puede usarse solo para causar una tormenta sensual mientras que él tienta tu cuerpo con su lengua. Otro deliciosamente malévolo uso para una *bujía anal* es llevarla bajo tu ropa—nadie se dará cuenta. Algunas vibran y tienen control remoto. ¿Cuál de ustedes estará a cargo del control?

Los *rosarios anales—esferas anales*—son otro juguete para ayuda sensual y consisten en un cuerda con cuentas a cada cierto largo. El grosor de las *esferas anales* varía y tienen un cordón largo que permite retirarlas del cuerpo. Vienen en varios colores, texturas y tamaños. Por lo general la punta del cordón se jala durante el orgasmo, lo que aumenta la intensidad. A veces con sólo jalar la cuerda y retirar las *esferas anales* se da un orgasmo.

Otros juguetes sexuales incluyen los consoladores y los vibradores. Cada uno produce sensaciones diferentes. Y no dejemos a un lado los dedos y las lenguas que son una maravillosa fuente de placer durante horas de diversión.

Al volverte más conocedora puedes probar formas avanzadas de sexo anal, como el *braquioproctosigmoidismo—empuñamiento anal—*y juguetes más grandes. Si te interesa el braquioproctosigmoidismo—empuñamiento anal—una forma más avanzada de coito anal, recomiendo que leas *A Hand in the Bush: The Fine Art of Vaginal Fisting* de Deborah Addington. Aunque el libro se trata del empuñamiento vaginal, también proporciona información valiosa y advertencias sobre el empuñamiento anal. También recomiendo tomar una clase sobre el empuñamiento en una de las organizaciones locales de BDSM (*Sadomasoquismo-Ligero*) en tu área. Otro buen libro es *Anal Health & Pleasure* de Jack Morin.

Un aviso importante: Este tipo de juego sexual tiene un nivel de peligro asociado con él. Asegurarte de aprender cómo protegerte a ti y a tu amante.

Para empezar

¿Cómo empiezas a disfrutar de este prohibido placer erótico?

Las técnicas a continuación pueden usarse ya seas quien hace o quien recibe el coito anal. Para simplificar las cosas, daré unos cuantos ejemplos desde cada perspectiva.

Al empezar, crea un ambiente sensual para ti misma. Explora tus propios deseos anales sola primero y luego cuando estés más cómoda, con tu pareja. Esto te permite superar un poco tu timidez y aprender cómo a tu cuerpo le gusta ser tocado. Si quieres compartir esta primera experiencia con él, recuerda comunicarte *en voz alta*. Esto ayudará mucho para asegurar que ambos disfruten de la experiencia.

Una manera maravillosa de empezar es explorar tanto con tus manos como con tu boca. La lengua es una deliciosa herramienta natural para pasarla sobre tus nalgas y contra la entrada a tu ano, algo que se llama *anilingus*. El calor y la textura de la lengua, así como su natural humedad, agregan sensaciones eróticas particulares. Mordisquea y muerde un poco las nalgas para tener un divertido deleite.

Al excitarte más, él puede introducir un dedo lubricado en tu ano, permitiendo que tu cuerpo se haga cómodo con eso antes de introducir otro. Cuando está dentro de tu ano, él puede abrir sus dedos un poco, estirándote mientras siente la resistencia de tu cuerpo. Al mantener ligeramente abiertos sus dedos, él puede retirarlos hasta la mitad y luego volver a juntarlos para nuevamente introducirlos en un ritmo lento. Respirar bien todo el tiempo ayudará. ¿Recuerdas esos ejercicios Kegel que ya mencioné? Aquí es donde sirven. Al seguir él, te dará una sensación ligeramente lasciva. Comunícate con él aunque sea algo tan sencillo como un gemido o dile que te gusta. O comunícale lo que se sentiría mejor.

Él también puede estimular tu cuerpo de otras formas mientras que te penetra. Por ejemplo: Él puede usar su mano libre para jugar con tu clítoris, tus senos o tal vez pueda agarrar tu cabello en dominación mientras que te susurra al oído y te comparte sus gloriosamente decadentes pensamientos. Al pasar el tiempo te estiras más, y él puede sustituir su erección o puede seguir haciéndote el amor solamente con sus dedos. No olvides todos esos maravillosos juguetes que ya mencionamos. Es asombrosa la cantidad de variaciones que hay con el sexo anal.

Me doy cuenta de que a veces da vergüenza. No obstante, tú eres la *Científica Sensual*—la latina apasionada—sonroja y habla. Él necesita saber si te lastima para poder ajustar su posición y profundidad y hacerlo placentero para ti. Esto le permite convertirse en el tipo de amante que siempre hayas deseado. Recuerda que tu amante aprende *de ti* lo que te gusta.

Él no puede leerte la mente sin importar cuánto te ame.

Igual como con la penetración vaginal, habrá algo de dolor la primera vez al estirar tu ano para acomodar el tamaño y el grosor de su pene y o del objeto usado. El suficiente lubricante reducirá esta molestia pero no te la quitará por completo. Relajar tus músculos del ano ayudará a acomodar su penetración, como la reacción normal de tu cuerpo es tensarse. También puedes contraer tu músculo alrededor de sus dedos, pene u otro objeto para crear otro tipo de sensación erótica.

Los juguetes sensuales como los consoladores y los vibradores producen sensaciones únicas. Pueden hacer falta varios encuentros para que te sientas cómoda con la penetración; esto es normal. Recuerda que el coito anal se trata de la paciencia. Después sentir algo de molestias al hacer del baño durante un par de días; esto es normal. Si la molestia persiste durante más de una semana o si hay sangre, habla inmediatamente con tu médico.

Nunca debes usar el mismo juguete en la vagina que hayas usado en el ano sin lavarlo primero. Esto también es cierto para el pene y los dedos. El ano contiene rastros de bacteria que podrían cambiar el natural equilibrio pH en la vagina. Para evitar tener problemas, usa un preservativo en todos lo juguetes, hasta en el pene, durante la penetración anal y luego reemplaza el preservativo con uno nuevo cuando vaya a haber penetración vaginal. El uso de preservativos permite una penetración y lubricación más lisas. Hasta hay preservativos individuales para los dedos y guantes de látex que puedes usar. Algunas personas colocan dos preservativos en un juguete o el pene para poder retirar uno con facilidad y tener listo el otro y así evitar demoras en esos momentos de calentura.

Nunca compartas juguetes para el ano con alguien más—¡ni siquiera con tu esposo!

Asegura de siempre limpiar y esterilizar tus juguetes cuando termines. Una buena manera de esterilizarlos es hervirlos en agua o colocarlos en el lavaplatos. Lee las instrucciones sobre limpieza que vienen con cada juguete.

Es esencial encontrar a una pareja que te enseñe lentamente los placeres del coito anal para asegurarte la comodidad y la emoción erótica. Este acto íntimo requiere de confianza. Si no te sientes cómoda con él, no participes en el sexo anal, como te hará sentirte desdichada y tu cuerpo estará tan tenso que será muy doloroso. No quieres que nadie te presione para que hagas este acto sexual. Quieres un amante lento y que se comunique. Más que con cualquier otro acto sexual, la penetración suele ser de rendición y de conexión íntima. Es un regalo para compartir con alguien con quien te sientas cómoda—hasta contigo misma. Inténtalo unas cuantas veces y ajústalo lo necesario. Si aún así no lo disfrutas, pues ya no lo hagas.

Nunca te emborraches a propósito para mitigar tus inhibiciones respecto a la penetración anal. Sólo te hará menos consciente del daño que pudiera darse, y te sentirás terrible por la mañana. Además, el sexo y el alcohol no deben mezclarse. ¿Por qué robarte el placer al beber? Si tienes que emborracharte para tener sexo, a cualquier nivel o posición, tal vez el abstenerte y ver a un terapeuta te ayudará a enfrentar y resolver los problemas que vives.

Posiciones sexuales

Aunque una de las posiciones más comunes para la penetración es estilo perrito, donde la mujer está sobre manos y rodillas y el hombre la penetra por detrás, otras variaciones son posibles y son igual de eróticos.

Algunas de estas posiciones sexuales son: Inclinarte sobre una silla, una cama o una mesa mientras que él te penetra por detrás. Hasta puedes usar un columpio para adulto. Todas estas posiciones permiten la estimulación en otras partes del cuerpo. Él puede besar, mordisquear o morder tu cuello, tus hombros y tu espalda, para mandar sensaciones excitantes hasta los dedos de tus pies. Muchas mujeres afirman sentir un orgasmo diferente y más intenso con el coito anal que con el sexo vaginal. La experiencia de cada mujer es diferente. ¡Descubre lo que es mejor para ti!

Si te parece incómodo o amenazante que tu amante se te acerque desde atrás y que te penetre, pon una pierna en cada lado de su cuerpo mientras que él se sienta en una silla como estilo *Vaquera*. Si le das la cara, ahora puedes besarlo, jugar con sus pezones, ver la pasión en su cara—y él ver la tuya. Háganlo despacio. El coito anal requiere de paciencia y amor. En esta posición, tú controlas la profundidad y el ritmo de la penetración. Esta posición además le da a él la oportunidad de jugar con tus senos y de chuparlos mientras que te mueves. Puedes usar sus hombros o sus rodillas para equilibrarte. Te darás cuenta que la intensidad de su penetración varía con el ángulo de tu cuerpo al inclinarte hacia delante y hacia atrás.

Una variación con esta posición es que te sientas con una pierna en cada lado de su regazo y le das la espalda. Tú pondrías el ritmo al levantarte y bajarte en su erección. Él puede ayudarte al agarrar tu cadera y guiarte. Él hasta podría inclinarse hacia atrás mientras que tú le montas.

Si quieres ver sus expresiones, coloca un espejo largo frente a donde vas a hacer el amor. Esto te permitirá la erótica emoción de ver las expresiones de tu amante, las reacciones de su cuerpo y el placer que comparten.

Para el hombre

Tomemos un momento para hablar de los hombres y el coito anal. No solamente las mujeres disfrutan del sexo anal—también lo disfrutan los hombres. Como ironía, el punto G del hombre se encuentra en su glándula de la próstata, que está en su ano. Es preciso que te des cuenta de que tu amante no deja de ser el macho que adoras solamente porque disfruta del sexo anal. ¡Y su deseo no lo tacha de homosexual ni significa que tenga tendencias homosexuales! Todos tenemos deseos, fantasías y antojos sexuales—esto simplemente nos hace seres humanos sexuales y normales. Tenemos que dejar de juzgarnos a nosotros mismos y a los demás.

Muchos hombres se sienten perdidos entre su deseo de penetración anal y el estigma que lo rodea. No puedo enfatizar lo suficiente que solamente porque un hombre disfruta de recibir o de dar sexo anal de ninguna manera significa que él es homosexual. Para ser sincera, ¿no desearías que alguien jugara con tu punto G si éste estuviera en tu ano?

Yo creo que un hombre que acepta su sensualidad y que está cómodo con la persona que es no debe tener que justificarse ni limitar su deseo. ¡Lo mismo para las mujeres! Tienes que decidir por ti misma respecto a este tema. Si tú o tu pareja se sienten incómodos con este erotismo—platíquenlo, pruébenlo, y dense cuenta de que es totalmente normal o déjalo a un lado—es tu decisión.

Igual que las mujeres, los hombres también necesitan que se les persuada y que se les prepare antes de participar en el sexo anal. Asegura de lubricar tu dedo o el juguete que uses. Puedes usar un lubricante artificial o tu esencia sensual. Usar un dedo para penetrar y frotar su próstata mientras que él te hace el amor lo hará empujar con más fuerza al crecer su placer.

Para agregar sabor al *Intercambio de Poder* con tu amante, puedes usar un consolador que se amarra al cuerpo—el *Strap-on*. (Hablamos de éste en el capitulo *Juguetes sexuales*.) En esta ocasión, que él ponga una pierna en cada lado de tu regazo; que se incline sobre una silla, una cama, o que él se ponga sobre manos y rodillas estilo perrito. Empieza bien despacio, lo mismito como en el coito anal para la mujer. Cuando se exciten puedes ir mas rápido. Agarra su cabello mientras que lo penetras, jalándolo hacia atrás con un poco de fuerza al reclamar tu *adueñamiento,* tu conexión, reclamando a tu hombre—a tu "perra".

Imagina el honor que es ser la primera persona en lograr una rendición completa de él. Es algo que debes valorar, ¡su virginidad! El *Intercambio de Poder* surge no solamente de las sensaciones de dominación en este acto sino en la plática erótica que comparten. El sexo no tiene que ser silencioso ni serio. Habla con él. Diviértete. Ríete. Suelta una risita. Disfruta.

Si el *Strap-on—el* consolador que se amarra al cuerpo—es muy excéntrico para ti, existen consoladores de doble cabeza que también funcionan. Una punta se te mete a ti y la otra a él (o ella si es que tienes sexo anal con otra mujer). El principal problema con los consoladores de doble cabeza fabricados de hule suave es su flexibilidad y que no se queden en su lugar. Al excitarte tú, el consolador se humedece con tu esencia íntima, lo que lo hace resbalarse, y no te dará la penetración firme que deseas. Comprar un consolador de doble cabeza que no es tan flexible ni blando es lo mejor. Algunos modelos más fuertes te permiten penetrarlo y se crea una barrera que evita que el consolador se le meta demasiado (lo que provoca dolor) y te permite deslizarte por tu parte tomándolo adentro de ti y recibiendo la penetración que necesitas. Respecto a lo largo, cinco o seis pulgadas máximo en un extremo (para la penetración anal) es más que suficiente. El otro extremo por lo general es de unos seis a ocho pulgadas. Como cada quien es diferente, prueba con varios para encontrar el que es mejor para ti y para tu pareja.

Una desventaja con la penetración anal (cuando la mujer la hace) es que es difícil empujar con fuerza durante un tiempo prolongado. No te sientas mal—para algunos hombres también es difícil. En vez de frustrarte y darte por vencida, que él ayude.

Siéntate en el borde de una silla y que él se ponga sobre las manos y las rodillas frente a ti. Agarra su cadera para que se pase hacia atrás, penetrándolo, y luego que él se mueva hacia delante y hacia atrás. Envuelve su cadera u hombres con tus piernas para que no se mueva. Otra manera que ya mencioné es que él se sienta con una pierna en cada lado de tu regazo, dándote la cara o la espalda estilo *Vaquera*. Esta posición te da un acceso ilimitado a su pene y también su pecho y espalda, donde puedes lamer, mordisquear, morder, apretar, frotar y más para aumentar las sensaciones eróticas.

La mayoría de los hombres algunas veces pierden su erección al ser penetrado por el ano. No te desalientes ya que es normal. No significa que no disfruta—¡sí lo disfruta! Te das cuenta por sus gemiditos y en cómo te ruega por más. O, igual como algunas mujeres, él puede negar su deseo al decir, "No, amor, no debes hacer eso", pero se empuja contra ti y desea más. Sólo necesita la capacidad de protestar con desgana. Permítele frotarse o tú puedes hacerlo cuando quieres que llegue al orgasmo.

Para agregar más aventura erótica y juego de poder, puedes prohibir que llegue al orgasmo hasta que tú lo hayas hecho, o hasta que tú decidas. *Mmm…* la adrenalina del control es dulce. Él podría sorprenderte al voltearte la tortilla y tomarte, reclamándote él.

Después de terminar, abrázalo y dale consuelo. Susúrrale lo orgullosa que eres de él. Hazlo saber cuánto agradeces su rendición y su pasión, sobre todo porque él podría sentirse torpe o cohibido, hasta inseguro, en tu opinión de él y hasta tu amor. Abrázalo fuerte y dile lo honrada que sientes de que él te haya permitido compartir con él una rendición tan íntima. Esas dulces palabras de afecto le derretirán el corazón.

Los hombres (como las mujeres) podrían sentir dolor y molestia durante un tiempo, sobre todo si es su primera vez. Deberían hablar con un médico de un sangrado o molestias extraños. Quienes sufren de hipertensión o de alta presión sanguínea, deben de hablar con su médico antes de participar en la penetración anal porque puede elevar la presión de la sangre.

Para aprender más sobre el sexo anal, lee *The Ultimate Guide to Anal Sex for Men* de Bill Brent y *The Ultimate Guide to Anal Sex for Women* de Tristan Taormino. Sería bueno agregar estos libros a tu *Biblioteca Sensual* y te proporcionan ideas maravillosas para explorar y disfrutar. No sé si estos libros están disponibles en español; ojalá que si, pero si no busca otros libros sobre el mismo tema.

Lo que debes saber
Una advertencia respecto al sexo anal: Nunca introduzcas nada en el ano que no tenga cómo retirarse, como una cuerda o hilo. No deben meter frutas, cremas batidas, vinos ni otros productos al ano. Además, el alcohol y las drogas se absorben de inmediato al flujo sanguíneo por el ano, por lo que es peligroso introducirlos por esta vía.

Si insertas un vibrador que tiene un cordón conectado, coloca el vibrador adentro de un preservativo para asegurar que el cordón no se rompa al retirarse. Debido a las delgadas paredes del ano, pueden darse desgarres diminutos que te harían susceptible a las infecciones.

Finalmente, para las señoritas, sin importar la edad, que usan el sexo anal en vez de la penetración vaginal para mantenerse "vírgenes" o para evitar un embarazo, deben saber que en raras instancias una mujer puede quedar embarazada luego de una penetración anal en la cual un hombre eyaculó dentro de ella. El semen puede gotear desde tu ano y viajar por los labios vaginales y entrar por la vagina. Esto puede ocurrir si te acuestas boca abajo, o si el semen gotea a tus calzones—*panties*. Por lo tanto, te convendría usar un preservativo para evitar esta posibilidad. Aunque es muy poco común, sí puede ocurrir y así es posible que una mujer que nunca haya tenido el coito vaginal quede embarazada.

¡Protégete siempre al usar preservativos—nunca esperes que él lo haga por ti!

Mitos y tabúes
Antes de terminar con este capítulo, vamos a cubrir unos importantes tabúes e ideas equivocadas.

Uno de los principales factores es que su primera vez no fue placentera. En gran parte de los casos primerizos, su pareja probablemente estaba muy excitado y con poca experiencia como para darse cuenta de que el ano no es derecho sino que tiene dos curvas. Otra posibilidad es que no se tomó el suficiente tiempo para estimular a la mujer y prepararla para la penetración—igual como con la penetración vaginal—la preparación es esencial en el sexo anal. Platica de esto con tu amado para ver qué es lo que mejor funciona para ti.

La culpa y la vergüenza son factores importantes que considerar son el sexo anal
porque forman una parte tan importante de nuestra psicología y crianza social. Tendrás que aceptarte a ti misma. Disfrutar del coito anal no te convierte en puta ni dejas de ser una señorita o mujer buena. Sólo te hace un ser humano sensual y sexual. Si tú (o él) tiene problemas con este asunto, recomiendo que escribas un diario con tus pensamientos para ayudarte a superar cualquier prejuicio y para poner las reglas que consideres necesarias para permitirte llegar a sentirte cómoda con tu deseo. Una de tus reglas debe incluir los preservativos.

Y finalmente, no quiere decir que el hombre es homosexual sólo porque desea el coito anal. Él, como tú, sólo es un ser humano sensual y sexual.

Capítulo Catorce

Imaginación sensual

Su princesa cautiva…Tu rey guerrero
Su mujer lasciva…Tu esclavo sexual
¿Cuál será para esta noche?

¿Recuerdas cuando eras una niñita y tu imaginación se
daba vuelo mientras "jugabas" durante horas? Eras la princesa, la
directora, la mamá, la joven enamorada de un sinfín de
pretendientes. *Ken* y *Barbie* no siempre se portaban tan bien y
pasabas horas vistiéndolos para inventar otro deliciosa situación
que tus muñecas representaran.

Recuerdo que yo era cantante. El micrófono en mis manos
(una pequeña linterna), sobre el escenario (la mesita), el club a
reventar de gente (una foto de un gentío), todos ahí para oírme
cantar. Entre más fuerte se oía la música de fondo, mejor
cantaba. Al crecer yo, el ajedrez se convirtió en mi juego
preferido y cuando estaba sola, el rey y la reina muchas veces
estaban muy ocupados besándose como para preocuparse por si
el caballero le brincara al peón para capturar al obispo.

Cuando yo era una mujer joven, me encantaba que mis
novios hablaran con acentos extranjeros, o que fingieran ser
piratas ladrones que habían llegado para raptar a la hija del
gobernador. No era importante que nos riéramos la mayor parte
del tiempo ni que nos besáramos cuando no se nos ocurría qué
decir. Fingir significaba la emoción.

Ahora que soy una mujer sensual mayor de edad, mi
imaginación ocupa un papel más sensual al proporcionarme la
emoción de descubrir nuevas aventuras de éxtasis sexual con mi
pareja—y conmigo misma.

Sólo tu imaginación limita la representación de roles.
Podrías sentir cosquillas en la barriga, o hasta sentir nudos, pero
una vez que comiences es cuestión de dejarte ir y de
divertirte—de vivir la fantasía que hayas inventado. Tú eres la

201

escritora, la directora, la actriz ganadora del *Óscar*. Dile a tu pareja lo que será su diálogo o que él improvise. Si no salió bien la primera vez, si cometieron errores, si te dio miedo a la mitad, no hay problema porque ahora tienes un pretexto para volverlo a intentar una y otra vez hasta que te salga perfecto. Cámbialo. Ajústalo como desees y luego agrégale cosas al continuar.

Puede que tu pareja te sorprenda y le agregue unas cuantas cositas suyas para ayudarte a crear una fantasía de representación de roles mucho más sensual y erótico de la que te hubieras imaginado. No debería preocuparte el representar muy seguido la misma situación. Este juego es como escuchar tu canción preferida de Celia Cruz—puedes escucharla una y otra vez y nunca te cansas.

Algunas fantasías eróticas podrían requerir de unos preparativos mientras que vistes el escenario, para así decirlo—poniendo velas, moviendo muebles, colocando una luz estroboscópica, o hasta una máquina que hace burbujas. Independientemente de lo que quieras crear, date la libertad para hacerlo.

También tendrás que vestirte según el papel que representes. Ponte ese negligé sexy, o tal vez esta noche requieras del vestuario para el harén. O tal vez es hora del traje de látex con los tacones con pico o tal vez el de la sirvienta francesa. Si es una sorpresa y él necesita un vestuario en particular, que éste esté disponible en tu casa; déjalo sobre una silla en la entrada con una nota que diga, "Ponte esto y nos vemos en la sala".

¡No hay nada tabú!

Ya eres una mujer sensual y mayor de edad. Es hora de recoger los frutos aun cuando esto significara que él se vistiera como tu Príncipe Azul, tu bárbaro, o que creara un harén en tu sala con todo y alfombras orientales, incienso y mascadas colgantes. Hasta puedes fingir que tu amante es un extraño con el que te juntaste en un bar y que te llevarás a tu cuarto en el hotel para tener un relación de una sola noche. Cuando todo haya acabado, vístete y vete. Puedes regresar luego de unos minutos con unos refrescos y botanas y decirle que va la segunda ronda.

También tendrás fantasías más aventuradas y hasta más "peligrosas"—donde solamente te atreves a soñar y añorar—pero que te dan vergüenza mencionar. También puedes representarlas. Permítete la libertad de ser tú misma—de explorar tu deseo sexual—de reírte y de comportarte como una puta lasciva si quieres. Asegura de tener puesto cualquier accesorio para la seguridad.

El sexo más romántico y sensual no es serio, sino emocionante y divertido.

El sexo no se trata de ser perfectos, sino de reírse juntos.

Este capítulo contiene varias escenas para que arranques. Recuerda que la representación de roles puede ser recatada, aventurada, extraña o una combinación de éstas. No olvides incorporar tus fetiches y los suyos. Por ejemplo, algunos hombres tienen fetiche por los pies y les encanta acariciar y adorar los pies de una mujer. Como princesa, obligarías a tu esclavo a lavar tus pies, a darles masaje, y tal vez a besar cada dedo en homenaje mientras que permites que tu humilde sirviente toque tu cuerpo real antes de que él te dé placer. Considera todas las posibilidades disponibles. ¿Siempre era tu esclavo o tal vez era un enemigo capturado y obligado a lavarte los pies o recibir latigazos por desobedecer? ¡La escena puede irse a donde tú decidas!

Lo más importante es que la representación de roles te permite compartirte a ti misma como nunca antes con tu pareja, y reafirma el amor y la conexión que tienen el uno con el otro.

Respecto a la logística:

Desconecta los teléfonos. Coloca una nota de "No Molestar" en la puerta para que nadie llegue de repente y si alguien sí llega, no hagas caso cuando tocan a la puerta. Si insisten, explícales que es tu noche especial y que te pondrás en comunicación más tarde. Si tienen hijos, podrían querer alquilar una habitación en un hotel para que puedan salir de sus roles de mamá y papá.

Prepara las cosas, los accesorios, la música y el vestuario que haga falta para crear un acontecimiento más realista. Por ejemplo, si representan una escena de pirata/cautiva que tiene lugar a bordo de un barco, compra o pide prestado un disco compacto con sonidos de olas de mar. Si piensas amarrar a tu pareja, asegúrate que la cuerda y las vendas estén preparadas. No se salgan de sus personajes para que sea más creíble.

No te preocupes si las cosas no se dan sin problemas. Déjate llevar. Para la otra recordarás ese accesorio que hacía falta o representarás la escena de otra forma. Una escena se ha agotado solamente cuando tú o tu pareja se aburren con ésta. No te preocupes y empiecen con una nueva.

No olvides que él tiene sus propias fantasías que quiere compartir contigo. Yo tenía un amante al que le encantaba representar "la princesa y el guerrero". Después de un tiempo me aburrí e intentamos algo nuevo. Él lo mencionaba de vez en cuando y si se había portado muy bien, le permitía su fantasía preferida y participaba. Además, me encantaba hacerlo sonreír. No tengas miedo platicar de una fantasía con anticipación. Recuerda que en una relación la comunicación es esencial. Pueden platicar lo que sucedería en una escena particular de representación de roles y tentarse mentalmente con lo que harían. Negocien los puntos importantes y menores y luego elijan una fecha para llevarla a cabo. A veces es divertido sorprender a tu pareja, pero tentarlo durante unas semanas mientras que recolecten sus accesorios puede prenderlo eróticamente. Imagina su entusiasmo cuando por fin se da—y el tuyo.

Las escenas a representar no siempre tienen que planificarse. Pueden ocurrir con el calor del momento y tomar una vida propia. La princesa también puede resultar pecaminosamente malita o los roles pueden intercambiarse en cualquier escena.

¡Diviértanse!

Si tienes fuertes antojos o si quieres agregarle sabor a tus escenas, busca otros libros de fantasía y hasta novelas románticas. A continuación hay unas cuantas ideas para que arranques.

Lo ligas

Si alguna vez hayas deseado vivir una relación de una sola noche pero no tienes las agallas para hacerlo; o tal vez has querido probar tu encanto sensual con un hombre que no sospecha nada, ésta es tu oportunidad. Para las parejas que llevan mucho tiempo en una relación, sobre todo las que tienen hijos, esta escena es una gran cita amorosa.

Elijan un lugar para encontrarse que no sea uno de sus lugares comunes. Planifiquen un encuentro aproximado y luego lleguen por separado. Aunque desearías llevar a una amiga para que te apoye—¡no lo hagas! Ambos estarán lo suficientemente nerviosos. Esas cosquillas en la barriga le agregan algo especial a esta escena.

No seas fácil para tu pareja. Haz que él use su encanto contigo. Acúsalo de haber dicho algo para "ligarte—conquistarte". Coquetea y tiéntalo. Es una excelente oportunidad para probar los *Ejercicios de Seducción* que ya platicamos. Tal vez él tenga que luchar por tu atención mientras que otros hombres intentan caerte bien y bailar contigo. O tal vez tú tengas que llamarle la atención y separarlo de las otras mujeres. Tendrás que ofrecerle algo que ellas no. Tal vez un *Rapidito* en su auto o en el cuarto trasero antes de escaparte sin decirle tu nombre. O tal vez él tenga que mostrarte lo viril que es mientras que caminen en la playa.

Pueden separarse o puedes llevarlo a un hotel. Si reservas o no la habitación con anticipación depende de ti. Planificar con anticipación siempre resulta mejor para que no tengas que salir de tu "personaje". Sin embargo, imagina lo que pensaría el cajero del hotel si fingieran que no se conocen y quieren una habitación. Tal vez te vistas como prostituta. Pero nunca platicarían de los honorarios frente al cajero del hotel, ¿o sí?

Esta escena es maravillosa para la escapaditas de fin de semana—algo que toda pareja debe hacer mínimo cada tres meses. Pueden llegar por separado e irse a casa juntos.

La princesa y el pirata

No hay nada más erótico que realizar en la vida real tus fantasías aventuradas. Muchas fantaseamos con ser raptadas (por alguien que nos gusta y al que conocemos) y que se nos obligue a realizar actos sexuales contra nuestra voluntad o hasta que aceptemos las lascivas propuestas de nuestro captor.

Tal vez imagines a tu villano como un malvado brujo que exige la rendición de tu pueblo al tomarte como rehén, o como un pretendiente enamorado no digno de la mano de la princesa. O tal vez la princesa y su guardia raptan al granjero que ella había visto sobre el camino y que de manera grosera despreció sus avances. Y por supuesto hay la princesa y el pirata.

El pirata—un hombre pícaro con un ojo tapado que captura tu barco y ofrece protegerte de sus hombres a cambio de tus favores sexuales. Cuando te rehúsas, él te amarra y tapa tus ojos con una venda y te obliga a caminar por la tabla, con una espada contra tu espalda para que te apures. Podrías imaginar su sonrisa cuando te afirma que el agua está repleta de tiburones y que tu muerte será dolorosa a menos que aceptes sus exigencias.

Bien, pues, princesita, ¿qué harás?

¿Aceptarás lo que exige y lucharás para proteger tu castidad más tarde con la esperanza de que él tenga piedad y te devuelva con tu familia ilesa y casta? ¿O la princesa aprovechará esta oportunidad para permitir que sus deseos reprimidos y sus antojos traviesos ganen, al asegurarse a sí misma que *no tenía opción* ya que tenía que hacer lo que exigía el pirata? A final de cuentas, ¿de qué sirve la virtud si no estás para defenderla?

Pero si no aceptas, él te entregará a la depravación de la tripulación para que hagan contigo lo que quieran. No sabrás quién te toca porque tienes los ojos vendados y él finge ser hombre diferentes—con todo y acentos y exigencias diferentes. Esta escena funciona todavía mejor si usas un poco de *Hipnosis Erótica*—una técnica que les enseño a las personas y parejas en mi consultorio privado y que realza el sexo.

Para hacerlo más realista, no olviden los accesorios. Puedes comprar un juego para piratas por menos de diez dólares en la tienda, con todo y espada y tapón para el ojo. Ayuda contar con una grabación en disco compacto de sonidos de olas, aves y hasta ballenas.

No olvides que las mujeres también pueden ser piratas; tal vez la otra semana sea "El príncipe y la reina pirata".

El médico y la paciente

¿Recuerdas cuando eras niña y jugabas al doctor? ¿Cuál eras, la doctora o la paciente? ¿Cuál quieres ser ahora? Tal vez le des a tu paciente una revisión completa. Él tendrá que desnudarse y tú tendrás que revisar si hay hernias, y, bueno, también sabes dónde se encuentra su próstata, ¿verdad?

¿Acariciaste sus nalgas cuando él se inclinó hacia adelante? ¿Lo haría una doctora?

¿Le rozaste con tus senos mientras que pasaste tu mano detrás de él para agarrar tu cuaderno y apuntar lo que descubriste?

¿O eres tú la paciente y vas por tu revisión anual? Imagina que él te realice una revisión de los senos mientras que estés acostada en la mesa e intentes no sonrojar. ¿Te da un poco de vergüenza que él realice una revisión vaginal y te inspeccione como nunca antes? ¿Sentiste sus dedos? ¿Fue eso su boca?

¿Y qué tal probar sensaciones en tu cuerpo—en el suyo? ¿El roce de una mano provoca el mismo efecto en tus senos como en tu barriga o entrepierna? ¿Y su boca o un guante de hule? Y si él fuera un *Científico Sensual*—¿qué te haría?

***

Cualquier escena que te interesa representar es normal, desde la más romántica hasta la más decadente y pecaminosamente erótica. Que satisfaga tus necesidades. Si algo no sale bien, ríanse. Si te das cuenta de que habías pensado realizar tu representación de roles de cierta manera y a la mitad descubres que quieres darle otro giro, que así sea. Improvisa. Ríete fuerte y suelta risitas. Es aceptable ser tontita. Gánate el *Premio de la Academia*. No hay nadie ahí más que ustedes dos…a menos que inviten a un amigo o una amiga para que observe o se una a la diversión. Ya eres mayor de edad. ¡Tú haces las reglas! Grábalo si quieres. Pon una capucha sobre tu cabeza si te da miedo que te vean en el video. La vida es muy corta como para vivir arrepentida—sobre todo respecto al sexo.

Yo creo que cuando hay una relación con compromiso, no hay límite en la diversión sexual porque si no puedes compartir con la persona a quien amas, ¿con quién entonces? La principal causa de la infidelidad no es que él no te ame, sino que él cree que tú no aceptarás sus deseos sexuales y sus rarezas y que lo rechazarás. Su segundo miedo es que dejes de amarlo si aprendes cuáles son sus necesidades sexuales. El tercer miedo es pedirle a la mujer a quien ama, tal vez la madre de su hijo, que sea la puta con la que él siempre ha soñado.

Recuérdale que primero eres una mujer—su mujer—y ser una madre y esposa solamente son partes de lo que eres. Ser aventurada en el sexo no disminuye este hecho, solamente expande la persona única que eres tú.

Capítulo Quince

Dominación y sumisión

Los placeres prohibidos
Amo/esclava...Ama/esclavo
Placer y dolor erótico sin culpa ni vergüenza

¿Habrás deseado ser alocada y traviesa?
¿Ser sexualmente salvaje y desinhibida?
¿Quitarle el aliento a tu pareja y dejarle rogándote más?
¿La idea de amarrar a tu pareja con mascadas de seda o taparle los ojos con una venda te provoca una sonrisa malita por todas las cosas traviesas que pudieras hacerle en esa posición?

¿Alguna vez te has comportado "mal" porque tu amante de manera divertida amenazara con darte una nalgada si lo hicieras? ¿Has deseado sentir sus manos en tu cabello, arrastrando tu boca hacia donde él más la necesitara? ¿O tal vez lo prefieres al revés donde tú fueras la mujer dominante y él tu juguete?

Si esto te excita, no estás sola. Hay miles de latinas y latinos iguales que tú. ¡Todos somos normales, poderosos y cuerdos!

El nombre que comúnmente se le da a este tipo de comportamiento sexual avanzado en lo erótico es la Dominación y Sumisión, o también una frase en inglés que se usa es BDSM—que significa Ataduras, *Disciplina y Sadomasoquismo*.

La palabra *Sadomasoquismo* provoca miedo y prejuicios y también la idea *hollywoodense* de una mujer dominante y parejas sexuales con látigos y cadenas. Aunque los látigos y las cadenas son maravillosos accesorios y juguetes para jugar eróticamente, la Dominación y la sumisión—el *Sadomasoquismo-Liguero*—nunca se trata de violencia ni abuso. Se trata de compartir tus fantasías más salvajes y tus intensos antojos sexuales. Esos oscuros y deliciosos secretos que mantienes guardados por dentro por miedo a que te dominen y que tu amante no te acepte.

209

La *Dominación y la sumisión* se tratan de compartir estos intensos antojos que hacen que tu corazón lata con fuerza y te quitan el aliento dejándote con un poco de cautela y anticipación. Se trata de compartir con otro ser humano una parte *sagrada* de ti misma. Es un *Intercambio de Poder* sensual—el tuyo y el de él.

En el primer ejemplar de la *Latina Kama Sutra*, usé el término *Sensual Machista* para referirse al término en inglés de BDSM y darle un giro latino; resultó un poco confuso. Cuando me presenté en Venezuela, todos se volvieron locos y les encantó el término *Sadomasoquismo-Ligero* cuando me refería a las prácticas del BDSM. Usaré *sadomasoquismo-ligero* al hablar de *La Dominación y la sumisión*.

La Dominación y la sumisión se tratan de jugar con las sensaciones, con el poder, con el control y con la imaginación. Es una de las pocas instancias en las que nosotras como mujeres podemos dejar atrás nuestro papel de cuidadoras y gritar, "Esto es para mí. ¡Dámelo ahora!"—y conseguirlo. Como con el tango, el *sadomasoquismo-ligero*—el BDSM—se trata por completo de la actitud.

Mientras aprendas las verdades tras *la Dominación y la sumisión*, empezarás a filtrar los miedos y malos conceptos asociados con esta forma avanzada y sensualmente erótica de juego sexual. Aprenderás que todos tus deseos, hasta los que te hubieran provocado vergüenza o culpa, en realidad son normales. Aprenderás que no eres una pervertida sexual que debe estar encerrada en la cárcel o en un manicomio, sino un ser humano sano como todos los demás.

Podría sorprenderte saber que muchas personas, tal vez hasta tú misma, ya practican alguna forma del *sadomasoquismo-ligero* sin darse cuenta o sin enlazarlo con su verdadero origen de dominación y sumisión. Permíteme compartir algunos ejemplos:

• Darle un chupetón para mostrar que él te pertenece es señal de *adueñamiento*—una forma de dominación y de reclamar lo tuyo.

• Esas palmaditas suaves que con tanto amor le das en el culito o que él te da en el tuyo son nalgadas, una forma de dominación; o si tú eras la "niña mala" o él el "niño malo" se usan para castigarse—una declaración de tu poder sobre él.

• Y no olvidemos cuando él te mantiene con fuerza contra la pared, el piso o la cama y la pasión se apodera de ti—eso es la dominación y es tu sumisión.

Todos estos ejemplos son formas de *sadomasoquismo-ligero*—de *Dominación y sumisión*. Son parte del intenso deseo que sentimos en algún momento ya sea que nos dejemos llevar por éste o no. Muchas mujeres quieren afirmar su dominación sexual sobre su pareja y otras quieren ser dominadas. Ambas cosas son tremendamente excitantes y satisfactorias. Más importante, ambas cosas son totalmente normales y sanas.

Aunque la versión *hollywoodense* de *la Dominación y la sumisión* puede provocar miedo, el *sadomasoquismo-ligero* es cuestión de grados y de comodidad; es otra forma de amar. Y sí es amar, como algunas personas identifican el sadomasoquismo como una parte sagrada y complicada de ellas mismas.

Cuando primero empiezas a explorar el *sadomasoquismo-ligero y la Dominación y sumisión*, platica tus límites con tu pareja. Negocia lo que estén dispuestos a probar. Es tu responsabilidad asegurar que él conozca tus límites antes de empezar a jugar. Si no estás segura de tus límites o hasta dónde estés dispuesta a llegar, repasa el libro de Jay Wiseman, *SM 101: A Realistic Introduction*. Te proporciona una extensa lista de puntos que considerar al empezar a explorar o aun cuando llevaras tiempo con este estilo de vida. *SM 101* es un maravilloso libro de instrucciones para los que empiezan. Otro libro con mucha información sobre los accesorios y el estilo de vida *sadomasoquismo-ligero* es *Screw the Roses, Give Me the Thorns: The Romance and Sexual Sorcery of Sadomasochism* de Philip Miller y Molly Devon. (Perdona que sólo conozco libros en inglés; no he encontrado ninguno en español. Si sabes de algunos por favor escríbeme y comparte conmigo.)

Como toda aventura nueva implica un riesgo, es buena idea aprender lo básico y maneras de protegerte a ti misma y a tu pareja. Este estilo de amar y jugar es algo yo no puedo avisarte de una manera u otra que lo hagas, solo puedo darte la información y tu decidir por ti misma si lo quieres hacer, consciente de que hay un nivel de riesgo al hacerlo. Ten mucho cuidado y asegúrate de aprender todo lo posible.

Como existe algo de riesgo en las prácticas *sadomasoquistas-ligero* no es aconsejable permitir que nadie a quien no conozcas o en quien no tengas total confianza te amarre. Si él te ha mentido antes o se ha mostrado poco confiable, es obvio que no es alguien en quien puedes confiar para cumplir con sus promesas y detenerse cuando llegues a tu límite. Permitir que te amarre para probar que él te importa es **¡una estupidez!** Se trata de tu vida. Es muy valiosa como para arriesgarla con un mentiroso ya expuesto.

Una importante diferencia entre el *sadomasoquismo-ligero*—*la Dominación y sumisión*—y la violencia doméstica es el derecho tuyo—o suyo—de pedir que se detenga cuando llegues a tu límite y saber que tu pareja respetará tu petición. En una situación de violencia doméstica, aun cuando tú le pidieras que se detuviera, él (ella) sigue. *La Dominación y la sumisión* se tratan de compartir consensualmente—la violencia doméstica se trata del abuso—**¡nunca son la misma cosa!**

Desafortunadamente, muchas mujeres que buscan a un hombre dominante encuentran en su lugar a un abusador—aprende la diferencia. Si lo que él hace se siente mal en el fondo de tu ser, en tu alma, ¡deja al *Sapo*! Si no estás segura, habla con tus amigas, ponte en contacto con una organización de BDSM (*sadomasoquismo-ligero*) o busca en un sitio en la red—la Internet, o ponte en contacto conmigo y lo platicaremos.

La comunicación y la educación son esenciales en esta avanzada forma de juego erótico. Para asegurar que tu pareja entienda que deseas acabar con el juego sexual, debes usar una *palabra segura*. Ésta es una palabra que los dos hayan acordado (con anticipación) para detener la escena. Nunca uses las palabras "detente" ni "no". Estas palabras con facilidad se entienden mal al representar roles. Durante un juego de *Intercambio de Poder*, las palabras "no" o "detente" forman parte del juego; por lo tanto, usa "rojo" como tu *palabra segura*. Muchos en la comunidad de *la Dominación y sumisión*—*sadomasoquismo-ligero*—usan colores como el rojo, amarillo y verde para indicar sus zonas de comodidad. Verde significa que todo está bien y que sigan. Amarillo significa que empiezas a rozar su zona de comodidad y que debes dejar un poco de espacio o calmarte un poco. Rojo significa ¡que se detengan de inmediato!

Respeta siempre la *palabra segura* o abusas de la confianza que él te haya dado y esto nunca es aceptable. Sólo hay una regla en el *sadomasoquismo-ligero*, y ésta es **Seguro, Con Cordura y**

Con Consentimiento—¡cualquier otra cosa es violencia doméstica!

Los accesorios son un aspecto divertido del *sadomasoquismo-ligero*. Hasta los látigos y cadenas y más. *Hollywood* sí acertó en eso. Pero lo importante es cómo los usas. Recuerda la emoción de amarar a tu amante a la cama—ahora puedes jugar. Usa un látigo como se menciona en el capítulo sobre los *Juguetes Sexuales* para calentar su piel o tal vez preferirías pasar un hielo por su piel cálida y ver qué tan rápido derrite—siempre eres la *Científica Sensual*. Eres una mujer adulta y sensual. Afirma tu poder y confianza y toma el control de tu sexualidad. No te preocupes si aún no lo sientas del todo—finge—gana tu *Premio de la Academia*.

Uno de los aspectos más importantes de la *Dominación y la sumisión* es el cuidado dado después tanto al sumiso (quien recibe) como al dominante (quien da). Recuerda que se abren y se vuelven vulnerables entre los dos—tal vez por primera vez—y puede convertirse en una experiencia bastante emotiva, una que requiere de mucho afecto para asegurar al otro porque las sensaciones de culpa, vergüenza y miedo podrían surgir. Abrácense; ¡no se vayan así simplemente!

Una advertencia: Tu cuerpo está llena de adrenalina. Espera media hora después de una escena para manejar un auto; mejor aún espera una hora o hasta que vuelvas a sentirte con los pies bien firmes en la tierra y bien alerta. Es un excelente pretexto para seguir disfrutando de los cuidados posteriores.

Las drogas y el alcohol no tienen lugar en los juegos con el *sadomasoquismo-ligero*. Tienes que estar totalmente consciente de lo que le sucede a tu cuerpo para jugar de una manera segura. Esto es esencial cuando incorporas ataduras al juego, como debes estar consciente de la restricción a tu flujo sanguíneo. Además, nunca quieres que alguien quede inconsciente de borracho estando amarrado. Hasta estar un tantito embriagada te quita la capacidad de juzgar.

Algo personal: En una ocasión jugué con alguien luego de unas cuantas bebidas, nada serio, sólo un poco de tortura de pechos y pezones. Cuando yo estaba tantito tomada lo que él hacía se sentía de maravilla. Sin embargo, fueron tres semanas para que mis pezones se recuperaran del daño. Comparto esto contigo para mostrarte con qué facilidad las cosas pueden ponerse mal cuando hay drogas o alcohol ya que impiden tu

213

capacidad de sentir el impacto completo de sensaciones que tu cuerpo siente, y además te afectan el juicio.

El *sadomasoquismo-ligero* se trata de probar sensaciones y no de esconderlas. Se trata de tomar la responsabilidad por tu sexualidad; por lo tanto, las drogas y el alcohol no van juntos porque te bloquean los sentidos y tu razonamiento. Para tu seguridad y la de tu pareja, nunca mezcles estas actividades. Si te das cuenta de que necesitas drogas o unos cuantos tragos de alcohol para ser sexual, ponte en contacto con un terapeuta para abordar los problemas subyacentes que te impiden disfrutar de tu vida plenamente sin miedo o prejuicios.

Hay a continuación unos cuantos ejemplos que puedes usar para agregarle sabor a tu vida amorosa. Con toda confianza puedes intercambiar las escenas para que te sientas cómoda en el rol que elijas—ya sea la Dominante (quien da) o la sumisa (quien recibe).

Si quieres aprender más sobre esta avanzada forma de juego sexual, visita una organización cercana de BDSM (*Dominación y sumisión—sadomasoquismo-ligero*). Muchas veces dan clases sobre los diferentes aspectos del *Intercambio de Poder* y los diferentes juguetes y accesorios sensuales. Te sorprenderá la actitud amistosa de estos grupos. Es un lugar donde ir sola, como mujer, es totalmente seguro. Te darás cuenta de que la mayoría de la gente ahí se desvivirá para que te sientas bien recibida. Igual como con cualquier grupo, encuentra uno que mejor vaya de acuerdo con tu personalidad, y por supuesto, recuerda la regla de tres veces. Podrías descubrir que estás tan feliz como una niña en una dulcería.

Leer libros es otra buena manera de orientarte hacia los varios aspectos y la amplia matriz de prácticas entre la comunidad del *sadomasoquismo-ligero*. He mencionado unos excelentes libros para que empieces. Estoy segura que encontrarás más tú sola. Esperemos que este capítulo te dé el permiso que podría hacerte falta para explorar el lado más intenso, arriesgado y más apasionado de tu personalidad y ese deliciosamente diabólico aspecto de ti misma que hayas escondido por dentro. Recuerda, igual como con la seducción, el *sadomasoquismo-ligero* se trata totalmente de la actitud.

Un punto antes de empezar: Es importante entender que un hombre que se identifica como sumiso no es débil. Él es igual de macho y fuerte que cualquier otro hombre, con la misma

214

confianza y valor que cualquier otro—tal vez más porque sólo un hombre con confianza y ternura puede arrodillarse frente a ti, algo que la sociedad y nuestra cultura no aceptan. Y sólo porque sea sumiso en su sensualidad no quiere decir que será sumiso en todos los otros aspectos de su vida y sus relaciones amorosas. Descubre esta sagrada parte de su personalidad y forma de amar.

El Strip Tease y las nalgadas
Para empezar, ordena a tu amante que se desnude a estilo sexy del *Strip Tease*. Mientras que él se quita la camisa y se desabrocha el pantalón, ordénalo que se acaricie el cuerpo. Se quieres, dile cómo y dónde tocarse mientras que tú observas como si fueras una realeza en su trono (la silla de la sala) y tomas tu bebida favorita.

Tú eres *la Reina* y te dan entretenimiento—disfruta de tu posición. Si él no lo hace bien, "que le corten la cabeza". Bueno, mejor guardamos esa escena para otra ocasión. En esta ocasión ponerlo sobre tu pierna y darle una nalgada—palmaditas—debe ser suficiente. Varias gentes juran que es una excelente incentiva para que él lo haga mejor la próxima vez. Recuerda que el sexo debe ser divertido y juguetón; deja su colita rozada y que él cuente en voz alta cada nalgadita.

Si su delito es mayor, un castigo todavía más malévolamente delicioso y totalmente apropiado sería negarle la posibilidad de llegar al orgasmo o el privilegio de que lo observes mientras él se frota. Para algunos hombres, el que le quites el privilegio de observarlo mientras él se da placer es un castigo devastador como él sinceramente tiene el compromiso de darte placer. Y después de todo ese tiempo erótico que acaban de compartir juntos, le sería horroroso acabarlo sin que tú compartas su clímax o tal vez que le quites por completo la posibilidad de llegar al orgasmo. Y si hace muecas—para lo otra lo hará mejor.

Si quieres agregar un poco más de aventura y algo más de *Intercambio de Poder*, sobre todo si él violó el decreto real y llegó al orgasmo, ponlo sobre tu pierna como el niño travieso que es y dale nalgadas—fuertes. La *Reina* jamás soñaría con lastimar su mano en el culito de un peón. Él tendrá que entregarte un cepillo para el cabello para que puedas castigarlo como se merece por no obedecer. Con este mismo cepillo lo obligarás a peinarte después.

Después de las nalgadas, usa un guante o un anillo para el pene para recordarle de quién es ese miembro. El *Intercambio de Poder* no es solamente físico, sino también mental. Otro castigo sería obligarlo a pararse o hincarse en el rincón durante cierto tiempo y luego escribir cien veces, "No desobedeceré" o "A los *nenes* malos se les castiga". Aprenderá a nunca jamás volver a actuar en contra de los decretos de su *Reina*. Y por supuesto, el puede ser el Rey y tu su esclava.

Nunca amenaces con nada en una escena de representación de roles que no pienses hacer. Él te retará sin falta—es hombre—es inevitable. Cumplir con tu amenaza lo hará mucho más fácil que te mantengas en control la próxima vez, obligándolo a acatar tus órdenes con más facilidad y agregando sabor a la representación de roles.

Va sin decir que la versatilidad y juegos con la imaginación mantienen el ardor en toda relación. Aun cuando él no lo agradeciera, su expresión cuando le das nalgadas no tendrá precio—y así será contigo si intercambian los papeles.

No te sorprendas si llegas al orgasmo aun cuando fuera mental y no físico. ¿Por qué no sentir placer luego de una escena tan desinhibida y apasionada con tu amante? ¡Permite que tu cuerpo sienta todo! No te engañes al pensar que un orgasmo solamente se da con la penetración con el pene. Cualquier cosa puede provocarte un orgasmo: besar, acariciar, los pensamientos, ver películas o hasta comer chocolate. ¿Por qué el voyeurismo no? Esto mujer, ¡es el verdadero poder sensual!

Las ataduras

Usar ataduras le agregará otra dimensión al sexo. Si eres su esclava esta noche, él puede amarrar tus brazos tras tu espalda y hacer que te hinques frente a él para así explicarte tus deberes y las consecuencias de no hacerle caso. Entonces él puede jalar tu boca hacia tu primer deber y observar mientras le des placer. O tal vez te amarre sobre la cama y abra mucho tus piernas y se tome su tiempo para encontrar todas tus zonas erógenas y te premia cuando gimes o cuando le dices lo rico que se siente que te toque.

Puedes comprar unas sábanas especiales que tienen listones ajustables o podrías comprar cuerda de nylon en la ferretería y cortarla a lo largo necesario. La mayoría de la gente acaba por usar pantimedias, corbatas o mascadas para las ataduras; sin embargo, el problema con los tres es que te cortan la piel mientras que luchas para liberarte y pueden provocar daños a los tejidos y los nervios. También puede resultar que tengas que cortar esa cara corbata o mascada porque no puedes deshacer los nudos. Es mejor comprar cuerda o un par de esposas de metal o de cuero. Asegura de comprar las esposas con cerradura de seguridad para que no se cierren con más fuerza y aprieten tus muñecas luego de ponerse; este apretón no deseado podría provocar daños a los nervios si las esposas se quedan puestas demasiado tiempo.

Si te da vergüenza que él te observe, ponle una venda y sorpréndelo con los malévolamente divertidos juguetes que deseas usar. ¿Recuerdas esas *pinzas de pezones* que ya mencioné? Es un excelente momento para usarlos. Asegura de prepararlo al jugar con sus pezones o lamerlos hasta que se pongan duros. Si él se queja de que las pinzas lo lastiman, aflójalas un poco. Si crees que sus quejas son exageradas o si él dice groserías, corrígelo. Dale una nalgada. ¿O tal vez usar una regla (suavemente) en su pene es mejor?

Es aceptable ser una *Sadista Sensual*. Sólo recuerda aumentar lentamente la intensidad de tu toque o de los juguetes que usas. Aprende su aguante de dolor erótico. Castígalo por ser "un chillón" si se queja. Un poco de humillación lo ayuda a aceptar más. Juegas con el *poder*. No está mal ser un poco manipuladora y humillarlo. Usa lo que consideres apropiado para tu ventaja. Si él decide que no le gusta y quiere detenerse, que grite su *palabra segura*. Recuerda que siempre hay que respetar la *palabra segura* o de lo contrario destruyes la confianza y la fe que tu pareja te tiene.

Otra opción es que tú lo amarres a la cama y lo tientes sin merced y luego te detengas, para resumir diez minutos más tarde. Recuerda todos esos juguetes divertidos que ya mencionamos, las p*inzas de pezones*, el anillo para el pene, el látigo y demás. Puedes usarlos ahora que él está amarrado. Y por supuesto puedes usar juguetes, tus manos o tu boca.

¿Oigo a la *Científica Sensual* preparándose para probar y descubrir más sobre el cuerpo de su pareja? ¿Cuánto tiempo podrás seguir así? Y si él llega una vez al orgasmo, no por eso tienes que detenerte. Los hombres pueden tener múltiples orgasmos—así como las mujeres—tanto físicos como mentales.

En lo personal, me encanta tener a un hombre amarrado para poder hacer lo que quiera con él. Es una erótica emoción tener a un hombre poderoso entre tus manos y saber que pronto él será como barro--arcilla, rogándote que hagas más y más, y luego rogándote que le permitas llegar al orgasmo.

Podrías amarrar sus manos por encima de su cabeza, conectadas al techo o la puerta. Esto te dará un acceso completo a su deliciosa forma. Ahora puedes rascar, tentar, darle nalgadas o darle latigazos para compartir con él tus travesuras y tu dominación.

No te preocupes si al principio te sientas aprehensiva o avergonzada; todas empezamos así. Es tu momento para afirmarte. Aun después de jugar durante años, todavía me siento tímida y sonrojo a veces. Lee libros sobre *la Dominación y la sumisión* o toma clases en una organización de la misma. Es importante aprender lo básico para no lastimarte o lastimarlo a él.

Cuentos eróticos

Inventa un cuento erótico con anticipación para susurrarle al oído o invéntalo mientras hagas lo demás. Abrázalo mientras se lo cuentas. Puedes acariciarlo mientras que se apoya en ti y observarlo tocarse.

Incorpora juguetes como un vibrador para estimular su pene o ano. Pellizca sus pezones y siente cómo se inclina hacia atrás y levanta su boca hacia la tuya para que lo beses y le quites el dolor o lo compartas con él. Coloca un espejo largo frente a donde van a jugar con anticipación para que puedas observar todas las expresiones tan maravillosamente sensuales que él hace mientras lo tientas.

Pueden intercambiar las posiciones y que tú te sientes junto a él o un su regazo y él comparta un cuento que hayas leído antes y que te haya parecido erótico. Usa los juguetes sexuales que disfrutas para llevarte al orgasmo o móntalo estilo vaquera mientras que te susurra al oído.

Muchas parejas disfrutan usar "palabras sucias", que tienen diferentes significados mientras juegan, tales como puta, concha, verga, etcétera. Es totalmente aceptable decirle que necesitas que te "coja más fuerte" mientras que él te llama su "puta". No se dicen con una falta de respeto ni con juicios. Hablar "sucio" no es más que otra forma de juego sensual. Si el que él te diga "su perra" realmente te molesta, platícalo con él. Algunas veces le llamo a mi amante "mi salvaje" porque sé que esto lo llevará a ser más salvaje y compartir conmigo sus deseos desinhibidos, lo que nos lleva a otro nivel de pasión.

Que no se te olvide que las palabras que se dicen durante un encuentro apasionado podrían ser aceptables solamente durante esos momentos y es totalmente aceptable poner límites fuera de la recámara. Por ejemplo, está bien que yo le llame "bestia" a mi amante durante una escena en particular, pero nunca soñaría con llamarlo así fuera de la recámara como sería una falta de respeto.

Igual como con todo lo demás, haz lo que te haga sentir bien. Si no estás segura, prueba. ¡Recuerda la regla de tres veces y *sexplora*!

***

Tienes que probar para aprender qué es lo que te gusta y qué quieres dejar a un lado. No hay una forma correcta o equivocada. ¡Nada que juzgar! Sencillamente hay varios grados de comodidad.

Cuando empezaste a explorar tu sensualidad, había cosas que te daban vergüenza y cosas que de inmediato te encantaban, como besar y acariciar. Jugar con el *Intercambio de Poder* no es diferente. Si te interesa esta avanzada forma de conexión sexual, lee libros sobre el *sadomasoquismo-ligero—la Dominación y sumisión* y BDSM. Hazte miembro de una organización de BDSM o encuentra a un consejero capacitado en la *Terapia de la Dominación y la sumisión* quien puede enseñarte más sobre el tema. La *Terapia de la Dominación y la sumisión* es una nueva modalidad que inventé y que presenté ante el Congreso Mundial de la Sexología en 2005. El Instituto de Placer en exclusivo capacita a los consejeros en esta modalidad de terapia. Para aprender sobre los consejeros capacitados en la *Terapia de la dominación y la sumisión* donde tú vives, favor de ponerte en contacto con nosotros en info@instituteofpleasure.org o visita mi página en la red— página Web www.institutodeplacer.com. Los dos están disponibles en español.

Si a tu pareja le interesa el *sadomasoquismo-ligero* pero a ti no (o viceversa) pueden leer el libro *When Someone You Love is Kinky* de Dossie Easton y Catherine A. Liszt. *Different Loving:*

The World of Sexual Dominance and Submission de Gloria Brame, William Brame y Jon Jacobs es otro buen libro que proporciona comentarios y conocimiento desde la perspectiva de la dominación así como de la sumisión. Puedes encontrar muy buenos libros de erotismo que incluyen el tema de *dominación y sumisión*. Mi autor preferido en este género es Joey W. Hill. Su serie de vampiros es excelente y llena de *Intercambio de Poder*.

    Así como lo afirmó Frankenfurter de la película, "The Rocky Horror Picture Show": *No lo sueñes—¡sélo!*

Algo extra

Capítulo Dieciséis

Secretos de los hombres

*Los hombres son príncipes y Sapos, patanes y amantes,
amigos y enemigos
Son todo para nosotras en diferentes momentos de nuestra
vida*

Así como a las mujeres se les culpa por los pecados en el mundo, a los hombres se les culpa por la mayoría de los problemas en una relación. Se dice que una razón es que no pueden expresarse emocionalmente. Nos dejan fuera cuando queremos acercarnos. Son patanes al enésimo grado y logran echar a perder todo aun cuando les damos instrucciones explícitas. No nos dan lo que necesitamos ni en lo sexual ni en lo emocional. No olvidemos que nos engañan, o peor, son abusivos de alguna forma. ¿Debo mencionar la actitud machista que los latinos traspiran?

¿O mejor menciono lo cariñoso que puede ser nuestro hombre justo cuando necesitamos que alguien nos entienda? ¿Que sí se equivocaron con las instrucciones pero que no fue a propósito? ¿Lo protectores que son cuando estamos en peligro, hasta cuando no nos damos cuenta?

Es cierto que a veces buscan a otras mujeres y abandonan la relación; sin embargo, ¿te has preguntado por qué será? ¿Qué faltaba en la relación en primer lugar? ¿Qué buscaba él que tú no le dabas? ¿Realmente están abiertas las líneas de comunicación en su relación—no solamente en lo emocional, sino también en lo sexual? ¿Lo has escuchado y lo has aceptado como el hombre que es, o sigues tratando de convertirlo en lo que quieres que él sea para ti?

Para establecer y mantener una relación sana deben hablar de lo que sucede y lo que no. Es preciso hablar del sexo. El sexo no es una grosería. En vez de fingir que todo está perfecto y que las cosas mejorarán mañana, tienes que arriesgar el molestarse el uno al otro y platicar honestamente tus necesidades sexuales, entre éstas cualquier disfunción que cualquiera podría tener. En mi libro, *Para la Mujer Sensual*, abordo las disfunciones sexuales de las mujeres y cómo superarlas. En este libro, abordaré un poco los problemas que los hombres enfrentan.

Hay dos problemas serios que los hombres enfrentan durante su vida. Uno es la impotencia y el otro es la eyaculación precoz. Cada uno tiene sus síntomas y problemática, tanto físicos como mentales. Aunque de cierta manera tendrías razón al creer que sus problemas no son necesariamente tu culpa, sus problemas sí te afectan a ti. Lo que le afecta a uno le afecta al otro en una pareja. Ser parte de la solución te ayudará a reencaminar la relación.

La impotencia

Un aproximado del setenta por ciento de los problemas de impotencia son provocados por el estrés y las dietas malas. Otros factores que pueden contribuir a la impotencia incluyen fumar, beber y usar drogas. Hay condiciones médicas que pueden contribuir a la impotencia, como problemas con la espalda, la diabetes y la alta presión sanguínea, para mencionar unas cuantas. Algunos medicamentos también pueden contribuir al problema, e incluyen la medicina para condiciones cardíacas, antidepresivos, y demás. Sin embargo, la mayoría de los problemas que causan la impotencia son mentales.

Si un hombre está estresado, puede que su cuerpo no tenga la capacidad de producir una erección aun cuando él si excitara. Los hombres mayores de cuarenta años y más podrían tener problemas para lograr una erección o mantenerse totalmente erectos. Pero no creas que no están excitados.

El principal problema de la impotencia es que es una profecía que se cumple por sí sola. Si el hombre teme ser impotente, lo más probable es que sí lo sea. En vez de convertirlo en algo grande, disminuye el estigma que la rodea y continúa disfrutando de su conexión sexual. No hay reglas que te prohíban incorporar juguetes sexuales como parte de tus sesiones de amor. Si él está flácido (no está erecto o duro), ¿por qué no usar un consolador para la penetración? O él simplemente podría usar sus manos, su boca o su cuerpo para darles placer a los dos. Actualmente existe una manga especial que él puede colocar sobre su pene para ayudar a facilitar la penetración.

Hay otra forma de penetración con el pene que se llama *rellenando la vagina*. Es cuando el hombre mete su pene flácido adentro de la vagina. Mientras él está dentro de ti, aprietas tus músculos alrededor de él, realizando los ejercicios Kegel que has practicado. En algunos casos, hacer esto provoca una erección. Si necesitas una penetración más profunda, hay consoladores que se amarran al cuerpo (con la misma idea que las mangas para el pene) que le permiten al hombre colocar su pene adentro o él puede colocar el consolador que se amarra al cuerpo arriba de su pene si desea una doble penetración o simplemente quiere frotar su pene contra tu piel y usar el consolador para la penetración.

Como ya mencioné, no tiene nada de malo usar juguetes sexuales para tu ventaja. Encuentra los que mejor funcionen para ti. A veces sólo tener ganas y olvidarte que él no está "lo suficientemente duro" superará sus problemas de impotencia. Sé creativa. Recuerda que se supone que el sexo es divertido. Nunca existe una manera equivocada de tener relaciones sexuales. Si puedes imaginarlo, puedes disfrutarlo.

Un *sexo-ejercicio* simple pero muy importante para los hombres y que muchas veces se queda en el olvido es los Kegel. Sí, esos mismos ejercicios que las mujeres realizan con su músculo pubococígeo (PC) para fortalecer su vagina. Los hombres tienen el mismo músculo en el pene. Los Kegels ayudan al hombre a desarrollar erecciones más fuertes y más duraderas.

Los Kegels funcionan de la misma manera para los hombres como para las mujeres. Al contraer y relajar el músculo PC lo fortaleces. Para asegurar que él contraiga el músculo correcto, él debe detener el flujo al orinar. Que él realice tres repeticiones de ocho contracciones y relajaciones, tres veces al día hasta que llegue a diez repeticiones por sesión por día. Será premiado con sus mejores erecciones jamás. Empezará a notar resultados dentro de dos semanas si hace sus Kegels sin falta. Mientras realiza sus Kegels, parecerá que su pene hace pequeñas flexiones como las que hace con los brazos. Es un truco sensualmente erótico que él puede usar cuando está dentro de ti. Aparte de ayudar a disminuir su impotencia, los Kegels también ayudarán a eliminar la eyaculación precoz, como ayudan a un hombre a estar más en armonía con su cuerpo.

Otra manera asombrosa de superar estas dos disfunciones sexuales es mediante una técnica que desarrollé llamada *Hipnosis Erótica*. Ésta ayuda a los hombres a reducir y eliminar sus dificultades con la impotencia así como aumentar su duración para reducir y prevenir la eyaculación precoz. La *Hipnosis Erótica* aumentará su potencial orgásmico al aumentar su consciencia y sus sensaciones; esto a su vez le ayuda a llegar a ser multi-orgásmico.

Para aprender más sobre tratamientos con la *Hipnosis Erótica* y otros talleres de hipnosis sexual, ponte en contacto con el Instituto de Placer para lograr una cita en persona o por Internet. Y obvio, también uso la *Hipnosis Erótica* para ayudar a las mujeres a volverse más orgásmicas.

La eyaculación precoz

La eyaculación precoz se ha mostrado destructiva en muchas relaciones y crea todo tipo de estragos y discordia. Puede llevar a la disolución de la relación o el matrimonio. No te desesperes. Hay esperanza—si estás dispuesta a esforzarte. Es mucho más fácil superar la eyaculación precoz que la impotencia; sin embargo, requiere de la cooperación de ambos y que acaten al pie de la letra las técnicas mencionadas a continuación.

Los hombres que por lo general sufren de esta condición son amantes jóvenes sin experiencia. Los hombres mayores pueden sufrir de la eyaculación precoz al empezar una relación, o si hace mucho tiempo no tienen relaciones sexuales, y se tienen una baja auto-estima. Y también hay *Sapos* y amantes egoístas que solamente se interesan por su propio placer; sin embargo, la mayoría de los hombres sienten vergüenza por este problema y quieren superarlo para sentir el verdadero placer con su pareja.

Me imagino que cada mujer ha estado con un *hombre del minuto* en alguna época de su vida. Es halagador pensar que tu amante te desea tanto que no puede esperar. Una o dos veces se perdonan con facilidad, pero ya para la cuarta vez, sabes que sin duda hay un problema y que hay que tomar cartas en el asunto para controlarlo.

El principal factor que contribuye a la eyaculación precoz es el hecho que la mayoría de los hombres no conocen a su cuerpo tanto como deberían, y por lo tanto no pueden juzgar cuando están a punto de cruzar el portal hacia el orgasmo. Ya cuando se dan cuenta es demasiado tarde—ya llegaron. Por lo tanto, se les tiene que enseñar su *punto de liberación*. Este punto es cuando él ya no puede detener su orgasmo. Es una maravillosa oportunidad de aprendizaje para ambos.

La mejor manera en que un hombre puede conocer su *punto de liberación* es masturbarse. Masturbarse dos veces al día (como mínimo para empezar) es esencial para dominar esta condición. Hasta puedes ayudarlo a masturbar para conocer su cuerpo y las señales necesarias para ayudarlo a controlar sus eyaculaciones, así como aprender cómo le gusta ser tocado. Lo mismo es cierto al revés si sufres de la incapacidad de tener orgasmos. Él puede ayudarte a masturbarte. Podría resultar un poco torpe al principio, pero ambos son adultos y pueden hacerlo. Ríanse y sigan intentándolo. El truco y el objetivo del ejercicio no es que él llegue al orgasmo, sino que aprenda a identificar y a controlar su *punto de liberación*. Una vez que él aprenda a reconocer y controlar el punto, se convertirá en el mejor amante que jamás hayas tenido.

Para empezar, él puede frotarse a sí mismo o tú puedes frotarlo. Descubre el agarre que lo hará jadear y retorcerse entre tus brazos. No sientas vergüenza. Están compartiendo y creciendo como pareja—fortaleciendo su unión. Si él siente que no puede detenerse, usa la técnica *apretón* mencionada a continuación para reducir su erección y hacerlo flácido (suave). Esperen unos minutos y luego reanuden la estimulación.

Al mejorar él el control de su *punto de liberación*, puedes agregar unos cuantos retos pícaros para ayudarlo a mejorar y tener todavía más control. Tal vez en lugar de usar tu mano, usarás tu boca o lo tendrás dentro de ti.

Recuerda, si practican el control, NO lo tientes ni lo lleves al precipicio; esto iría en contra del propósito y solamente le causaría angustia mental y perdería la fe en su capacidad para mejorar. Cuando él dice que se acerca—¡detente! Reten su pene en tu boca o dentro de ti y quédate quieta, sin moverte. Cuando se le haya quitado la urgencia de eyacular, pueden volver a empezar.

La técnica apretón

En la técnica *apretón* tú colocas tu pulgar junto a la parte inferior de su pene, justo por arriba del frenillo (el centro de la punta con forma de champiñón) y dos dedos en la parte superior de su pene y aprietas. El frenillo es la parte justo por debajo de la punta del pene, esa zona sensible justo por debajo de la corona en forma de champiñón. Aprieta y mantente durante diez segundos. Te darás cuenta que su pene se hace flácido o tal vez pierda en parte la erección. Cuando él está flácido, puedes volver a empezar. No te preocupes; él podrá lograr otra erección.

Los hombres de cuarenta años y más podrían tardar un poco más para lograr una erección, pero esto está a tu favor. Repite esta técnica tres veces antes de permitirle llegar al orgasmo. Cuando él empiece a controlar sus eyaculaciones, su tiempo mejorará y sus problemas con la eyaculación precoz desaparecerán.

Otro gran beneficio de la técnica *apretón* es el control que te da sobre la liberación de tu pareja, y el hecho que puedes atormentarlo con lascivo al usarla aun cuando él no padeciera la eyaculación precoz, sólo para agregar sabor a la situación.

No está mal que tú llegues al orgasmo una o dos veces mientras prohíbas o prevengas el suyo. Es la misma idea como cuando él te lleva a punto de un orgasmo y no te permite lograrlo.

La eyaculación precoz puede curarse dentro de un mes (máximo dos meses). Cualquier hombre que no esté dispuesto a trabajar para corregir el problema es un amante egoísta y sólo le interesa su placer. Un hombre que no está dispuesto a trabajar su bienestar sexual no valorará su relación. Otros aspectos de la relación también podrían sufrir. ¿Quieres tener una relación con este tipo de hombre?

Tienes que estar dispuesta a dejar atrás una relación que no funciona para ti en vez de alargarla por meses o hasta años. En vez de tratar de cambiarlo—déjalo. Si no funciona y lo has intentado pero él no se ha esforzado como debería, ¿por qué sigues con él? ¿Recuerdas la regla de *90 días*? Existe en parte por esta razón.

No todo hombre es un *alma gemela,* una pareja de por vida ni un esposo. Algunos hombres llegan a tu vida solamente para ayudarte a descubrir qué realmente quieres en una relación y qué no. Siempre que estés con el hombre equivocado, el adecuado no puede meterse en tu corazón. Eres digna de ser amada, querida y deseada. Reclama tu vida sexual—tu sensualidad y sexualidad divinas.

Técnica arranca/detente

Otro método que funciona muy bien con la eyaculación precoz es la técnica *arranca/detente*. Con la mujer acostada encima, en la posición sexual *La Diosa*, el pene se inserta a la vagina. El pene puede ser erecto o flácido. Si está flácido, mete el pene adentro de la vagina. Tendrás que practicar seguido esta técnica; por lo tanto, la paciencia es esencial. El resultado deseado es que *él NO* llegue al orgasmo hasta la tercera o cuarta vez, si es que llega. Las primeras veces que realizan esta técnica son solamente para que él se acostumbre a estar dentro de ti sin liberarse (eyacular). Algunos hombres que padecen de la eyaculación precoz de inmediato llegan al orgasmo una vez dentro de ti, o luego de moverse unas cuantas veces. La meta aquí es que él se acostumbre a estar dentro de ti sin llegar al orgasmo por un tiempo.

El segundo paso es que tú guíes sus movimientos. Mece hacia delante y hacia detrás encima de él, lentamente al principio hasta que él te diga que te detengas o te avise que está próximo a llegar al orgasmo. ¡La comunicación es esencial! Es crucial que no sigas meciéndote ni moviéndote cuando él te avise que está a punto de llegar. Si no te quedas quieta, provocarás su orgasmo y no lograrás el propósito de este ejercicio. Deja de moverte por completo y permite que él se quede dentro. Asegura de no apretar tus músculos vaginales en su pene. Si él intenta seguir moviéndose o si siente que no puede evitar eyacular, que saque el pene y usen la técnica *apretón* mencionada arriba. No te preocupes si se te va y él eyacula. Mejorarán con el tiempo y la comunicación.

Practica esta técnica tres o cuatro veces durante una noche (una sesión—dos o tres veces por semana) y luego platiquen qué tal funcionó. Ajusten el ejercicio para que vaya de acuerdo con sus necesidades. Es importante recordar que ambos se sentirán un poco torpes al realizar estos ejercicios al principio, pero su salud sexual y su relación están en juego. Cualquier mujer terminaría frustrada con un amante que no la satisficiera. Y aunque lo ames, su relación sufrirá te des cuenta o no. Esas discusiones sobre la pasta de dientes o la ropa en el piso muchas veces están enraizadas en la frustración sexual.

Todas esas ocasiones en las que él llegó al orgasmo antes que tú y cuando tú te duermes frustrada sí dañan la relación. Platiquen lo que les molesta a los dos con madurez. Además, tal vez él se da la vuelta y se duerme porque no sabe qué hacer para complacerte en el sexo, y tal vez para él que tú lo consideres un patán es mejor a que lo consideres un fracaso como amante.

Crea un ambiente donde es aceptable, hasta se alienta, platicar de los aspectos sexuales en su relación. No necesariamente tiene que ser en el momento, pero sin duda un día (ó dos) después. No esperes más tiempo porque no quieres que el resentimiento crezca y se encone. Lo valorarás como amante cuando crecen juntos. Si es necesario, busca tratamiento con un terapeuta sexual con experiencia para abordar problemas emocionales y ayudarte a crear la relación sexual y emocional que deseas.

No finjas que él es el amante que deseas—¡ayúdalo a convertirse en ello!

¡Los hombres también necesitan amor!

Muchas veces nos burlamos de nuestros hombres. Imaginamos que no agradecen las cosas románticas que hacemos por ellos, como las tarjetas románticas, o la ropa sexy que les encanta vernos puesta, o cientos de cositas más que hacemos. Pero sí lo hacen. Tal vez no sepan cómo reconocerlo o puede que les dé vergüenza ser románticos. Si quieres que él te compre flores y chocolates, ¿por qué no se los compras a él? Si quieres que él te escriba cartas románticas, ¿le enseñas con el ejemplo?

La mayoría de los hombres no reciben la dosis diaria de afecto que se merecen y necesitan cuando están en una relación. En demasiadas ocasiones tomamos por dados a nuestros seres queridos y no les mostramos cuánto los amamos y los apreciamos. Demuestra tu afecto seguido de la forma que sea aun cuando fuera al decirle que le vas a preparar un baño, darle un masaje y mandarlo a dormir y ver el partido sin desear nada de él más que él se sienta amado. Él obviamente tendrá que probarte para asegurar que no se meta en problemas contigo por no intentar ser sexual. Cuando él intenta interactuar contigo sexualmente, sonríe con amor y recuérdalo con cariño que esta noche es para mostrar tu aprecio solamente. Recogerás los frutos durante meses al crecer su relación.

Toma quince minutos todos los días y solamente abraza a tu pareja—tomándolo con cariño entre tus brazos. Nada de besos. Nada de toques. Nada de albur sexual. ¡No hablen! Sólo abrázalo. Que sus cuerpos se toquen y sus corazones se mezclen. Puedes vigilar el reloj durante este ejercicio.

Cuando él intenta ponerse sexual, y lo más probable es que lo haga, recuérdalo que sólo quieres abrazarlo y decirle que lo amas y luego regresa al silencio. Recuerda que él está programado para ser sexual al tocar y al recibir señales de afecto. Requerirá de tiempo para que supere este hábito. Crea un lugar seguro para él donde aprenda que se le amará solamente por estar ahí y nada más.

Muchas veces poco después de comenzar con este ejercicio, tu pareja se pondrá muy tenso. Te afirmará que ya fue suficiente y que es tonto solamente quedarse sentados sin hablar cuando él tiene cosas que hacer. ¡Sé paciente y afectiva! Recuérdale que esas cosas pueden esperar porque él es más importante y luego quédate callada y solamente abrázalo. Muchos hombres se ponen muy sentimentales en estos momentos. Puede que se aleje de ti porque no quiere que lo consideres débil. Recuérdale lo fuerte que él es en tus ojos y cuánto te importa y sigue abrazándolo, retomando el silencio mientras que su cuerpo aprenda la aceptación y forme un recuerdo de la misma. Al hacer esto una parte de tu rutina diaria, crearás un refugio seguro para él donde el mundo tendrá que esperar y él se sentirá amado sin fin. Más tarde, pueden intercambiar posiciones y permitirle abrazarte durante quince minutos.

Quedarás asombrada con los resultados y cómo esta simple unión no sexual fortalece su relación. Crea la costumbre de realizar esta técnica al menos dos veces por semana, o hasta cada día.

Muchos hombres tienden a ser más románticos que las mujeres, pero no están acostumbrados a mostrarlo. Ayuda a tu amante al dejarle saber que agradeces sus esfuerzos. Comunica tus deseos y aprende los suyos. Al descubrir sus secretos escondidos, crearás la relación con la que siempre hayas soñado y esos problemas del hombre serán cosa del pasado.

Capítulo Diecisiete

Sexo y la espiritualidad
¡Aceptando tu sensualidad y sexualidad divinas!

¿Quieres hacer un poco de magia? ¿Un poco de abracadabra? ¿Quieres hechizar a tu amante para que nunca se vaya y siempre te sea fiel? ¿Qué tal un hechizo para que haga todas las cosas adecuadas y pronuncie todas las palabras adecuadas y... bueno, voy a detenerme antes de alguien me pellizque por estar soñando.

La espiritualidad sexual se trata de atraer la esencia de lo divino a tu corazón y tu acto de hacer el amor. Se trata de aceptarte a ti misma y a tu pareja cuando participan en esta sagrada unión. El sexo es mágico y espiritual. Mediante el sexo haces una conexión contigo misma y con tu pareja, lo reconozcas o no. Cuando te conectas con tu divinidad sensual y sexual, llegas a la belleza que Dios y *La Diosa* prepararon para que tú la disfrutaras. Unes dos almas con el afecto. No me refiero a las *almas gemelas*, sino a dos personas—dos almas—dos entidades—que se unen con toda su gloria sensual durante un breve momento o tal vez para siempre.

Dios y *La Diosa* siempre están presentes en nuestras uniones sexuales. Los atraemos cuando aceptamos nuestras naturaleza sensual. *Los* traemos a nuestra unión sexual mediante nuestras ceremonias, como el matrimonio y el *Handfasting*, y al pedir de manera consciente su presencia en nuestra unión como hacen en el *tantra*, la magia sexual y el taoísmo.

Handfasting es una tradición matriarca de un matrimonio a prueba durante un año y un día, para permitirle a la pareja determinar si realmente quiere compartir sus vidas y si son compatibles. De aquí surge la tradición de estar comprometidos antes de la boda.

233

Es cierto que el sexo es mejor cuando lo compartes con alguien a quien amas, pero esto no significa que no puedes disfrutar del coito y de los placeres de la piel sin amor. Además, desde la perspectiva técnica, hay al menos una persona en la unión sexual que te importa y a quien amas—tú.

Requiere de esfuerzo por tu parte crear una unión sexual espiritual. Primero, tienes que preparar todo para tu unión sensual y sexual. Crea la atmósfera. Prende velas. Cierra las cortinas para crear privacidad o ábrelas para que la belleza del día o de la noche entre. Toca música instrumental. Quema incienso. Lo que te sienta bien—¡hazlo! Ponte vestimenta ceremonial o algo sexy que hayas elegido para la ocasión; o también puedes no ponerte nada.

Báñate para limpiarte de las preocupaciones del día y acércate a tu amante fresca. O lo que es mejor todavía, báñense juntos—platiquen, relájense y creen la intimidad que deseen antes de compartir sexualmente el uno con el otro. Otra opción es que tengas una pequeña cuenca y trapo y que uses estos con tu pareja para limpiarla de manera simbólica—límpiense. Es por sí solo un acto muy poderoso.

De manera consciente date permiso de disfrutar de la unión sensual y sexual que están a punto de compartir. Debes hacer lo mismo aun cuando practicaras el auto-placer. Toma su cara entre tus manos y dile en voz alta cuánto aprecias y aceptas su regalo para ti—el regalo de su cuerpo y de su pasión. Piensa de manera consciente lo que quieres lograr con esta unión. Por ejemplo, ¿quieres hacer un hijo, una conexión espiritual, quieres compartir tu deseo—tu amor—o sólo tu pasión? Así, comparte abiertamente y con amor de ti misma y de él.

El mismo acto sexual es una continuación de tu respeto y afecto por tu pareja y por ti misma. Disfrútalo. Si te invaden pensamientos, preocupaciones o inhibiciones de fuera, reconócelos brevemente, prométete que enfrentarás la situación más tarde, y reenfócate en el momento—regresa a su toque, su boca, sus ojos. Con propósito regresa tu mente a este momento con él. Honra tu decisión, tu cuerpo y a tu pareja. Disfruta de las sensaciones que son tu derecho, tus regalos. Acepta tu verdadera naturaleza sensual y sexual y observa cómo los cielos sonríen contigo. No toda conexión espiritual es sexual. Pueden hacer una conexión espiritual al solamente abrazarse.

No es mi lugar decirte cómo vivir tu vida ni cuáles deben ser tus creencias. Simplemente ofrezco opciones y alternativas para que las consideres. Quién sabe, a lo mejor puedes hechizar a tu amante y logras que él se quede para siempre contigo, llenado tu vida de alegría y de amor, y por supuesto, de mucho excelente sexo, todo porque usaste la magia más maravilla que hay—tu divinidad sensual y sexual.

Se venden muchos libros que representan varias creencias religiosas y espirituales que rodean la sexualidad y cómo puedes aumentar tu energía sensual y sexual y tu placer al incorporar sus prácticas. Estos libros abordan cosas como *chakras*, el taoísmo *kundalini*, el *tantra* y la magia sexual, y te dan ejemplos de cómo mejorar tu sexualidad mediante varios ejercicios. Todas estas prácticas tienen una cosa en común, todas te piden trascender tus miedos, dejar a un lado tus inhibiciones y aceptar de manera consciente tu verdadera naturaleza sensual y sexual para que puedas disfrutar del asombroso poder de tu sexualidad divina. Aunque no puedo cubrir todos los conceptos en este libro, abordaré brevemente unos cuantos a continuación y te permitiré investigar e interpretar por tu parte las filosofías que quisieras explorar más.

Las prácticas *Tantra* le exigen al hombre aprender a controlar su liberación, para permitir que su pareja logre varias veces el placer sexual antes que él. En su mayoría, enseña que el placer no está solamente en los genitales, sino que es una experiencia mental, física y espiritual. En nuestra cultura, estamos tan enfocados en que el placer sexual incluya la penetración que se nos olvida que una persona puede llegar al orgasmo con un beso, un toque, o hasta con una caricia. Tantra también enseña que es importante estar consciente de cada minuto en tu vida para disfrutar de ella a un nivel más profundo. Para aprender más sobre las prácticas Tantra, busca libros de este tema.

El *Taoísmo* habla de los secretos de la ferocidad sexual de la mujer y del poder que contiene dentro de tu vulva—la capacidad de apretar y tener a un hombre y llevarlo hasta el portal del éxtasis. ¿Recuerdas esos sexo-ejercicios Kegel a los que hago referencia seguido? Son uno de los secretos del taoísmo. Al fortalecer los músculos de tu vagina, puedes retener su pene dentro de ti, apretándolo, sacando su esencia hasta que

235

llegue al orgasmo. Después, puedes mantenerlo dentro de ti y volver a ponerlo duro.

La magia sexual es el enfoque consciente en una conexión espiritual con tu amado. Una reunión de los dos para compartir, y a veces para trabajar un asunto, ya sea la rendición o la aceptación. En la magia sexual, usas rituales que creas para ti misma o que ajustas de los libros para ayudarte a enfocarte en el momento y para reforzar la conexión entre los dos. Es un maravilloso tributo a tu divina sexualidad así como a tu pareja.

A continuación hay unos ejemplos de cómo puedes traer la espiritualidad a tu relación para fortalecer tu conexión con tu pareja y conectarte con el espíritu divino dentro de ti.

Sexo-ejercicios para explorar:

Acuéstense los dos de lado y abraza a tu pareja con tu cuerpo tras el tuyo y permite que tu cuerpo se ponga en armonía con el suyo para darle a tu pareja el consuelo de tu afecto. Abrázalo y refuerza el hecho de que él te importa, sin usar palabras. Ya platicamos de esta posición. Deja que su cuerpo crea el recuerdo de ser aceptado sin condiciones. Él valorará este recuerdo de su cuerpo cuando está en el trabajo o de viaje de negocios. Abrázalo hasta que sientas que la preocupación y el estrés dejen su cuerpo—y el tuyo—y el latido de sus corazones esté en armonía. Por lo general son de quince a veinte minutos—pero no mires el reloj. Date todo el tiempo necesario.

Agarra la costumbre de realizar esta actividad a diario. También es bueno hacerlo cuando estás molesta con tu pareja. Nada de discusiones. Nada de culpabilidad. Nada de necesidad de realizar bien las cosas. Sólo tu cuerpo que reconozca el suyo hasta que el enojo se agote y vuelvas a sentir el afecto. Te darás cuenta cuando esto suceda, porque sentirás una calma en tu alma. Estos ejercicios son parecidos a los que ya mencionamos, pero se realizan de manera consciente.

Otro aspecto importante de muchas prácticas espirituales y de la filosofía oriental es la energía que fluye dentro de nosotros, conocida como *chakras*. Éstas son varias energías que existen dentro de tu cuerpo. La energía está en ebullición en varias partes de tu cuerpo, y se libera para traer la armonía. Cuando las *chakras* están bloqueadas o interrumpidas, tienes problemas en tu vida, tu cuerpo y tus relaciones. Cuando pasas esa energía por el cuerpo durante el coito, te permite lograr una conexión más intensa con tu pareja.

Hay siete *chakras* (siete puntos en tu cuerpo) que retienen energía. La primera está en la base de la columna vertebral; la segunda está en la zona genital; la tercera está tras el ombligo; la cuarta es el corazón; la quinta es la garganta; la sexta es el tercer ojo (donde reside tu habilidad psíquica y de sabiduría); y la séptima está en la corona de la cabeza. Se cree que cuando alguna de estas *chakras* está bloqueada, te enfermas emocional o físicamente, o ambos.

Concentrarte en una de estas *chakras* durante el sexo aumentará tu satisfacción sexual y traerá sus propios beneficios. Aunque las *chakras* fluyen entre sí, es mejor concentrarte en una zona durante ese encuentro sexual.

Como no puedo abordar cada conexión sexual espiritual en este libro, me concentraré en las *chakras* y en cómo trabajar con ellas porque la energía que producen está entrelazada de manera tanto mental como física con tu sexualidad.

Las chakras

A continuación hay un ejemplo de cómo limpiar cada *chakra*. Algunos ejemplos tienen una naturaleza sexual y otras no. Depende de ti crear el nivel de exploración honesta y de apertura requeridas para evitar que la energía se trabe y provoque estragos en tu relación. Permítete ser creativa. Las *chakras* se tratan de la energía y las sensaciones. Como cada quien es única en este aspecto, lo que funciona para una persona tal vez no funcione para nada para otra; por lo tanto, prueba y haz lo que se sienta bien para ti. Cada energía se mezcla con la que va antes y después, fluyendo de ida y vuelta. Una vez que hayas limpiado cualquier bloqueo a tus *chakras*, tendrás energía abundante y establecerás esa conexión espiritual con la que siempre hayas soñado con tu pareja—o sola.

Primera chakra

La *primera chakra*—la base de la columna vertebral—es un lugar donde atrapas el enojo y la retención de "basura" inútil que no sirve para nada más que para enfermarte físicamente. El *Sexo Anal* es una manera maravillosa de mejorar esta *chakra*. Dar

237

masaje a la columna es otra. También puedes darte nalgadas para ayudar a mover esta energía por el cuerpo al darte el "regaño" que tal vez de manera subconsciente creas merecer, para así permitirte liberar cualquier vergüenza, culpa o enojo que haya estado atrapado en este punto *chakra*. Las nalgadas—palmaditas—pueden ser con fuerza o suaves, depende de ti. Lo que importa es el acto y la emoción.

Segunda chakra

Al tratar con la *segunda chakra*—la zona genital—de manera consciente date el permiso de explorar y sentir placer en tu encuentro. La segunda *chakra* es importante sobre todo para quienes hayan sufrido algún trauma en el pasado o que tengan dificultades sexuales. Si padeces de la *anorgasmia* (la incapacidad de llegar al orgasmo) o si él padece de la impotencia, hay un bloqueo a esta *chakra*. ¡Debes hacer un esfuerzo consciente de aceptar el placer ofrecido! Esto te ayudará a lograr más satisfacción en tu relación y no solamente en lo físico, sino también en lo emocional y lo espiritual. Trabajar con la segunda *chakra* no se trata de ser orgásmica, se trata de aceptar el consuelo y la atención. Se trata de aceptar el amor.

Tecera chakra

La *tercera chakra*—detrás del ombligo—es donde cargas tu intuición. Es donde la duda y la preocupación se guardan y crecen. Para limpiar y rejuvenecer esta *chakra*, es importante incorporar la quinta *chakra*—la garganta—tu habilidad con la comunicación. Sexualmente querrás tocar y frotar contra su cuerpo. Pon tu boca en su barriga y siente la suavidad de su piel. Acuesta tu cabeza en su estómago y abrázalo como ya platicamos, sin intenciones sexuales y solamente con aceptación. Cuando esta *chakra* está bloqueada, la confianza jugará un papel importante hacia tu armonía sexual y espiritual.

Cuarta chakra

Resolver y mover la energía por la *cuarta chakra*—el corazón—no es tan fácil como pudiera parecer. Muchas veces tenemos tanto miedo a que nos lastimen o nos rechacen que no nos permitimos ser lo suficientemente vulnerables como para sentir el verdadero amor y afecto de nuestra pareja. Los hombres comúnmente sienten el peor bloqueo hacia la *chakra* de su corazón, como temen ser rechazados si muestran su vulnerabilidad, sobre todo porque nuestra cultura requiere que nuestros hombres siempre sean fuertes. Dentro del machismo se supone que un hombre no debe llorar, ya que es señal de debilidad, pero es un gran honor que tu amante se conmueva tanto al hacer el amor contigo que lágrimas de alegría son la manera de expresar lo que hay en su corazón. Compartir tu afecto y amor por tu pareja en voz alta al hacer el amor lo hará creerse más fuerte; mientras tu cuerpo lo acepta adentro tus palabras le llegan al corazón.

Quinta chakra

Para resolver problemas con la *quinta chakra*—la garganta—asegura de ser verbal y de permitir a tu pareja saber cómo sus actos te afectan. Asegúrate que tus comentarios sean constructivos. Comparte con él lo que sí funciona, lo que se siente bien y lo que se siente maravilloso. Déjalo oír tus gemidos—tu pasión. Entre más vocifera seas, más placer sentirán los dos al hacer el amor. Al comunicar tus deseos y necesidades, fomentas una unión más fuerte. La quinta *chakra* también es conocida por su conexión con tu espiritualidad.

Sexta chakra

Limpiar la *sexta chakra*—el tercer ojo—puede ser un poco complicado como tendemos a ser demasiado intelectuales a veces. Tienes que dejarte conectarte con tu fuerza interior y ser vulnerable para ser fuerte. Los varios métodos del *Intercambio de Poder* y del intercambio físico son maneras maravillosas de pasar la energía por tu cuerpo. Te permiten mantenerte en el momento, alimentado la energía sexual.

Séptima chakra

Y finalmente, la *séptima chakra*—la corona de la cabeza—mediante ésta te conectas con lo divino al rendirte a ti misma, tu amor, tus dudas y miedos, y existes en ese momento.

Muchas veces sientes esto al llegar al orgasmo. No es sorprendente que quienes tienen un problema con llegar al orgasmo tengan una crisis de fe. Conéctate con tu espiritualidad—tu fe—y limpia cualquier bloqueo para que puedas disfrutar del afecto y de la conexión que compartes con tu pareja. No te preocupes porque nunca se te agotará la energía; se repone de manera constante.

Mantener un diario de tus pensamientos te ayudará a enfocarte en las áreas que necesitan ayuda. Junto con tu pareja (ya sea sexual o verbalmente) puedes pasar la energía por tu cuerpo para permitirte sentir más placer y satisfacción sexual.

Las religiones, el gobierno y la sociedad nos han enseñado—a hombres y a mujeres—que nuestra sexualidad es algo de la cual debemos avergonzarnos, una parte de nosotros que debe ser controlada y compartida con desgana. Yo no creo que Dios realmente quiso que así fuera.

Como una mujer inteligente y mayor de edad, tienes que decidir por ti misma lo que es cierto y lo que quieres aceptar. Sólo tú puedes decidir lo que está bien y lo que es cierto para ti.

Aceptar tu sensualidad y sexualidad divinas es la parte más difícil en el conocimiento propio—el conectarte contigo misma. Si entregas ese poder a alguien o una organización, pierdes la belleza y la esencia de los regalos que Dios y *La Diosa* te dieron—entre éstos el regalo del libre albedrío.

Si ya perdiste estos regalos—¡retómalos!

Si apenas los estás descubriendo—valora y foméntalos.

Para decir adiós

Igual como con todo lo demás en la vida que quieres llegar a hacer bien, debes practicar el coqueteo y la sensualidad. Permítete aceptar tu naturaleza sensual y sexual. Vuelve a leer *La Latina Kama Sutra: El guía absoluto para citas, sexo y placeres eróticos,* esta vez con tu amante. Compártelo con una amiga. Empieza tu propia *Biblioteca Sensual* con los libros mencionados en *La Latina Kama Sutra* y agrega más en el camino. No olvides incluir videos, revistas y fotos en tu *Biblioteca Sensual.*

Recuerda siempre tomar el control de tu sensualidad y sexualidad. Siéntelas. Foméntalas y siempre te traerán felicidad. Atrévete a aprender todo lo que puedas mientras aceptas tu divinidad sensual y sexual.

Espero haber podido abrir unas puertas y proporcionarte algunas ideas para que empieces por el camino de la felicidad completa.

Vive con pasión
,
Dra. Charley Ferrer

Libros escritos por la Dra. Charley Ferrer

<u>En español</u>
Para La Mujer Sensual

Latina Kama Sutra
La Guía Absoluta Para Citas, Sexo y Placeres Eróticos

<u>En inglés</u>
The W.I.S.E. Journal for the Sensual Woman

The Passionate Latina: In Our Own Words

Sex Con Sabor Latina (A Play)

The Latina Kama Sutra

Sex Repairs: The Quick Fix to Women's Sexual Problems

Sex Repairs: The Quick Fix to Impotency & Pre-mature
Ejaculation

La Dra. Charley Ferrer es una Sexóloga Clínica reconocida en todo el mundo, es anfitriona de un programa de televisión y es escritora ganadora de premios. Ella ha participado en varios programas de radio y televisión y es escritora *freelance* para varios periódicos y revistas. Da presentaciones por Estados Unidos y América Latina sobre las relaciones y la salud sexual. Reconocida como una de las Líderes Latinas Vanguardistas de 2006. La Doctora Charley ayuda a los hombres y mujeres a crear el amor y la pasión que siempre han deseado en sus relaciones. Nacida en Puerto Rico, ella ha convertido al mundo en su hogar y sigue con su trabajo vanguardista sobre la salud sexual y la investigación sexológica. La Doctora Charley proporciona terapia y consultas privadas en persona y por Internet y teléfono. Su programa de televisión, PLEASURE—nominado por premios—puede verse en su sitio Web

www.institutodeplacer.com

CPSIA information can be obtained at www.ICGtesting.com
Printed in the USA
LVOW01s0044140714

394169LV00023B/748/P

9 780977 006373